2020년 가야학술제전 학술총서 01
가야의 기록, 「가락국기」를 이야기하다

2020년 가야학술제전 학술총서 01
가야의 기록, 「가락국기」를 이야기하다

초판 1쇄 발행 | 2021년 8월 31일

지 은 이	김일규, 선석열, 송원영, 안홍좌, 유우창, 이연심, 이현태, 조원영
기　　획	이정근, 이현태(국립김해박물관), (사)부경역사연구소
편집·진행	김민철(국립김해박물관)
발　　행	국립김해박물관

　　　　　50911 경상남도 김해시 가야의 길 190 국립김해박물관
　　　　　T. 055-320-6800　F. 055-325-9334
　　　　　http://gimhae.museum.go.kr

출　　판 | 진인진
　　　　　13837 경기도 과천시 별양상가 1로 18, 614
　　　　　T. 02-507-3077　F. 02-507-3079

ISBN 978-89-6347-476-2 94910 / 978-89-6347-475-5 94910(세트)

ⓒ 2021 Gimhae National Museum of Korea All rights reserved.

* 이 책의 저작권은 국립김해박물관이 소유하고 있습니다.
* 이 책에 담긴 모든 내용은 국립김해박물관의 허가를 받아 사용할 수 있습니다.

2020년 가야학술제전 학술총서 01

가야의 기록, 「가락국기」를 이야기하다

김일규 선석열 송원영 안홍좌 유우창 이연심 이현태 조원영 ——— 지음

국립김해박물관

2019년 가야학술제전

	주제	개최일
1	문자로 본 가야	2019. 6. 1.
2	삼한의 신앙과 의례	2019. 7.12.
3	삼국시대 마주·마갑 연구 성과와 과제	2019. 8.30.
4	가야사람 풍습연구-편두	2019. 9.27.
5	가야 직물 연구	2019.10.25.

2020년 가야학술제전

	주제	개최일
1	**가야의 기록, 「가락국기」를 이야기하다**	**2020. 7.11.**
2	**영남의 지석묘 사회 가야 선주민의 무덤**	**2020. 8.14.**
3	**삼국시대 금동관 비교연구**	**2020.10.16.**
4	**가야의 비늘 갑옷**	**2020.11.20.**
5	**가야의 주거문화**	**2020.12. 4.**

2021년 가야학술제전

	주제	개최일
1	가야의 말과 말갖춤	2021. 4. 9.
2	가야 전사의 무기	2021. 7.23.
3	가야 선주민의 바닷길과 대외 교류	2021. 8.20.
4	창원 다호리유적 재조명 I -금속기	2021.10.22.
5	가야지역 출토 수정의 과학적 조사 연구	2021.11. 5.

차례

1 「가락국기」를 어떻게 읽을 것인가
　　선석열

　　I. 머리말 · 11
　　II. 「가락국기」의 구성과 그 특성 · 12
　　　1. 「가락국기」 내용의 배분 비율 · 12
　　　2. 「가락국기」의 역사서적 특징 · 13
　　　3. 신화 서술의 비교 · 14
　　　4. 「가락국기」와 『개황력(록)』의 성씨 유래 · 17
　　　5. 수로왕廟 제사의 특성 · 18
　　　6. 『삼국유사』 왕력과 「가락국기」 왕대의 역대 가락국왕의 曆數 비교 · 20
　　III. 나머지말: 「가락국기」의 사료적 가치 모색 · 20

2 「가락국기」 편찬과 역사적 의미
　　유우창

　　I. 머리말 · 27
　　II. 「가락국기」 편찬의 배경 · 28
　　III. 「가락국기」 편찬의 저본 · 34
　　IV. 「가락국기」의 역사적 의미 · 45
　　V. 맺음말 · 52

3 가락국의 건국신화와 역사적 의미
　　이연심

　　I. 머리말 · 63
　　II. 가락국의 건국신화 · 65
　　III. 가락국 건국신화의 역사적 의미 · 74
　　IV. 맺음말 · 79

4 「가락국기」의 고고학적 접근 시도
송원영

I. 머리말 · 89
II. 「가락국기」 내용 분석과 고고학적 검토 · 91
　1. 탄강설화의 고고학적 의미 · 91
　2. 나성 축조 기사의 해석 · 99
　3. 수로왕비 혼인설화 검토 · 105
　4. 왕과 왕비의 능에 대한 검토 · 108
III. 「가락국기」의 고고학적 접근 · 112
IV. 맺음말 · 117

5 「가락국기」로 본 가락국의 형성
안홍좌

I. 머리말 · 135
II. 「가락국기」의 검토 · 136
　1. 「가락국기」의 편찬 시기 · 136
　2. 「가락국기」의 편찬자 · 138
　3. 「가락국기」의 자료 · 140
III. 「가락국기」로 본 가락국의 형성 · 142
　1. 구간사회와 가락국 · 142
　2. 가락국의 형성 · 147
IV. 맺음말 · 157

6 전기 가야의 대중국 교류
　　-중국 북방 지역과의 교류를 중심으로-
김일규

I. 머리말 · 165
II. 장송의례에서의 중국 북방의 문물 · 166
　1. 주·부곽식 목곽묘 · 168
　2. 석곽묘 · 170

3. 殉葬 · 170

　Ⅲ. 부장 유물에서의 중국 북방 문물 · 174

　　1. 동복 · 174

　　2. 보요부 금동관 · 175

　　3. 마구 · 177

　　4. 무기와 무구 · 181

　Ⅳ. 맺음말: 전기 가야의 대중국 교류의 범위와 성격 · 182

7 「가락국기」로 본 首陵王廟의 조성과 그 성격
이현태

Ⅰ. 머리말 · 191

Ⅱ. 殯宮의 성격 · 193

Ⅲ. 首陵王廟의 의미와 성격 · 200

Ⅳ. 首陵王廟의 구조 · 207

Ⅴ. 맺음말 · 214

8 가야불교와 파사석탑
조원영

Ⅰ. 머리말 · 225

Ⅱ. 가야불교를 보는 관점 · 227

　　1. 가야국명 및 수로왕과 불교와의 관계 · 227

　　2. 전승 자료를 통해 본 가야불교 · 230

　　3. 전래된 불교의 성격 · 235

Ⅲ. 「금관성파사석탑」조 분석 · 238

　　1. 아유타국과 허왕후의 정체 · 238

　　2. 「금관성파사석탑」조에 나타난 가야불교 전래 시기 · 244

Ⅳ. 파사석탑의 양식과 조성 시기 · 248

Ⅴ. 맺음말 · 256

1

「가락국기」를 어떻게 읽을 것인가

선석열 부경역사연구소 소장

I. 머리말
II. 「가락국기」의 구성과 그 특성
   1. 「가락국기」 내용의 배분 비율
   2. 「가락국기」의 역사서적 특징
   3. 신화 서술의 비교
   4. 「가락국기」와 『개황력(록)』의 성씨 유래
   5. 수로왕묘 제사의 특성
   6. 『삼국유사』 왕력과 「가락국기」 왕대의 역대 가락국왕의 曆數 비교
III. 나머지말: 「가락국기」의 사료적 가치 모색

I. 머리말

「가락국기」는 『삼국유사』의 기이 제2편에 전하고 있다. 그에 의하면, 고려 "문종대인 大康(1075~1085년) 연간에 金官知州事인 어느 文人이 지은 것으로 이제 그것을 줄여서 실었다"고 하므로, 본래의 완전한 내용은 전하지 않을 뿐 아니라 저자의 이름도 정확하게 나와 있지 않다. 일연이 초록한 이 「가락국기」가 원래의 「가락국기」에서 수로왕에 대한 설화를 중심으로 편찬한 것인지 아니면, 신이를 중심으로 기록한 일연의 사료 선택에 의한 것인지는 확인할 수 없다. 이 책을 편찬하게 된 역사적 배경과 사료로 이용된 문헌 등도 분명하지 않다.

「가락국기」는 금관가야에 대한 거의 유일한 기록임에도 불구하고 설화적 표현과 불교적 윤색 등으로 인해 그동안 학계에서 전반적으로 사료적 가치를 불신하는 경향이 강하였다. 한국고대사 연구의 사료가 영세한 것은 잘 알고 있지만, 그 중에서도 사료가 거의 없는 가야사에 대한 연구에 「가락국기」는 다시없을 중요한 사료로 활용할 가능성도 있다. 이를 비판적으로 검토한 연구는 주로 문헌사학 쪽에서 다루어져 왔으며, 최근 김해 지역의 고고학적 발굴 성과를 토대로 이를 보다 적극적으로 해석하는 경향이 나타나고 있다.

이번에 「가락국기」에 대한 전론적인 학술 발표가 추진된 것도 「가락국기」의 사료적 가치를 역사학과 고고학을 통해 조감해보려는 본격적인 정지작업이라 할 수 있다. 이에 대해 본고는 「가락국기」의 내용을 어떻게 읽어가야 할 것인가를 간단히 소개하고자 한다.

II. 「가락국기」의 구성과 그 특성

「가락국기」의 내용은 수로왕의 건국설화, 許王后와의 혼인설화 및 수로왕릉의 보존에 관련된 神異 事例, 신라에 병합된 이후부터 고려 왕조에 이르기까지 김해 지방의 연혁과 수로왕 종묘와 왕후사의 일 등이며, 이를 종합하여 銘을 써서 기렸다. 말미에 제2대 居登王부터 마지막 仇衡王까지의 재위 기간도 실려 있다.

1. 「가락국기」 내용의 배분 비율

「가락국기」의 내용을 배분한 비율로 환산해 보면 수로 신화가 20%, 허왕후 신화가 26%, 능묘 제사가 25%, 銘이 6%이고, 왕대기가 23%를 각각 차지하고 있다. 전체적으로 볼 때 가락국에 해당하는 기록의 분량은 79%를 차지하는 것으로 볼 수 있으나, 신화 부분의 46%와 가락국의 왕대기는 23%를 차지하고 있어 신화 부분이 거의 절반을 차지하고 있다. 더욱이 문무왕대부터 신라 말기까지 수로왕廟 제사와 관련된 부분을 합치면, 수로왕 관련 기록의 분량이 70% 이상이 된다.

역사 기록의 측면에서 볼 경우, 가락국의 왕대기 23%와 신라 및 고려의 제사 관련 기록이 25%로서 이것을 합쳐 48%이다. 「가락국기」의 전체 내용에서 절반을 차지하지만, 금관가야의 역사가 아닌 부분이 31%나 되며, 신화를 제외하면 가락국의 역사기록은 23%에 불과하다. 자국의 기록 분량이 매우 적어 일반 역사서의 형식으로서는 이례적이라는 점에서 「가락국기」를 금관가야의 전형적인 역사서라고 판단하기가 주저되는 면이 있다.

기존의 한국고대사 연구는 주로 정치사·제도사를 중심으로 이루어져 왔는데, 이 같은 시각에서는 「가락국기」를 역사서로 보기 힘들 것이다. 그러나 「가락국기」의 내용을 살펴보면 신화를 비롯하여 종교 제사 등의 내용으로 보아 제사제도, 사상사, 문화사를 연구하는 현재의 새로운 경향으로 본다면 유용한 사서로 활용할 수 있는 가치가 있을 것이다.

2. 「가락국기」의 역사서적 특징

한국 고대의 삼국이 동시대적인 역사서를 편찬한 것과 달리, 「가락국기」는 가락국이 멸망한 지 550년이 지난 고려 전기에 이르러 편찬한 사실에 주목해야 한다. 가락국이 존재하지 않은 기간의 사실을 기재해 둔 점도 유의해야 할 것이다. 신라시대 및 고려시대의 제사 관련 기록을 25%나 기록해 두었으며, 그 내용은 주로 수로왕廟와 허왕후와 관련되어 있다.

문무왕은 661년에 "伽耶國 시조의 9대손 구형왕이 이 나라에 항복할 때 이끌고 온 아들 세종의 아들인 솔우공의 아들 서운의 딸 문명황후가 나를 낳았다. 따라서 시조 수로왕은 나에게 곧 15대 시조가 된다. 그 나라는 이미 멸망하였으나, 그를 장사지낸 廟는 지금도 남아 있으니 종묘에 합해서 계속하여 제사를 지내게 하겠다"라고 하여 수로왕의 17대손 갱세 급간이 上田 30경을 王位田으로 삼아 제사를 지내어 해마다 끊이지 않게 하였다. 그러나 신라 말기에 제사권을 빼앗길 위기를 넘기고 고려 문종 31년[大康 2년(1076)]까지 이어져 왔음을 강조하고 있다. 가락국 이후의 기록은 수로왕廟 등 가락국의 시조 제사와 관련되고 있다. 따라서 「가락국기」의 전체적인 내용은 가락국과 무관하지 않게 기록되어 있다는 것이다.

또 하나 주목되는 것은 가락국의 멸망 연대에 대한 것이다. 가락국의 구형왕의 왕대기에 재위 42년인 (北周) 보정 2년 임오년(562)에 신라에 투항하였다고 하였다. 이에 대해 일연은 『개황록』을 인용하여 梁 중대통 4년 임자년(532)에 신라에 투항하였다고 하여 두 기년을 모두 소개해 두었다. 우리가 잘 알고 있듯이 562년은 대가야의 멸망 연대이고 532년은 금관가야의 멸망 연대이다. 최치원이 찬술한 釋利貞傳에 '大伽倻王 惱窒朱日과 金官國王 惱窒靑裔'를 형제 관계로 묘사하였으며, 「가락국기」에서 수로왕을 6가야왕의 맏이로 기술하였다. 이와 같은 맥락으로 볼 때 「가락국기」에서 굳이 562년을 멸망 연대로 잡은 것은 가야 제국의 종주권을 표방하기 위한 것으로 사료된다.

3. 신화 서술의 비교

수로왕과 脫解의 다툼에 대한 신화적인 서술을 『삼국사기』와 『삼국유사』의 탈해 신화와 비교해 보면 다음과 같다.

A. 처음에 그 나라 왕이 女國王의 딸을 맞이해 처로 삼았는데 임신한 지 7년 만에 큰 알을 낳았다. 왕은 "사람으로서 알을 낳은 것은 상서롭지 못하다. 마땅히 이를 버려야 한다"라고 말하였다. 그 여자가 차마 그렇게 하지 못하고 비단으로 알을 싸서 보물과 함께 함에 넣고 바다에 띄워서 가는 대로 맡겼다. 처음에 금관국의 해변에 이르렀는데 금관 사람들은 이를 괴이하게 여겨 거두지 않았다. 다시 진한의 아진포구에 이르렀는데, 이때가 시조 혁거세가 즉위한 지 39년 되는 해였다.(『삼국사기』 권1, 신라본기1 탈해이사금 즉위)

B. 탈해치질금〈세주: 吐解尼師今이라고도 한다〉은 남해왕 때 駕洛國의 바다에 어떤 배가 와서 닿았다. 가락국의 수로왕이 신하 및 백성들과 더불어 북을 치고 환호하며 맞이해 장차 가락국에 머무르

게 하려 하였으나, 배가 급히 나는 듯이 달려 계림의 동쪽 하서지촌 아진포에 이르렀다.(『삼국유사』 권1, 기이1 제4 탈해왕)

「가락국기」에서 수로왕과 탈해가 왕권을 두고 경쟁하여 술법으로 서로 겨루다가 결국 탈해가 패하여 계림으로 도망쳤다는 내용이 서술되어 있다. 『삼국사기』와 『삼국유사』의 탈해 신화에서는 처음에 가락국(금관국) 해변에 이르렀다가 김해에 상륙하지 않고 다시 진한(계림)의 아진포로 갔다고 하였다. 위의 두 기록은 탈해가 가락국에 들어가지 않았고 수로왕과 탈해가 경쟁한 서술도 없는 점에서 「가락국기」와 다르게 서술되어 있다. 이들 기록의 공통점은 수로왕과 탈해는 무언가 서로 관련이 있었음을 엿볼 수 있는데, 이들의 경쟁 관계가 드러난 것은 다음의 기록에서 알 수 있다.

C. 파사이사금 23년 8월 음즙벌국과 실직곡국이 영토를 다투다가 [파사]왕을 찾아와 재결을 요청하였다. [파사]왕은 이를 어렵게 여겨 생각해 보니, 금관국 수로왕이 연로하여 지식이 많음을 헤아리고 초빙하여 문의하였다. 수로[왕]은 논의하여 분쟁이 일어난 땅을 음즙벌국에 속하게 하였다. 이에 [파사]왕은 6부에 명하여 수로왕을 위한 연회를 열게 하였다. 5부가 모두 이찬으로서 접대하였으나, 유독 한지부만이 지위가 낮은 자로서 접대하였다. 수로[왕]이 노하여 시종 탐하리에게 명하여 한지부주 보제를 죽이고 오도록 하였다. 시종이 도망하여 음즙벌국왕 타추간의 집에 은신하였다. [파사]왕은 사람을 시켜 그 시종을 찾게 하였으나, 타추가 보내지 않았다. 이에 [파사]왕이 노하여 군대를 일으켜서 음즙벌국을 치니 그 나라의 왕과 무리가 스스로 항복하였다. 실직곡국과 압독국도 와서 항복하였다.(『삼국사기』 권1, 신라본기1 파사이사금 23년)

위의 기록처럼 동해안의 실직곡국과 음즙벌국이 영토 분쟁이 일어나 금관국(가락국)의 수로왕이 중재하여 분쟁을 해결하자 사로국 파사왕이 수로왕을 위해 베푼 연회에서 한지부가 반발하였다. 여기서 한지부는 탈해왕의 세력 근거지이다. 수로왕은 해상활동을 통해 성장한 세력이며 탈해왕 역시 해상세력이라는 공통성을 가지고 있었다. 이를 통해 볼 때 동해연안에서도 두 집단이 서로 경쟁하면서 갈등이 있었음을 알 수 있다. 다시 말하면 「가락국기」에서의 수로왕과 탈해의 경쟁 설화는 이러한 사정을 반영하고 있다.

이와 연관하여 언급할 것은 수로왕의 생존기간(42~199년)에 의문이 드는 점이다. 위의 소국 쟁강 사건도 파사왕 23년인 서기 102년인데, 수로왕의 즉위년에서 61년째가 되어 일반적인 국왕의 재위 기간으로 보아도 의문이 있다. 더욱이 파사왕의 5세손인 박제상의 순국 연대가 418년인데, 파사왕의 사망 연대가 112년임을 비교하면 파사왕의 실재 재위 기간도 문제가 된다. 파사왕과 박제상 각각의 사망 연대로 보면 각 세대의 평균 연령 차이가 61세로 되어 매우 의문스럽다. 박제상의 사망 연대를 기준으로 하여 각 세대의 평균 연령 차이를 30년으로 환산해 보면, 파사왕의 재위 시기는 서기 1세기 말엽이 아니라 3세기 후반이 된다. 따라서 위의 사건은 『삼국사기』의 연대처럼 서기 102년의 사실이 아니라, 그 紀年을 再調整하면 284년 즉 3세기 말엽에 일어난 사건으로 볼 수 있다. 다시 말하면 284년 무렵에 가락국의 수로왕이 진한 사로국 주변의 소국 간에 일어난 분쟁을 해결하였던 것이다.

기존의 연구에서도 가야의 건국 연대를 서기전 2세기로 올려보는 시각도 있는 반면에, 가야의 건국연대를 서기 42년이 아닌 서기 2세기 무렵이나 그 이후로 낮추어 보려는 견해도 있다. 또한 고고학적 발굴 성과로 볼 때 김해시 일대가 문화 중심으로 대두하는 시기는 3세기 후반이라는 점 등을 그 이유로 들기도 한다. 필자는 삼한에서 삼국으로 커다란 전환이 일어나는 시기를 3세기 후반으로 인식하여 고고학적 연구 성과와 시기를 같이 보고 있다.

4. 「가락국기」와 『개황력(록)』의 성씨 유래

「가락국기」의 2대 거등왕조에 의하면 『개황력』에는 "姓은 金氏이니 대개 始祖가 金卵에서 난 까닭에 김을 성으로 삼았다"고 서술하였다. 우선 『開皇錄』의 편찬 시기에 대해 살펴보겠다. 『開皇錄』의 '개황'은 隋의 연호(581~600년)로 금관가야 멸망 이후인 신라의 진평왕대에 해당하는데, 이때에 편찬하였다고 보기는 어렵다. 「가락국기」는 금관가야 왕실의 역사를 기록한 책으로 김유신, 文明王后 등 가야계 후손의 정치적 비중이 절정에 달하고 금관소경을 설치하기도 한 문무왕대를 전후한 시기에 편찬된 것이라고 추정되고 있다. 반면 '개황'을 수의 연호가 아닌 '황국을 개창하였다'는 뜻으로 풀이하고 나말여초 가락계 사람들이 과거의 왕손임을 드러내려 가락국 시조 수로왕이 皇命으로 가락국을 개창하여 10세 구형왕까지를 기록한 사서라고 보는 견해도 있다. 이는 '김해 김씨'의 기원으로 언급되고 있는데, 이와 달리 『삼국사기』의 김유신 열전에 의하면 김유신 비문의 내용을 인용하여 '(수로가) 軒轅의 후예요, 少昊의 직계'라는 내용에 의거하여 김씨성을 삼았다고 한다. 『北齊書』에 하청 4년(565)에 신라왕 金眞興의 기록에 근거하는 한, 김씨성의 사용은 진흥왕대에 처음으로 보이고 있다. 이러한 '김씨금란설'의 유형은 『삼국유사』의 김알지 설화에도 나타나고 있다.

이러한 점을 종합해 볼 경우 금란설에 근거하여 김씨라 불렀다는 『개황록』은 가야 멸망 이후로서 김유신 비문보다 빠른 7세기 중엽 문무왕대에 가락국 왕실의 역사로 편찬된 것으로 추정된다. 이는 문무왕이 외가를 높이기 위해 그 시조인 수로왕에 대한 제사를 종묘 즉 수로왕묘로 추앙하면서 그에 걸맞은 금관가야(가락국)의 역사서로 『개황록』을 편찬한 것이다. 다시 말하면 금관가야의 시조 수로왕의 출자전승은 7세기 중엽에 무열왕계와 함께 동류의식을 강조하면서 천강금란 출생설을 내세워 김씨를 칭하였고 신라 중대의 초기에도 중대 왕실과 함께 소호금천씨 출자설로 바뀌었다.

5. 수로왕廟 제사의 특성

「가락국기」의 제사 관련 기록을 보면 수로왕廟의 제사를 받들어온 사실을 중심으로 서술되어 있을 뿐이다. 그 주요 내용을 제시하면 다음과 같다.

> D. 신라 제30대 왕 법민왕은 용삭 원년(661) 신유 3월에 조서를 내렸다. "伽耶國 시조의 9대손 구형왕이 이 나라[신라]에 항복할 때 이끌고 온 아들 세종의 아들인 솔우공의 아들 서운 잡간의 딸 문명황후가 나를 낳았다. 따라서 시조 수로왕은 나에게 곧 15대 시조가 된다. 그 나라는 이미 멸망당하였으나 그를 장사지낸 廟는 지금도 남아 있으니 종묘에 합해서 계속하여 제사를 지내게 하겠다." … 수로왕의 17대손 갱세 급간이 조정의 뜻을 받들어 그 밭을 주관하여 매해 때마다 술과 단술을 빚고 떡·밥·차·과실 등 여러 맛있는 음식을 진설하고 제사를 지내어 해마다 끊이지 않게 하였다. … 신라 말년에 충지 잡간이란 자가 있었는데 금관고성을 쳐서 빼앗고 성주장군이 되었다. 이에 英規 아간이 장군의 위엄을 빌어 廟享을 빼앗아 함부로 제사를 지냈는데, 端午를 맞아 사당에 제사를 지내다가 사당의 대들보가 이유 없이 부러져 떨어져서 인하여 깔려 죽었다. … 겨우 3일 만에 진영의 두 눈에서 피눈물이 흘러서 땅 위에 고였는데 거의 한 말 정도가 되었다. 장군은 매우 두려워하여 그 진영을 받들어 사당을 나가서 불태우고 곧 수로왕의 친자손 圭林을 불러서 말하였다. "어제는 상서롭지 못한 일이 있었는데 어찌하여 이런

일들이 거듭 생기는 것인가. …" 규림이 대를 이어 제사를 지내다가 나이 88세에 이르러 죽었고, 그 아들 間元卿이 이어서 제사를 지내는데 … 그리하여 陵園 안팎에는 반드시 神物이 있어 보호한다는 것을 알게 되었다. 建安 4년 기묘(199)에 처음 만든 때부터 지금 임금께서 즉위한 지 31년인 大康 2년 병진(1076)까지 도합 878년인데 제단을 쌓아 올린 아름다운 흙이 이지러지거나 무너지지 않았고, 심어 놓은 아름다운 나무도 마르거나 썩지 않았으며, 하물며 거기에 벌여 놓은 수많은 옥조각들도 부서지지 않았다. … 매년 7월 29일에 백성·胥吏·軍卒들이 승점에 올라가서 장막을 치고 술과 음식을 먹으면서 떠들며 동서쪽으로 서로 눈짓을 보내고 건장한 인부들은 좌우로 나뉘어서 망산도에서 말발굽을 급히 육지를 향해 달리고 뱃머리를 둥둥 띄워 물 위로 서로 밀면서 북쪽 古浦를 향해서 다투어 달린다. 대개 이것은 옛날에 유천간과 신귀간 등이 왕후가 오는 것을 바라보고 급히 수로왕에게 아뢰던 옛 자취이다.(『삼국유사』 권2, 기이2 가락국기)

수로왕廟의 제사를 받들어온 계보를 보면 10대 구형왕 이후 11대는 김유신의 할아버지인 김무력이 아니라 11대 世宗 - 12대 率友公 … 17대 賡世 … 종손 圭林 - 間元卿으로 이어져 왔다. 김유신과 무관하게 제사의 종주권을 언급한 배경에는 신라 말기의 鳳林寺 眞鏡大師寶月凌空塔碑에 의하면 김유신의 후손인 진경대사가 '金海府知軍府事, 蘇忠子'와 '知進禮城諸軍事' 소율희 형제의 지원을 받아 선종산문인 봉림산문을 개창하였는데, 소충자가 바로 수로왕廟의 제사를 빼앗으려 하였던 사실을 말해주고 있다. 이러한 연유로 인해 「가락국기」에서는 김유신 가문의 언급이 빠지게 되었던 것이다. 「가락국기」가 고려시대에 편찬되면서 강조하려 하였던 주제는 바로 수로왕廟의 제사를 받들어온 종주권 문제가 아니었던가 생각된다.

따라서 「가락국기」 중에 나타나 있는 『개황록(력)』 및 『삼국사기』 김유신 열전의 자료가 된 金長淸의 『金庾信行錄』, 김유신 비문, 그밖에 전해지던 가락국 사서 등이 이용되었다고 추정하고 있는 시각이 일반적이다. 그러나 김유신의 후손과 연계된 인물이 수로왕廟의 제사를 빼앗으려 하였던 사실에서 보아 「가락국기」에 김유신 관련 사서는 거의 인용되지 못한 것으로 보인다. 일연이 「가락국기」에 『개황록(력)』으로 오류를 보완하게 된 것도 이를 뒷받침해주고 있다.

6. 『삼국유사』 왕력과 「가락국기」 왕대의 역대 가락국왕의 曆數 비교

『삼국유사』의 왕력과 「가락국기」에 의하면 가락국 역대왕에 대해 다르게 기록되어 있는데, 참고로 이를 표로 정리하면 [표 1]과 같다.

Ⅲ. 나머지말: 「가락국기」의 사료적 가치 모색

「가락국기」는 가락국 역사에 대한 문헌 사료가 거의 사라진 오늘날 남아 있는 유일한 문헌 사료라고 할 수 있다. 중국 사료인 『三國志』 韓傳의 弁辰條, 『후한서』의 한전 등과 함께 가야사를 연구하는 데 매우 중요한 자료이다.

"가야의 기록, 「가락국기」를 이야기하다" 학술심포지엄에서는 수로 집단의 출자 문제, 건국 시기의 문제, 외래계 집단의 유입시기에 대한 문

[표 1] 삼국유사 왕력과 가락국기 왕대기의 기년 비교

역대 왕명	전거	재위 기록	즉위 원칙	재위 연간
시조 수로왕	왕력	[건무 18] 임인년(42)에 즉위, 치세는 158년(199).	[즉]	158
	가락국기	후한 광무제 건무 18년(42) 임인년에 즉위, 후한 헌제 건안 4년 기묘년(199)에 사망	[즉]	158
제2대 거등왕	왕력	[건안 4] 기묘년(199)에 즉위, 치세는 55년(253).	[즉]	55
	가락국기 [세조]	건안 4년 기묘년(199)에 즉위, 치세는 39년(237), 가평 5년 계유년(253)에 사망.	[즉]	39
제3대 마품왕	왕력	[감로 4]기묘년(259) 즉위 치세 32년(291). 즉위년 오류	[유]	32
	가락국기	가평 5년(253) 계유년에 즉위, 치세는 39년(291), 영평 원년 신해년(291)에 사망.	[즉]	39
제4대 거질미왕	왕력	[원강 1] 신해년(291) 즉위, 치세 55년(346).	[유]	55
	가락국기	영평 원년(291) 즉위, 치세 56년, 영화 2년 병오년(346)에 사망.	[즉]	56
제5대 이품왕	왕력	[영화 2] 병오년(346) 즉위, 치세 60년(406).	[유]	60
	가락국기	영화 2년(346) 즉위, 치세 62년, 의희 3년 정미년(407)에 사망	[즉]	62
제6대 좌지왕	왕력	[의희 3] 정미년(407) 즉위, 치세 14년(421),	[유]	14
	가락국기	의희 3년(407)에 즉위, 치세 15년 영초 2년 신유년(421)에 사망	[즉]	15
제7대 취희왕	왕력	[영초 2] 신유년(421) 즉위, 치세 30년(451)	[유]	30
	가락국기	영초 2년(421)에 즉위, 치세는 31년, 원가 28년 신묘년(451년)에 사망	[즉]	31
제8대 질지왕	왕력	[원가 28] 신묘년(451) 즉위, 치세 36년(487).	[유]	36
	가락국기	원가 28년(451)에 즉위, 치세는 42년, 영명 10년 임신년(492)에 사망	[즉]	42
제9대 겸지왕	왕력	[영명 10] 임신년(492) 즉위, 치세 29년(521).	[유]	29
	가락국기	영명 10년(492)에 즉위, 치세는 30년[즉], 정광 2년 신축년(521)에 사망.	[즉]	30
제10대 구형왕	왕력	[보통 2] 신축년(521) 즉위, 치세 12년(533/532). 중대통 4년 임자년(532) 투항.	[즉]	12
	가락국기	정광 2년(521)에 즉위, 치세는 42년, 보정 2년 임오년(562) 신라에 투항 *개황록: 중대통 4년 임자년(532) 신라에 투항	[즉]	42 12

[즉]은 즉위년칭원법, [유]는 유년칭원법의 준말이다.

제, 허왕후의 출자, 가야불교와 파사석탑, 영역 기록이 어느 시기에 해당하는가 등을 살펴보고자 하였다. 고고학적 연구로서 수로 신화의 검증을 위해 고고유적의 발굴을 통한 의례 공간, 나성 축조 기사의 해석, 가야의 국제적 교류 등을 밝혀보고자 하였다. 나아가 최근까지의 연구성과를 집약하여 「가락국기」의 사료적 가치에 대해 탐구하고 이를 통해 활용 방안을 모색하는 데 초점을 맞추었다.

참고문헌

今西龍, 1937, 『朝鮮古史の研究』, 近澤書店.
三品彰英, 1964, 「三國遺事考證」, 『朝鮮學報』29·30.
이병도, 1976, 『한국고대사연구』, 박영사.
김화경, 1989, 「수로왕신화의 연구」, 『진단학보』67.
정중환, 1990, 「가락국기의 문헌학적 고찰」, 『가야문화』3.
김태식, 1993, 『가야연맹사』, 일조각.
백승충, 1999, 「가야의 개국설화에 대한 검토」, 『역사와 현실』33.
선석열, 2001, 「신라사 속의 가야인들」, 『한국 고대사 속의 가야』(부산대학교 민족문화연구소 편), 혜안.
남재우, 2005, 「가야의 건국신화와 제의」, 『한국고대사연구』39.
이영식, 2016, 『가야제국사연구』, 생각과종이.

2
「가락국기」 편찬과 역사적 의미

유우창 부산대학교 사학과 강사

※ 이 글은 2020년 7월 11일 국립김해박물관과 (사)부경역사연구소가 공동으로 개최한 "가야의 기록, 「가락국기」를 이야기하다" 학술심포지엄에서 발표한 원고를 수정, 보완한 것으로, 『韓國古代史探究』第36號(2020년 12월 발간)에 게재하였음을 밝혀둔다.

I. 머리말
II. 「가락국기」 편찬의 배경
III. 「가락국기」 편찬의 저본
IV. 「가락국기」의 역사적 의미
V. 맺음말

I. 머리말

「가락국기」는 그 편찬연대(太康 年間, 1075~1084)로 보면 1145년(고려 인종 23)에 편찬된 『삼국사기』보다 대략 60년~70년 정도 앞서는 기록이며, 전적으로 가야를 중심에 놓은 사료로서는 우리나라 유일의 문헌이다. 비록 가야가 멸망한지 500여 년이나 지난 11세기 후반에서야 편찬되었지만, 「가락국기」가 『삼국지』, 『일본서기』 등과 함께 가야사 연구의 기본사료임은 주지하는 바와 같다.

「가락국기」는 제목에서 드러나듯 가락국의 역사기록이다. 가락국은 『삼국유사』 왕력편과 기이편의 가락국기에 의하면, 1세기인 42년부터 532년까지 지금의 김해를 중심으로 존재했던 가야 소국으로서, 국호를 '大駕洛' 또는 '伽耶國'이라 칭했다고 한다.[1]

현전하는 「가락국기」는 『삼국유사』에 실려 있다. 그러나 이 「가락국기」는 全文이 아니다. 왜 그런가 하니, 『삼국유사』의 찬자 一然이 문두에 '文宗代인 大康年間에 金官知州事인 文人이 撰한 것인데, 지금 줄여서 싣는다'고 밝혀 놓았기 때문이다.[2] 한편 大(太)康은 遼나라 道宗(耶律洪基, 재위 1055~1101)의 연호로, 태강연간은 1075년~1084년이다. 고려 문종의 치세가 태강연간과 겹치는 기간은 문종 29년(태강 1, 1075)부터 36년(태강 8, 1082)까지이다. 곧 「가락국기」는 1075년에서 1082년 사이에 편찬되었던 것이다.[3] 그리고 「가락국기」의 찬자는 '금관지주사'라는 관직을 가지

---

1   그 밖에도 金官伽耶(『三國遺事』卷1, 紀異1 五伽耶), 金官國[『三國史記』卷1, 新羅本紀1 婆娑尼師今 23년(102) 및 卷4, 新羅本紀4 法興王 19년(532)], (弁辰)狗(拘)邪國 혹은 狗邪韓國(『三國志』卷30, 魏書30 烏丸鮮卑東夷傳30 韓 및 倭人), 南加羅[『日本書紀』卷19, 欽明紀 2년(541) 4월] 등 다양한 국호가 전한다.
2   "文廟朝 大康年間 金官知州事文人 所撰也 今略而載之."(『三國遺事』卷2, 紀異2, 駕洛國記)
3   1076년(문종 30)에 저술된 것으로 보는 견해도 있다(金泰植 외 2004, 96의 주 80; 李永植 2002, 154-155).

고 있던 '文人'⁴이었다. 이상이 『삼국유사』를 통해 알 수 있는 「가락국기」의 기초적 정보이다.

「가락국기」는 가야사 연구에 있어서 가장 풍부하고 기본이 되는 사료이다. 내용상으로는 신화적 인물인 수로왕 및 그 부인 허왕후, 수로왕에 대한 제의 관련 기록이 대부분이다. 그런 까닭으로 역사학계보다 신화·민속·국문학계 등에서 많이 다루어지는 듯하다. 이와 같은 「가락국기」 자체의 사료적 한계로 인하여, 역사학계의 경우도 수로왕과 허왕후의 신화만을 주목했던 경향이 강했음을 부정하기 어렵다.

본고에서는 먼저 제2장에서 「가락국기」의 편찬 배경에 대하여 개관해 보고, 기왕의 논거에다 나름의 견해를 덧붙여 보고자 한다. 다음으로 제3장에서는 「가락국기」 편찬의 저본이 되었을 것으로 짐작되는 문헌들을 검토해 보고, 특히 『개황력』의 편찬 시기를 새롭게 제기해 보고자 한다. 마지막으로 제4장에서는 가락국의 강역으로 표방된 기사를 다른 사료와 결부시켜 궁리함으로써, 가야사에서 「가락국기」가 가지는 역사적 의미를 다시 한번 음미해 보고자 한다.

II. 「가락국기」 편찬의 배경

종래의 연구에서는 「가락국기」의 편찬 배경을 당시 유력한 가문인 인주 이씨가 先代 顯揚을 통하여 자신들의 정신지주를 공고히 하기 위한 것이라고 상정하였다(丁仲煥 2000, 366). 『仁川李氏大同譜』를 통해 김해 허씨가 당나라 현종으로부터 이씨를 사성받은 사실에 주목하고, 결국 가락

----
4 이 사람을 문종대 知金州事를 역임한 金良鎰 혹은 門下侍中을 역임하고 監修國史를 지낸 金良鑑으로 보기도 하는데, 전자의 경우는 시간상으로 맞지 않고, 후자의 경우는 知金州事를 역임한 바가 없다고 하므로[丁仲煥 1990(2000, 342)] 본고에서는 거론하지 않기로 한다.

왕계에서 나누어진 인주 이씨가 중앙에서 왕실의 외척으로서 정계의 권문으로 군림하는 한 出自의 근본이 되는 가락국 역사에 대해 소홀할 수 없었기 때문에, 「가락국기」가 편찬되었을 것으로 보았다(丁仲煥 2000, 364-366). 즉 김해 김씨와 허씨가 다 같이 수로왕의 후손이라는 세습적인 인식이 확고한 이상, 허씨와 밀접한 관련을 갖고 있는 인주 이씨에게도 수로왕을 공동의 조상으로 삼는 인식이 고려시대에도 변치 않았을 것이기 때문에 「가락국기」 편찬에는 인주 이씨의 영향이 있었을 것으로 본 것이다(丁仲煥 2000, 369).

물론 당시 정계에 인주 이씨가 등장하여 외척귀족으로서 독주하기 시작했음(박성봉 1993, 215)을 인정할 수 있고, 또 인주 이씨의 원초적 출자, 즉 김해를 고려하면 「가락국기」 편찬에 인주 이씨가 일정 부분 기여했을 가능성을 충분히 예상할 수 있는데, 본고에서도 이에 대해서는 별다른 이견이 없다. 여기에서는 그에 더하여 「가락국기」 편찬의 또 하나의 배경으로서 고려시대 전반에 걸친 '金州의 위상'에 주목하고자 한다. 왜냐하면 가락국이 신라에, 신라가 고려에 투항했음을 염두에 둘 때, 고려 또한 신라와 마찬가지로 가락국을 가야의 본산으로 중시했을 가능성이 높다고 생각되기 때문이다.[5]

> A-① 成宗 14년(995)에 전국을 10개 道로 나누면서 尙州 관내를 嶺南道로, 慶州, 金州 관내를 嶺東道로, 晋州 관내를 山南道로 만들었으며 睿宗 원년(1106)에 慶尙晋州道라고 불렀다.(『고려사』 권57, 지리2 경상도)
>
> A-② 辛禑 2년(1376)에 계림부와 金州가 서로 防禦使營이 되려고 다투었다. 그러므로 都評議使가 왕에게 말하기를 "金州의 폭

---

5 고려뿐만 아니라 그 뒤를 이은 조선왕조 또한 수로왕과 허왕후의 능묘를 수리, 보전하려고 노력했음을 알 수 있는데(金泰植 1999, 48-75 참조), 역시 가락국을 가야의 본산으로 인식했기 때문일 것이다.

동군이 按廉使를 처단하였으며 또한 방어사영이 설치된 연한으로 보아서도 금주는 계림부보다 짧습니다. 더구나 금주는 해변에 가까운 만큼 왜적의 침입이 심하여 위험하오니 방어사영을 계림부로 옮기기를 바랍니다"라고 요청하였으므로 왕은 그 말을 승인하였다.(『고려사』 권57, 지리2 경상도 동경유수관 경주)

A-③ 신라 법흥왕은 구해왕의 투항을 접수한 후 그를 귀빈으로 대접하고 가락국의 옛 땅을 그의 食邑으로 주었는데 이것을 金官郡이라고 불렀다. 문무왕은 금관 小京을 설치하였고 경덕왕은 金海 소경으로 만들었다. 고려 태조 23년(940)에 전국의 주·부·군·현의 명칭이 고쳐짐에 따라 이것은 金海府로 되었고 후에 낮추어서 臨海縣으로 되었다가 다시 군으로 승격되었다. 성종 14년(995)에 金州安東都護府로 고쳤고 현종 3년(1012)에 지금 명칭으로 고쳤다. 원종 11년(1270)에 방어사 김훤이 密城 폭동군을 진압하였고 三別抄의 진출을 막아 내는데 있어서도 공로가 있었다고 하여 金寧都護府로 승격시켰으며 충렬왕 19년(1293)에 낮추어서 현으로 하였고 34년(1308)에는 金州牧으로 승격시켰다. 충선왕 2년(1310)에 전국의 목이 없어짐에 따라 다시 김해부로 되었다.(『고려사』 권57, 지리2 경상도 금주)

A-①과 A-② 사료는 고려시대 금주의 위상을 시사하는 바, 즉 고려 조정은 신라의 고지였던 경주만큼이나 가락국의 고지였던 금주를 중요하게 인식했었던 것으로 판단된다.

먼저 A-①은 성종 14년(995) 9월에 10도를 획정할 때,[6] 영동도의

---

[6] "定十道."(『高麗史』 卷3, 世家3 成宗 14년(995) 추9월 庚戌)

구성을 경주와 금주관내로 한다고 하였다. 일단 경주와 금주가 나란히 병렬되고 있는 점에서 금주가 경주 못지않게 중요한 지역이었음을 간취할 수 있다. 성종 14년인 995년은 신라가 고려에 귀부한 지 불과 60년이 지난 시점이었다. 신라의 귀부는 고려가 후삼국을 통일하는데 지불해야 할 인적·물적 손실을 줄이는데 상당한 기여를 했고, 그런 까닭으로 고려는 이미 태조 때부터 신라를 우대하는 정책을 줄곧 시행해 왔었다. 신라 역시 귀부했던 가락국을 우대했음은 주지하는 바와 같다(A-③). 신라의 전통을 이은 고려가 신라의 가락국 우대 정책을 계승했다고 본다면, 지나친 억측일까? 사료 A-③에 의하면 고려의 가락국 고지에 대한 우대정책이 때때로 약화된 적도 있지만, 크게 보아 고려가 존속했던 전 기간 동안 가락국 고지를 중요시함은 지속적이었던 것을 알 수 있다(A-①, ②, ③).

　　다음으로 A-②는 시기가 많이 내려오기는 하지만, 금주에 있던 방어사영을 경주로 옮기도록 했다는 점에서 한때 금주의 위상이 경주보다 높았음을 알게 한다. 왜적의 침입이 심했다는 점에서 금주가 대일전선에서 최전방이었음도 알 수 있게 한다.[7] 이 점은 역으로 일본과 평화관계였던 문종대의 경우,[8] 금주가 대일교섭의 창구 역할을 했음도 상정할 수 있게 한다.

　　B-① 원나라가 金州 등지에 鎭邊萬戶府를 설치하고 인후를 昭勇大將軍鎭邊萬戶로 임명하고 虎符와 직인을 주었다.(『고려사』 권 123, 열전36 폐행1 인후)

---

[7] 고려 후기로 내려올수록 고려와 일본의 관계는 악화되고 있는데, 다음의 사료가 양국 관계를 적절히 표현하고 있다고 생각한다. "(高宗)三十八年(1251) 城全(→金)州 以備倭寇"(『高麗史』 卷 82, 志36 兵志2 城堡)

[8] 『朝野群載』 卷20(『新訂增補國史大系』, 吉川弘文館, 1938, 455-456)에 의하면, 1079년인 문종 33년, 고려 예빈성에서 풍질을 치료하는 유능한 의사의 파견을 요청하는 서찰을 일본 대재부 앞으로 보낸 적이 있는데(김기섭 외 2005: 541-542 참조), 이는 양국사이의 평화관계를 방증하는 사례일 것이다.

B-② 6년(1380) 왜적이 금주와 옥주에 침입하였으며 또 함연, 풍제 등 현에 침입하였다.(『고려사』 권134, 열전47 신우2)

B-③ 11년(1385) 사신들이 또 하나의 황제의 유고문을 가지고 왔는데 거기에 이르기를, "당신의 나라에는 왜적이 진짜 해독으로 된다. 그러나 어찌 그것이 우리에게도 해독으로 되지 않는다고 보겠는가? 그러므로 나는 軍船의 편성이 완비되는 때에 왜적이 있는 섬으로 가서 토벌하겠다. 바로 바다를 건너가려 하나 그곳의 뱃길을 모르므로 金州에서 군량을 싣고 그곳으로 지나갈 터이니 바닷길에 익숙한 사람을 안내자로 세우라! 그러면 그곳에 가서 왜적을 치고 돌아오겠다. 그리고 당신들은 왜적들이 침입하는 요로에 병영을 만들고 수비하라!"고 하였다.(『고려사』 권135, 열전48 신우3)

위의 사료는 고려와 일본이 적대적 관계에 있었을 때의 기록들이다. B-①은 고려와 원나라의 연합군이 일본을 공격할 때를 반영한 기록이고, B-②와 B-③은 원나라가 축출되고, 중국에 명나라가 들어선 이후의 기록들이다. 특히 B-②와 같이 고려가 일본으로부터 공격당하는 상황은 명나라의 입장에서도 결코 바람직한 일이 아니었기 때문에 B-③에서처럼 앞으로 명나라가 일본을 공격할 때 고려인을 향도로 삼겠다고도 하였다.

사료 B-①에서 원나라가 일본을 정벌하기 위하여 고려의 '金州 등지에 鎭邊萬戶府를 설치'했다고 하므로 금주는 일본을 공격하기 위한 첨단기지 역할을 했음을 알 수 있다. 사료 B-②에서 '왜적이 금주를 침입했다'고 함을 통하여 금주는 왜의 최우선 공격 대상 지역이었음을 알게 한다. 이 점은 금주의 지정학적 위치가 한반도와 일본 열도를 연결하는 점, 즉 '경계지역'의 의미에서 파악되어야 할 가능성을 시사한다.[9] B-③에서

----
9 '경계지역'의 주민들은 중앙의 행정력이 미약할 때는 언제든지 독자세력을 구축할 수 있고, 또

명나라 또한 원나라와 마찬가지로 금주를 대일 공격의 병참기지로 인식하고 있음을 볼 수 있다.

다음으로 고려와 일본이 우호적 관계에 있을 때의 기록들을 검토하여, 당시 금주의 입지를 살펴보고자 한다.

> C-① (1049년) 11월 무오일, 동남해 船兵都部署司가 일본 대마도 관청으로부터 자기들의 우두머리 明任 등을 시켜 폭풍을 만나 표류해 갔던 우리나라 사람 金孝 등 20명을 데리고 金州에 도착하였다는 것을 왕에게 보고하였다. 전례에 따라 그들에게 물품을 차등 있게 주었다.(『고려사』권7, 세가7 문종 3년)
>
> C-② (1051년) 7월 기미일, 일본 대마도에서 사절을 파견하여 일찍이 죄를 범하고 도주하였던 良漢 등 3명을 돌려보냈다.(『고려사』권7, 세가7 문종 5년)
>
> C-③ (1056년) 10월 초하루 기유일, 일본국 사신들인 正上位權隷 藤原과 朝臣 賴忠 등 30명이 와서 金州에서 묵었다.(『고려사』권7, 세가7 문종 10년)
>
> C-④ (1060년) 7월 계축일, 동남해 선병도부서에서 아뢰기를 대마도에서 바람으로 인하여 표류하여 갔던 예성강 사람 位孝男을 송환하여 왔다고 하였다. 왕이 대마도 사절에게 예물을 후하게 주었다.(『고려사』권8, 세가8 문종 14년)

사료 C-①에서는 일본인 明任 등이 대마도에 표류했던 고려 사람 20명을 데리고 도착한 곳이 금주였다는 점이 주목된다. 왜냐하면 금주는

가혹한 통치가 이루어질 때는 언제든지 반정부의 기치를 들 수 있기 때문에, 중앙정부에서는 늘 신경을 쓰게 마련이다. 그런 의미에서 금주 지역의 지정학적 위치도 특히 '가야의 본산'이라는 전승에 의한 이른바 '자부심'과 함께 언제든지 '부흥운동'이 발생할 가능성을 내포하기 때문에, 고려 중앙정부가 이를 미연에 방지하는 차원, 즉 신라 때부터의 우대정책의 연속선상에서 「가락국기」를 편찬하게끔 한 하나의 중요한 요소였음을 상정할 수 있다고 본다.

일본 사절들이 고려에 올 때 최초로 머무는 곳이었던 것으로 추정되기 때문이다(C-③). 이러한 추정에 일리가 있다면, C-④의 대마도 사절도 금주에 도착했을 가능성이 크다. 또한 대마도와 금주와의 관계를 볼 때(C-①, ④), C-②의 대마도 사절에 의하여 인도된 고려의 죄인들 역시 최초 인도된 지역은 금주일 가능성이 크다.[10]

위의 사료는 모두 문종 때의 사정을 기록한 것들인데, 이를 통해 볼 때 고려와 일본은 평화 시 각각의 교섭의 창구지역이 금주와 대마도였다. 문종대는 일반적으로 정치적 안정과 문물·제도의 정비를 바탕으로 안정과 평화를 구가하던 시대였다고 한다. 정치적 안정과 문물 제도의 정비는 필연적으로 학풍을 크게 진작시켰을 것이다. 문종대 정치적 안정과 금주의 대내적 위상 및 대외적 역할은 「가락국기」의 편찬에 상당한 영향을 미쳤을 것으로 생각된다. 즉, 신라 고지로서 경주에 버금가는 가락국 고지로서의 금주와 대일관계의 전면에 위치하고 있는 금주는 「가락국기」 편찬에 일정 부분 계기가 되었을 것으로 여겨진다.

III. 「가락국기」 편찬의 저본

「가락국기」는 찬자인 金官知州事가 『개황력』과 기타 사료를 가지고 찬술하였다고 한다(金泰植 1998, 35). 그 기타 사료는 대개 문무왕의 명으로 찬술된 김유신 비문(H-①)과 김장청의 『김유신행록』(G-①) 등이었을 것으로 믿긴다. 아래에서는 이들을 살펴보고, 약간의 견해를 덧붙이고자 한다.

----
10 금주, 즉 고려시대 김해 지역은 대외교섭의 관문이었을 뿐 아니라, 5개의 속읍을 거느리는 대읍이었다고 한다(배상현 2016, 1).

1. 『開皇曆(錄)』[11]

『개황력』은 다른 사료들에 비해 비교적 그 흔적이 남아 있는 편인데, 『삼국유사』 왕력편 및 기이편 가락국기에서 몇 차례 언급되고 있다.

> D-① 首露王은 壬寅(42) 3월에 알에서 나서 이 달에 즉위하여 158년간 나라를 다스렸다. 金卵에서 났으므로 姓을 金氏라고 했는데, 『開皇曆』에 실려 있다.(『삼국유사』 권1, 왕력1 수로왕)
>
> D-② 『開皇曆』에서 이르기를, "성은 김씨인데, 開國世祖가 金卵에서 태어났기 때문에 金을 姓으로 삼았을 따름이다"고 하였다.(『삼국유사』 권2, 기이2 가락국기)
>
> D-③ 『開皇錄』에서 이르기를, "梁나라 中大通 4년인 壬子年(532)에 신라에 항복하였다"고 하였다. (『삼국유사』 권2, 기이2 가락국기)

이상의 기록을 통하여 문종대 「가락국기」를 편찬할 때 『개황력』이란 사료가 있었음을 알 수 있다. 따라서 「가락국기」의 편찬 시 『개황력』을 참조하였을 가능성이 크다.

『개황력』의 편찬 시기는 언제일까? 종래 몇 가지 설이 있었다.

첫째, 진평왕대 설이다. 三品彰英의 경우, '開皇'은 隋나라 文帝의 연호이기 때문에 開皇年間(581~600) 즉 진평왕 때에 편찬되었다고 하였다[三品彰英 1964(1979, 369-372)]. 조인성은 위의 사료 D-③에서 가락국의 멸망이 거명되고 있기 때문에 加耶 멸망 후에 편찬된 것임은 틀림없다고 여겨진다고 하면서, 三品彰英의 견해에 찬동하여 『개황력』의 편찬 시기는 개황연간인 진평왕대로 보았다(趙仁成 1985, 19).

둘째, 문무왕대(혹은 문무왕대 이후) 설이다. 김태식은 처음에 『개황

---
[11] 이하 『개황력』으로 통일함.

력』이 김유신과 관련하여 문무왕대 전후에 편찬된 것으로 보았다(金泰植 1993, 72).¹² 그 후 그는 허왕후 설화의 성격을 밝힌 논고에서 '허왕후'의 '왕후' 사용례에 주목하여 이를 더욱 진전시켰다. 『삼국사기』를 통해 볼 때 신라에서 '왕후' 칭호는 문무왕부터 경덕왕까지의 왕모나 왕비에 대하여 전형적으로 사용하고 있기 때문에, 「가락국기」의 '왕후' 사용례는 신라 중대의 것을 반영한다고 보았다. 즉 그는 '왕후'의 사용례를 통해 보았을 때 『개황력』의 편찬 시기는 문무왕대 이전은 될 수 없고, 문무왕 재위 당시 또는 그보다 약간 뒤로 보는 것이 좋을 것이라고 추정하였다(金泰植 1998, 35).

셋째, 신라 말~고려 초 설이다. 정중환은 『개황력』에서 '開皇'이라는 말 자체를 주목하고, 우리 역사상 '개황'이라는 용어를 쓸 수 있었던 시기, 즉 후삼국의 풍운과 고려 건국의 신천지에서 가능하였을 것이라고 하였다(丁仲煥 2000, 362-363).

이상 종래의 견해들을 살펴보았는데, 대체로 가야 멸망 이후에 편찬되었으며, 김해 김씨의 기원 등 가락국의 역사를 기록한 것으로 보았다(白承忠 1995, 43). 아래에서는 본고 나름의 견해를 피력해보고자 한다.

우선 『개황력』에서 가야의 멸망 사실을 알려주기 때문에 가야 멸망, 정확하게는 가락국의 멸망 이후에 편찬된 것은 틀림없다(趙仁成 1985, 19; 白承忠 1995, 43). 이와 관련하여 다음의 기록들을 주목하고 싶다.

> E-① (532년) 金官國主 金仇亥가 妃 및 세 아들인 장자 奴宗, 둘째 武德, 셋째 武力과 함께 國庫의 寶物을 가지고 항복해 오니, 왕은 이들을 禮로 대접하고 上等의 位를 주고, 그 本國으로 食邑을 삼게 하였으며, 그 아들 武力은 朝廷에 벼슬하여 角干

----
12 문무왕대는 김유신, 문명왕후 등 가락국의 후예들이 최고의 전성기를 누렸던 시기일 뿐만 아니라 새로이 금관소경이 설치되는 시기이기도 했다. 학계의 통설적 위치를 점하는 설이라 할 수 있다. 그러나 본고는 이와 달리 생각하고 있음을 미리 밝혀 두는 바이다.

에까지 이르렀다.(『삼국사기』 권4, 신라본기4 법흥왕 19년)

E-② 구형왕. 김씨, 正光 2년(521)에 즉위, 치세는 42년. 保定 2년 壬午(562) 9월에 신라 제24대 眞興王이 군사를 일으켜 쳐들어오자, 왕이 친히 군사를 지휘했다. 그러나 적병의 수는 많고 이쪽은 적으므로 대전할 수 없었다. 이에 왕은 同氣 脫知尒叱今을 보내어 本國에 머물러 있게 하고, 王子와 長孫 卒支公 등과 함께 항복하여 신라로 들어갔다. 왕비는 分叱水尒叱의 딸 桂花로, 세 아들을 낳았는데 첫째는 世宗角干, 둘째는 茂刀角干, 셋째는 茂得角干이다. 『開皇錄』에 보면, '梁의 武帝 中大通 4년 壬子(532)에 신라에 항복했다'고 했다.(『삼국유사』 권2, 기이2 가락국기)

E-③ (545년) 7월 伊湌 異斯夫가 말하기를, "國史란 것은 君臣의 선악을 기록하여 褒貶을 萬代에 보이는 것이니, 史記를 꾸며 두지 아니하면 後世에서 무엇을 보고 알겠습니까?" 하니, 왕이 깊이 느끼고 大阿湌 居柒夫 등에게 명하여 널리 文士를 모아 『國史』를 꾸미게 하였다.(『삼국사기』 권4, 신라본기4 진흥왕 6년)

E-④ (551년) 정월, 年號를 고쳐 開國이라 하였다.(『삼국사기』 권4, 신라본기4 진흥왕 12년)

E-⑤ (553년) 2월 왕이 所司에게 명하여 月城 동쪽에 新宮을 건축하게 하였는데, 그곳에서 黃龍이 나타나므로 왕이 이상히 여겨 이를 佛寺로 改造하고 절 이름을 皇龍이라 賜하였다.(『삼국사기』 권4, 신라본기4 진흥왕 14년)

주지하는 바와 같이 금관국 즉 가락국은 532년 그 '국주'가 가솔들을 거느리고 자진 투항하였다(E-①, ②). 그러나 E-①과 E-②는 내용은 상당한 차이를 보이고 있다. 그 까닭은 『삼국사기』와 『삼국유사』의 저본이 달랐기 때문이라 생각된다.

당연하게도 가락국의 자진 투항은 신라로 하여금 그 국주 및 왕손들을 우대하게 만들었다. 가락국에 대한 신라의 우대책은 왕족뿐만 아니라 民에게까지 펼쳤을 것으로 생각된다. 가야 병합을 위한 신라의 명분 축적이었을 것이다(金泰植 1993, 212). 즉 다른 가야 역시 자진 투항하면 우대해 주겠다는 것을 내외에 천명한 것이다. 반면에 '배반한 가라국'의 예에서 보듯이, 신라는 저항할 경우 그 民들을 공을 세운 이들에게 전리품으로 주는 등 가혹하게 대우하였다.[13]

신라의 가락국 우대책 속에는 그밖에 무엇이 있었을까? 이 문제와 관련하여 신라가 『국사』를 편찬한 경위에 대하여 서술한 사료 E-③을 주목하고 싶다.

E-③은 신라의 자국사 편찬의 경위를 기록한 것으로 진흥왕 6년, 즉 545년의 사실이며, 가락국이 투항한지 13년이 되는 해였다. 이때는 532년에 병합된 가락국이 이미 신라국의 일원으로 편입이 완성되었던 시기였다고 생각된다. 『국사』의 편찬 목적은 표면적으로는 "군신의 선악을 기록하여 만대에 포폄의 기준으로 삼기 위한 것"이었겠지만, 또 한편으로는 당시 신라의 '국민정신을 작흥하는 중요한 방법'이었음(丁仲煥 2000, 348)도 고려할 수 있다. 신라는 항복한 가락국 또한 이미 신라의 일부분으로서 그에 대한 역사를 남겼을 가능성이 있다.[14] 즉 신라사인 『국사』에 이미 신라의 일부가 된 가락국의 역사가 일정 부분 포함되었을 것으로 여겨진다.

이와 같은 자국사의 중요성을 역설한 이가 이사부였고, 이를 편찬한 이가 거칠부였다. 이사부는 가락국 멸망과 매우 밀접한 관련성을 가지고 있었다.[15] 때문에 가락국에 대한 정보를 꽤 알고 있었을 것이다. 그리

---

13 『三國史記』 卷4, 新羅本紀4 眞興王 23년(562).
14 최소한 신라의 한 지방으로서 김해 지역의 역사를 기록했을 것으로 믿는다.
15 『日本書紀』 卷17, 繼體紀 23년(529) 4월 是月.

고 가락국이 항복할 때 가지고 온 '국고의 보물' 중에는 가락국의 역사서도 있었을 것이다. 만약 『국사』에 가락국의 역사가 포함되었을 것이라는 추정이 성립한다면, 신라의 입장에서 가락국사를 서술하는데 저본이 되었을 것이다.

E-③에 의하면 진흥왕은 『국사』를 편찬하기 위해 널리 문사를 모았다고 한다. 문사들 중에는 가락국 출신자도 있었을 것이다.

551년 18세가 된 진흥왕은 비로소 친정을 실시하고 그 기념으로 연호를 고쳤다(E-④). 신라는 536년부터 이미 독자 연호인 '建元'을 쓰고 있었는데,[16] 이때 다시 '開國' 연호로 바꾼 것이다. 한편 진흥왕은 皇龍寺를 건립하기 시작하여(E-⑤) 그 후 13년이 지난 566년에 완공을 보았다.[17] E-⑤에서 주목되는 것이 '黃龍'과 '皇龍'이다. '黃'은 황제를 의미하는(民衆書林編輯局 1997, 2367) 색깔이므로 황제를 뜻하는 皇龍이라는 절의 명칭을 내린 것 같다. 황룡사는 본래 새로운 궁궐을 짓다가 만든 절이었다. 즉 진흥왕은 직접적으로 황제를 칭하지는 않았지만, 결국 자신이 거처하기 위해 짓던 궁궐에 '皇龍'이란 이름을 붙인 셈이다. 이 점은 진흥왕대 신라의 '자존의식'을 보여준다고 생각된다. 이와 같이 진흥왕 치세의 신라는 가락국을 통합한 다음 영토를 개척하여 순수를 실시하면서, 자국의 위상을 널리 과시한 시기였다. 이때는 이미 항복한 가락국의 민들에게도 이제는 신라국의 민으로서 자긍심을 심어준 시기였다고도 생각된다. 이와 같은 시기에 진흥왕은 『국사』를 편찬하였고, 가락국을 우대하는 분위기 속에서[18] 『개황력』은 편찬되었다고 생각된다.

....
16 『三國史記』 卷4, 新羅本紀4 法興王 23년(536).
17 『三國史記』 卷4, 新羅本紀4 眞興王 27년(566).
18 "乃遣大奈麻注知·階古·大舍萬德 傳其業 …(中略)… 于勒 …(中略)… 爾其奏之王前 王聞之大悅 諫臣獻議 加耶亡國之音 不足取也 王曰 加耶王淫亂自滅 樂何罪乎 盖聖人制樂 緣人情以為撙節 國之理亂 不由音調 遂行之 以為大樂"(『三國史記』 卷32, 雜志1 樂). 진흥왕의 왕권은 신료들의 불만을 억누를 정도로 막강했다고 추정되는데, 투항한 가라국 악사 우륵의 음악에 대해 諫臣들이 공격하자, 진흥왕이 우륵을 이른바 '커버'하고 오히려 신라의 대악으로 삼고 있다. 이는 곧

2. 『金庾信行錄』

『김유신행록』은 김장청이 그의 玄祖인 김유신에 대한 흠모의 마음(李基白 1987, 100)에서 지었다고 한다(G-①). 아래에서는 김장청의 출자와 관련된 사료를 제시하고 『김유신행록』에 대하여 살펴보고자 한다.

> F-① 嫡孫 允中은 성덕대왕에게 벼슬하여 대아찬이 되고 여러 번 恩護를 입었는데, 왕의 親屬들이 자못 질투하였다. 때는 仲秋의 望日이었는데, 왕이 月城 岑頭에 올라 경치를 바라보며 侍從官들과 함께 酒宴을 베풀고 즐기면서 윤중을 부르라 하였다. 諫하는 자가 있어, "지금 宗室과 戚里들 중에 어찌 좋은 사람이 없어 疏遠한 신하를 부르십니까. 또 이것이 어찌 이른바 親한 이를 親히 한다는 일이겠습니까" 하였다. 왕이 "지금 과인이 경들과 더불어 안평무사하게 지내는 것은 윤중 조부의 덕이다. 만일 공의 말과 같이 하여 잊어버린다면, 善한 이를 善히 하여 子孫에게 미치는 의리가 아니다" 하였다. 드디어 윤중에게 가까운 자리를 주어 앉게 하고, 그 祖父의 平生 일을 말하기도 하였다. 날이 저물어 물러가기를 告하니, 絶影山馬 1필을 하사하였다.(『삼국사기』권43, 열전3 김유신 하)
>
> F-② (732년) 12월 角干 思恭과 伊飡 貞宗·允忠·思仁을 각각 장군으로 삼았다.(『삼국사기』권8, 신라본기8 성덕왕 31년)
>
> F-③ (736년) 11월 伊飡 允忠·思仁·英述을 보내어 平壤·牛頭 2州의 地勢를 檢察하게 하였다.(『삼국사기』권8, 신라본기8 성덕왕 35년)

....
투항한 우륵을 극진하게 우대한 것으로 이해되는바, 진흥왕 때는 신라가 투항한 가야인(세력)에 대해 가장 우대하던 시기였다고 할 수 있다.

위 사료는 김유신의 후손인 윤중과 관련되는 기록이다. 김유신의 적손으로 표현되어 있는 F-①의 윤중과 F-②, ③의 윤충은 동일인물로 볼 수 있을 것이다(丁仲煥 2000, 355-356). 여기서 중요한 것은 F-①에서 성덕왕과 윤중이 "그 조부의 평생일을 말하였다"는 대목이다. 김유신은 태종에서 문무왕 대에 걸친 신라 삼국통일의 원훈이었으므로, 성덕왕은 김유신의 공을 잘 알고 있었을 것이다. 즉 성덕왕이 윤중을 시기하던 신하들에게, "지금 과인이 경들과 더불어 안평무사하게 지내는 것은 윤중의 조부 덕이다"고 한 것은 그 점을 직접적으로 드러내고 있다. 그렇지만 성덕왕이 특히 김유신의 직계 후손인 윤중을 부르고, 그와 더불어 김유신의 평생일을 담소했다는 점은 김유신의 행적에 대하여 보다 자세히 알고 싶은 의도였다고 생각된다. 윤중과 성덕왕의 담소는 주로 윤중이 성덕왕에게 이야기를 하는 입장이었을 것이다. 그리고 성덕왕은 자신이 알고 있던 공식적인 것보다 김유신 가문에서 전해 내려왔을 이야기를 듣고자 했을 것이다. 나중의 김장청의 『김유신행록』에는 윤중과 성덕왕의 담소 사실과 이때 윤중이 성덕왕에게 이야기해준 김유신의 평생일 또한 포함되었을 것인데, 김장청의 『김유신행록』과 관련해서는 아래의 사료가 주목된다.

G-① 庾信의 玄孫으로 신라의 집사랑인 長淸이 行錄 10권을 지어 세상에 행하였는데, 만들어 넣은 말(釀辭)이 자못 많으므로 더러 刪落하고 그 중에서 기록할 만한 것을 취하여 傳으로 삼는다.(『삼국사기』 권43, 열전3 김유신 하)

G-② 允中의 庶孫인 巖은 (중략) 젊었을 때 伊湌이 되어 唐에 들어가 宿衛하면서 이따금 스승을 찾아 가서 陰陽家의 술법을 배웠다. (중략) 大曆年間(766~779)에 본국으로 돌아와 司天大博士가 되었고, 良·康·漢 세 주의 太守를 역임하고 다시 執事侍郎·浿江鎭頭上이 되었다. (중략) 大曆 14년 己未(779)에 그는 왕명을 받고 日本國에 사신으로 갔다.(『삼국사기』 권43, 열전

3 김유신 하)

G-③ (대력 14년인) 그해 여름 4월에 회오리바람이 뭉쳐 일어나 庾信의 무덤에서 始祖大王의 陵에 이르렀는데, 먼지와 안개가 자욱하여 사람과 물건을 분간할 수 없었다. 능지기가 들으니 그 속에서 울면서 슬피 탄식하는 소리가 나는 듯하였다. 惠恭大王이 이 말을 듣고 두려워서 大臣을 보내 제사를 드려 사과하고, 이어서 鷲仙寺에 밭 30결을 주어 명복을 비는 자산으로 삼게 하였다. 이 절은 庾信이 高句麗, 百濟 두 나라를 평정한 뒤에 세운 것이다.(『삼국사기』 권43, 열전3 김유신 하)

G-④ 비록 乙支文德의 지략과 張保皐의 義勇이 있어도 중국의 書籍이 아니었으면 泯滅하여 傳聞할 수 없을 것이다. 유신과 같은 이는 우리나라 사람들이 칭송하여 지금에까지 없어지지 않으니, 사대부들이 알아야 할 것이다. 그리고 꼴 베는 아이와 목동까지도 능히 알고 있으니, 그 사람됨이 반드시 보통 사람과 다름이 있을 것이다.(『삼국사기』 권43, 열전3 김유신 하의 사론)

G-①에서 김유신 열전은 그의 현손인 집사랑 김장청의 행록 10권에서 釀辭로 생각되는 부분을 제거하고 입전한 것이라고 말하고 있다. 아마도 양사로 삭제한 주 내용은 김장청이 그 玄祖의 위대함을 강조하여 G-③과 같은 비합리적이고 초능력적으로 서술한 부분[19]이었을 것이다 (丁仲煥 2000, 358-359).

주목해야 할 것은 『김유신행록』을 지은 김장청의 활동 시기일 것이다. 왜냐하면 그의 활동 시기가 『김유신행록』의 편찬 시기일 것이기 때

---

19 사료 G-③은 비교적 간략한 편인데, 같은 내용이 『三國遺事』 卷1, 紀異1 未鄒王 竹葉軍에 보인다. 『삼국유사』의 내용은 매우 비합리적이면서도 초능력적이다. G-③은 이와 같은 것을 없애고 김유신전에 기재된 것이 아닌가 한다.

문이다. 김장청은 김유신의 현손이라고 했다(G-①). 현손이란 손자의 손자이다. 이와 관련하여 G-②는 김윤중의 서손인 김암의 활동 시기를 보여주고 있다. 윤중은 김유신의 적손이므로(G-①)이므로 김암은 김유신의 현손이 된다. 이를 통하여 볼 때, 김장청은 김암과 같은 항렬이었음을 알 수 있다. 따라서 김암과 김장청의 활동 시기는 동시대로 볼 수 있다. 김암이 주로 활동한 시기가 대력연간인 혜공왕 때이므로 김장청의 활동 시기도 이때를 크게 벗어나지는 않을 것이다. 그런데 G-③은 G-①의 내용으로 보아 『김유신행록』에 있었을 가능성이 크다. 그러므로 김장청의 『김유신행록』 10권은 혜공왕대 이후인 선덕왕 혹은 원성왕 때에 만들어졌을 것이다(丁仲煥 2000, 361).

3. 「金庾信碑文」

김유신 비문은 현전하지 않는다. 다만 『삼국사기』 김유신 열전에 흔적만 있을 뿐인데, 제시하면 다음과 같다.

> H-① 庾信이 私第의 正寢에서 薨去하니 향년 79세였다. 대왕이 부음을 듣고 크게 슬퍼하고 (중략) 有司에게 명하여 碑를 세워 功名을 기록케 하였다.(『삼국사기』 권43, 열전3 김유신 하)[20]
>
> H-② 살피건대 庾信의 碑文에 考는 蘇判 金逍衍이라 하였으니, 舒玄이 혹 이름을 고친 것인지 혹시 逍衍은 字인지 모르겠다. 의심이 있으므로 둘 다 적어둔다.(『삼국사기』 권41, 열전1 김유신 상)
>
> H-③ 신라 사람들이 자칭 少昊金天氏의 후예이므로 姓을 金이라

---
[20] 본기에 의하면, 김유신은 文武王 13년(673) 7월 1일 사망했다.

한다고 하였으며, 庾信碑文에도 軒轅의 후예요 少昊의 종손이라 하였으니, 그러면 南加耶의 始祖 首露도 신라와 同姓이 되는 것이다.(『삼국사기』 권41, 열전1 김유신 상)

김유신비는 문무왕 때 왕명에 의하여 건립되었다(H-①). 有司로 하여금 功名을 기록케 했다는 점에서 김유신 비문은 대체로 김유신의 戰功에 대하여 기록했을 것으로 생각된다. 그런데 H-②에 의하면 그의 父인 김서현에 대한 기록이 있었다. 이를 통해 보면 김유신 비문은 그 서두에 김유신 조상들의 행적도 기록되었을 것으로 추정된다.

그런데 주목되는 점은 김유신 비문이 표방하고 있는 가락국 김씨의 출자이다. 이미 앞에서 언급한 『개황력』에서는 "성은 김씨인데, 開國世祖가 金卵에서 태어났기 때문에 金을 姓으로 삼았을 따름이다"고 하였다(D-②). 그러나 김유신 비문은 가락국 김씨의 유래를 신라 왕실과 마찬가지로 소호금천씨에게서 구하고 있다(H-③). 사실이 그러했다면, 김유신 비문의 경우 수로왕 신화는 없었을 것이라고 여겨진다.

왕명에 의해 有司가 그의 공적을 기록한 점을 통하여 김유신 비문의 성격도 어느 정도 추정할 수 있다. 즉 공식적으로 국가기관에 의하여 건립되었기 때문에 사찬인 『김유신행록』에서처럼 釀辭는 없었을 것으로 생각된다.

『김유신행록』은 김유신 비문의 공식적인 戰功과 가전으로 전해져 오는 이야기에다가 釀辭를 더했을 것이다. 이 점은 김유신 비문을 직접 본 『삼국사기』 찬자(H-②)의 말에서 짐작할 수 있다.

IV. 「가락국기」의 역사적 의미

이미 앞에서 언급한 바와 같이 「가락국기」는 가야사 연구에 있어서 가장 풍부하고 기본이 되는 사료이다. 다만 완전한 글월이 전해지지는 않고 『삼국유사』에 줄여진 채로 전해져 대단히 아쉽다. 그러나 그나마 적지 않은 내용을 전하고 있기 때문에 가야사를 포함한 한국고대사 연구에 있어서 「가락국기」가 가지는 역사적 의미는 더할 나위 없이 크다고 하겠다.

「가락국기」는 내용상으로 크게 세 부분으로 나눌 수 있다. 첫째 건국신화로서의 수로왕 신화이고, 둘째 허왕후 설화이며, 셋째 수로왕에 대한 제의 관련 기록이다.[21] 본고에서는 이를 하나하나 따지듯 분석하지는 않겠다. 다만 「가락국기」 속 '가락국 영토의 범주'를 의미하는 듯한 기록을 분석하고, 「가락국기」가 가지는 역사적 의미를 추출해 보고자 한다.

I-① 東은 黃山江, 西南은 滄海, 西北은 地理山, 東北은 伽耶山을 경계로 삼았고, 南을 나라 끝으로 여겼다.(『삼국유사』 권2, 기이2 가락국기)

I-② ㉮東以黃山江. 西南以滄海 ㉯西北以地理山 東北以伽耶山 ㉰南而爲國尾(末松保和 1956, 227; 李丙燾 1985, 313; 丁仲煥 2000, 347; 金泰植 1993, 71)[22]

I-①은 가락국 시조 수로왕이 지금의 김해에 탄강하여 건국한 가락국 영토의 폭을 드러내고 있다. 다시 말해 「가락국기」가 내세우는 '가락국 영토의 한계'인 것이다. 이의 원문이 I-②인데, 이를 몇 개의 문단으로

---

21 『삼국유사』 기이편 가락국기는 제의 관련 기록을 끝낸 후, 거등왕에서 구형왕까지 간단한 기록을 첨가하고 있는데, 왕력편과 대응한다.
22 이 문장을 해석하기 위한 통설적 이해로, 학자들 거의가 이와 같은 방식으로 끊어 읽고 있다.

나누어 분석함으로써, 본고의 논지를 전개해 보고자 한다.

I-②의 ㉮에서 강역의 동쪽 한계를 황산강이라 했는바 낙동강의 하류(三品彰英 1979, 314)인 황산강은 김해와 양산을 양안으로 둔 낙동강(이병도 1996, 29), 다시 말해 현재 양산 원동으로부터 부산 을숙도 지경까지의 강으로 비정된다(金泰植 1993, 70). 그러므로 이른바 김해 가락국의 동쪽 경계로 알맞다 할 것이다.

강역의 서남쪽 한계는 창해라 했다. 일반적으로 우리나라 동해를 창해라 하기 때문에 여기의 창해를 굳이 우리나라 '동해'로 생각할 수도 있을 것이다(三品彰英 1979, 314). 그러나 그보다 '넓은 바다'로 이해하는 것(金泰植 외 2004, 99)이 타당하다 여겨지며, ㉰의 '國尾' 즉 '나라의 끝'과 연결 지어 생각해 보면 역시 바다에 닿아 있는 옛 김해의 지리적 위치에 꼭 알맞게 된다.

I-②의 ㉯에서는 강역의 서북쪽 한계를 지리산, 동북쪽 한계를 가야산으로 기록하였다. 그런데 지리산의 경우, 그 폭이 대단히 광활하여 현재 경남 함양과 산청과 하동, 그리고 전북 남원에까지 두루 걸치고 있다. 가야산 역시 다양한 지역에까지 걸치고 있는바, 현재 경남 합천과 경북 고령과 성주를 포괄하고 있다.[23] 가야산을 동시에 끼고 있는 경북 고령 및 성주는 고령 가라국과 이른바 성주 '성산가야'의 옛 땅이다.

위 사료 I-①·②의 경우, 수로왕 재위 시에 표방된 가락국의 강역이다. 「가락국기」가 내세우는 건국 연대를 옳다고 전제한다면, AD 42년 곧 1세기 전반이라는 시점에서 가락국의 통치력이 미치는 지역의 한계를 뜻한다고 볼 수 있다. 그러나 이 당시에 이러한 범위, 곧 사료 I-②의 ㉮, ㉯, ㉰ 전부가 가락국의 강역이 될 수는 없을 터이다.

---

[23] 가야산은 현재 합천군 가야면에 있는 산으로 널리 알려져 있다. 그러나 가야 당시, 즉 562년 이전에는 가야산 전체가 온전히 고령 가라국에 속해 있었던 것으로 보인다. "冶爐縣 本赤火縣 景德王改名 今因之."(『三國史記』 卷34, 雜志3 地理1 高靈郡). 즉 신라 고령군의 영현이었던 야로현은 지금의 합천군 야로면과 가야면 일대이기 때문이다(정구복 외 1998, 226-227).

가장 문제가 되는 것은 AD 1~3세기 동안 한반도 남부 지역에 분포하고 있던 소국들의 양상을 꽤 사실적으로 기록하고 있는『삼국지』위서 동이전 한조와의 어긋남이다.

> I-③ 弁辰彌離彌凍國, 弁辰接塗國, 弁辰古資彌凍國, 弁辰古淳是國, 弁辰半路國, 弁[辰]樂奴國, 弁辰彌烏邪馬國, 弁辰甘路國, <u>弁辰狗邪國</u>, 弁辰走漕馬國, 弁辰安邪國, 弁辰瀆盧國.(『삼국지』권30, 위서30 오환선비동이전30 한)

위의 사료 I-③은 섞여 살고 있다는 변진과 진한의 소국명 중 변진, 달리 말해 변한(곧 가야)의 소국명만 선택하여 벌여놓은 것이다. 여기서 밑줄 친 변진구야국만이 가락국의 범위에 포함된다고 할 것이다. 그러므로 상대적으로 정확하다고 정평이 나 있는『삼국지』위서 동이전 한조에 의해, 수로왕 즉위 후 가락국의 강역을 곧바로 사료 I-②와 같은 범위로 여길 수 없다. 부언하자면 I-②의 ㉮의 경우만 수로왕 재위 당시 가락국의 강역에 들어맞는 것이다.

종래 이러한 모순은 이미 여러 연구자들이 지적해 온 터였다. 단지 사료 I-② 전부를 가락국의 강역으로 한정하지 않을 경우 일정 부분 합리적 해석도 전혀 불가능한 것은 아닌데, 이를 소위 '6가야'의 전체 영역으로 이해하는 것이다(三品彰英 1979, 323).[24] ㉯의 가야산의 경우, 고령 가라국과 성주 '성산가야'가 함께 점유하고 있는 산이다. 그러면 관념적으로 소위 '6가야연맹'을 이끄는 맹주국 가락국의 강역으로 생각할 수 있는 것이다. 하지만 이처럼 생각한다고 할지라도, 역시 지리산은 문제가 된다. 왜 그런가 하면 지리산과 연관되는 가야의 소국명은 문헌상 전혀 없기

---

[24] 한편 이병도는 "뒷날에 '대가야' 및 '성산가야' 등 북쪽 2개국의 탈퇴로 인하여 조금 축소된, 즉 4개연맹체의 강역"으로 보기도 하였고(李丙燾 1985, 313), 이재호는 여섯 가야국의 영역이라고 하였다(이재호 옮김 1997, 344).

때문이다. 만일 이병도와 같이, 이른바 '고녕가야'를 진주에 비정할 수 있다면(李丙燾, 1985, 311-313) 이 기록과 합치될 가능성은 충분히 있다고 보인다. 그러나 「가락국기」에 보이는 일연의 견해를 존중하게 되면, 고려시대의 "咸寧" 곧 현재 경북 상주시 함창읍이 되므로 지리산과는 완전히 관련이 없는 곳이 되고 만다.

한편 위에 제시된 사료 I-②를 통설과 달리 독해하기도 하는데, I-④라는 기호를 부여하여 제시하면 아래와 같다.

I-④ ㉮東以黃山江西 南以滄海 ㉯西北以地理山東 北以伽耶山南 ㉰

而爲國尾(三品彰英 1979, 310-311)[25]

위 사료를 최초로 이상과 같이 끊어 독해한 이는 일본인 연구자 三品彰英이 아니었나 싶다(한국정신문화연구원 2002, 259의 주 19 참조). 이와 같이 끊어 읽는다면, "동으로 황산강의 서쪽, 남으로 창해, 서북으로 지리산의 동쪽, 북으로 가야산 남쪽을 나라 끝이라 여겼다"로 새길 수 있다.

三品은 이상과 같이 독해한 다음, "金官 중심의 이 방위는 모두 45도씩 실제보다 치우쳐 있다. 예를 들면 북은 서북으로, 서북은 서로, 남은 동남으로, 동은 동북으로 하면 대체로 지금의 방위와 일치한다"라고 주장하였다(三品彰英 1979, 324). 그의 주장을 받아들일 경우, 사료 I-④는 "동북으로 황산강의 서쪽, 동남은 창해, 서쪽은 지리산 동북편, 서북은 가야산 남쪽을 나라 끝으로 여겼다"로 변형시켜야 한다. 그렇게 한 다음 三品은 '滄海'를 '日本海'라든지 '朝鮮海峽'이라든지 또는 『삼국지』 위서 동이전 왜인조에 보이는 '瀚海'라든지로 운운해가며 자신의 주장을 강조하였다(三品彰英 1979, 324). 三品의 견해가 어느 정도 경청할 만하다고 하더라

----
25 이에 대하여 "駕洛諸國의 境域을 보면 동은 황산강의 서에 접하고, 남은 창해에 면하며, 서북은 지리산의 동에 미치고, 북은 가야산의 남을 한계로 하는데, 이들이 駕洛諸國의 경계가 되고 있다"고 해석하였다(三品彰英 1979, 313).

도 사료 I-②처럼 독해하는 것을 통설로 받아들인다면, 원 사료를 한 번도 아니고 두 번씩이나 훼손한 셈이 되기 때문에 그의 주장을 선뜻 수용하기 쉽지 않다.

그것은 어쨌든 三品과 같이 끊어서 독해한다고 하더라도 사료 I-②의 분석과 별다른 차이가 없는 것으로 보인다. 김해를 중심에 놓고 볼 경우 비록 I-④가 I-②보다 읽기가 조금 자연스럽다손 치더라도, 사료 I-②의 ㉰ '지리산'처럼 문제시 될 수밖에 없는 것은 역시 I-④의 ㉰ '지리산의 동쪽'이다. 그러므로 I-② 사료와 같이 끊어 읽든, 또는 사료 I-④처럼 끊어 읽든, 사료 I-①은 당시 김해 가락국의 강역과는 거리가 한참 멀다는 것을 인식하지 않을 수 없게 된다.

본고에서는 사료 I-①을 '가락국 자체의 강역', 또는 '6가야 전체의 영역'으로 간주하기보다 소위 '후기가야연맹'(金泰植 1993, 88) 시절의 '가라(지역)연맹'(白承忠 1996, 1 및 7; 2005, 36) 또는 '대가야연맹'(田中俊明 1992, 77) 다시 말해 가야 후기의 맹주인 가라국의 '세력권' 정도를 반영한 것은 아닐까 추정한다. 그 까닭은 사료 I-②와 사료 I-④ 속에 각각 보이는 '지리산'과 '지리산의 동쪽'을 주목했기 때문이다. 그러면 가야 소국명들 중에서 현재 지리산과 통하는 지역에 비정되는 곳을 찾아야만 할 터인데, 다음의 사료가 참고된다.

> J-① 우륵이 지은 12곡은, 첫째는 下加羅都, 둘째는 上加羅都, 셋째는 寶伎, 넷째는 達已, 다섯째는 思勿, 여섯째는 勿慧, 일곱째는 下奇物, 여덟째는 師子伎, 아홉째는 居烈, 열째는 沙八兮, 열한째는 爾赦, 열두째는 上奇物이었다.(『삼국사기』 권32, 잡지1 악 가야금)
>
> J-② 곁의 小國에 叛波, 卓, 多羅, 前羅, 斯羅, 止迷, 麻連, 上己文, 下枕羅 등이 있어서 부용하였다.(『양직공도』 백제국사 도경)

사료 J-①는 소위 '우륵십이곡'으로, 대체로 소위 '후기가야' 구성체의 명칭을 곡명으로 삼아 가실왕의 명령을 받은 우륵이 작곡한 것이다. 우선 둘째 곡명인 '상가라도'의 경우, 연구자들 대부분이 고령의 가라국에 비정한다. 이견이 거의 없다고 할 수 있다. 다음으로 첫째 곡명인 '하가라도'는 위치 비정에 논란이 있는데, 다양한 주장이 존재하고 있다. 음운적 관점에서 '하가라도'를 '아랫가야'로 해석하고 이를 아시량국, 곧 함안에 비정한 견해(梁柱東 1965, 30-31 및 597-598)와 지리적 측면에서 낙동강 하류인 김해로 비정한 견해도 있다(李丙燾 1985, 303-304 및 307; 金泰植 1993, 292-294; 2009, 116-117; 白承玉 2003, 75). 이러한 와중에 합천 옥전 고분군의 위치, 혹은 합천 저포리 출토 '下部思利利' 명문 토기를 토대로 삼아 합천으로 비정하는 견해가 근년에 도출된 바가 있는데(田中俊明 1990, 139; 白承忠 1992, 469 및 478-479; 1995, 211; 李泳鎬 2006, 114; 이형기 2009, 142-147), 현재 이 설이 대세를 형성하고 있는 듯이 보인다(金泰植 2009, 115).

대세론에 의하면, 상가라도와 하가라도의 경우, 합천에는 지금 가야산이 솟아 있는데 가야산은 본래 가라국의 고지 고령에 포함되어 있었다고 하더라도,[26] 앞의 사료 I-②의 ㉯와 사료 I-④의 ㉯의 '(西)北以伽耶山(南)'과도 잘 들어맞는다고 할 수 있다. 게다가 옥전 고분군의 규모와 그곳에서 출토된 유물들의 질을 감안한다면, 합천 지역은 고령 지역과 함께 소위 '후기가야'를 구성하는 중요 지역으로서 충분하기 때문일 것이다.

그러면 지리산이 가야의 영역으로 된 것은 과연 언제였을까? 지리산이 경상남도 함양, 산청, 하동 등지와 전라북도 남원에 미치고 있다는 것은 이미 앞에서 언급한 바와 같다. 『일본서기』 흠명기에서는 가야가 멸

---

[26] 앞의 주 23. 한편 "按崔致遠釋利貞傳云 伽倻山神正見母主 乃爲天神夷毗訶之所感 生大伽倻王惱窒朱日·金官國王惱窒青裔二人"(『新增東國輿地勝覽』卷29, 高靈縣 建置沿革條)에 의하면 가라국의 경우, 가야산신을 조상으로 여기고 있을 정도로 가야산과 밀접한 관련이 있었다.

망할 무렵의 10국[27] 가운데 乞飡國 및 稔禮國을 볼 수 있다. 걸찬국은 산청에, 임례국은 함양에 각각 비정된다(金泰植 1993, 160 및 309). 지리산 자락의 함양과 산청이 이른바 '후기가야'를 이루고 있는 나라의 옛 땅으로서 나타난 것이다.

사료 J-①의 네 번째 곡 '達巳'를 '達已'로 읽은 다음, 이를 상다리와 하다리로 간주하고 전남 여수 지역에 비정하는 견해도 있지만(김태식 2002, 209), 오히려 이를 『일본서기』에서 종종 출현하는 帶沙 또는 多沙와 같은 곳으로 이해하여 경남 하동에 비정한 견해(田中俊明 1992, 107 및 114; 白承忠 1995b, 69; 이형기 2009, 155)가 약간 더 우세한 듯이 보인다. 『일본서기』에서 하동은 다사진으로 나타나기도 하는데, 가라국의 왕이 "이 나루는 官家를 설치한 이래부터, 臣이 조공하는 津涉으로 삼았습니다. 어찌하여 함부로 변경하여 이웃나라에 하사할 수 있습니까? 원래 封한 바 한계 지역에 위배되는 것입니다"[28]라고 언급하여 매우 중요시하고 있었음을 알 수 있다. 비록 여기에서는 '나루'로서의 기능만을 강조했던 듯하지만, 실제로는 백제와의 경계로서도 상당한 의미를 부여했을 것으로 추정된다.

사료 J-①의 일곱 번째 곡명인 하기물과 열두 번째 곡명인 상기물은 『일본서기』의 기문으로 남원 지역에 비정됨이 요즘의 대체적인 추세이다(金泰植 2009, 104의 〈표 1〉 참조). 사료 J-②의 상기문 역시 사료 J-①의 상기물과 동일 지역으로 여겨지며, 대체로 현재의 전라북도 남원으로 봐야 할 것이다.

'우륵십이곡'이 만들어진 때는 6세기 1/4분기 정도로 추정되며(백승충 2011, 29; 유우창 2018, 41), 『양직공도』가 만들어진 시기가 520년(金泰植 1993, 103) 또는 526년~536년이므로(金泰植 외 2004, 377의 주 1) 대체적으로 가라국이 백제에게 기문, 곧 지금의 남원을 잃은 513년(李永植 1995,

----

27 "總言任那 別言加羅國·安羅國·斯二岐國·多羅國·卒麻國·古嵯國·子他國·散半下國·乞飡國·稔禮國 合十國."(『日本書紀』 卷19, 欽明紀 23년 정월)
28 『日本書紀』 卷17, 繼體紀 23년(529) 3월 是月.

217),²⁹ 아니면 516년(남재우 2009, 154)³⁰과 잘 맞아 떨어진다.

이상 논지를 전개해 본 결과 사료 I-②의 '지리산'과 사료 I-④의 '지리산의 동쪽'은 1세기 무렵의 수로왕 재위 시 가락국 영토가 될 수 없고, 오히려 백제에게 기문을 온전히 잃게 되는 6세기 전반 이후의 가락국 영역 혹은 세력 범위로 인정해야 좋을 듯하다(유우창 2018, 40-42). 달리 말해 그 순간부터 가락국은 백두대간인 지리산을 사이에 두고 백제와 경계를 짓게 되었던 것이다.

이제까지 「가락국기」가 가락국의 강역으로 표방한 기사를 여러 가지 가능성을 두고, 꽤 장황하게 분석해 보았다. 그 결과 「가락국기」는 가락국의 기록만을 싣고 있는 것이 아니었음을 알 수 있었다. 즉 가라국과 관련되는 기록도 가락국의 기록으로 간주하고 있다는 의미가 되겠는데, 이는 그만큼 가락국이 가야를 대표한다는 관념이 면면히 이어져 내려온 때문으로 여겨지며, 이러한 점은 「가락국기」가 가지는 가장 강력한 역사적 의미가 아닐까 생각하는 바이다.

V. 맺음말

「가락국기」는 가야사를 연구하고자 하는 사람이라면 반드시 섭렵해야 하는 기록이다. 본고에서는 이와 같은 「가락국기」가 편찬되는 과정과 또 이 시점에서 그것이 가지는 역사적 의미를 되돌아보고, 음미해 보고자 하였다. 그러나 그와 같은 과정은 필자의 능력 부족으로 결코 녹록치 않았다. 지나친 억측도 있었음을 인정하지 않을 수 없다. 질정을 바란다.

---

29 "백제에 의한 기문의 확보는 이미 513년에 완결된 것으로 보아야 할 것이다"라고 하였다.
30 대부분의 연구자들은 516년을 백제의 기문 점령이 공식적으로 완료된 해로 보고 있다.

아래에서는 앞에서 전개한 논지들을 요약함으로써, 맺음말에 대신하고자 한다.

제2장에서는 「가락국기」의 편찬 배경에 대하여 살펴보았다. 먼저 고려 문종대 외척세력으로 정계의 중심에 우뚝 서 있던 인주 이씨가 선대 현양을 위하여 「가락국기」 편찬에 일정 부분 기여했을 것임에는 의심의 여지가 없다. 거기에 더하여 고려 왕조가 존속하는 기간 내내 가락국 고지였던 금주를 매우 중시했음을 볼 수 있는데, 금주의 대내적 위상 및 대외적 역할은 특히 학풍이 크게 진작된 문종대에 와서 「가락국기」가 편찬되는 데에 하나의 배경이 되었다고 생각한다.

제3장에서는 「가락국기」가 편찬될 때 이용된 저본들을 검토해 보았다. 고려 문종대 「가락국기」를 편찬할 때에는 『개황력』이란 사료가 있었다. 「가락국기」 편찬 시 『개황력』을 참조하였을 가능성이 크다. 『개황력』의 편찬 시기에 대해서는 종래 진평왕대설, 문무왕대설, 나말여초설 등이 있어 왔으나, 본고에서는 이들보다 더 앞인 진흥왕대로 보았는데, 이때 가락국을 우대하는 분위기 속에서 『개황력』이 편찬되었으리라 믿긴다. 선덕왕 혹은 원성왕 때 김장청에 의해 만들어진 『김유신행록』과 문무왕의 명으로 작성된 김유신 비문도 「가락국기」의 저본이 되었을 것이다.

제4장에서는 「가락국기」가 가지는 역사적 의미를 추출해 보고자 하였다. 그러기 위해서 「가락국기」가 주장한 가락국의 강역 기사를 『삼국사기』의 '우륵십이곡'과 『일본서기』 흠명기의 '임나십국' 기록을 결부시켜 분석한 결과, 1세기 전반 김해 가락국의 강역이 아니라 기문 지역을 상실하게 된 6세기 전반 이후 고령 가라국의 영역 혹은 세력권으로 이해되었다. 이를 통하여 「가락국기」는 고령 가라국의 사적으로 봐야 할 기록들도 김해 가락국의 사적으로 싣고 있다는 사실을 알게 되었다. 가락국이 가야를 대표한다는 관념이 고려시대까지 면면히 이어져 내려온 때문으로 여겨진다.

참고문헌

末松保和, 1956, 『任那興亡史』(增訂版), 吉川弘文館.
三品彰英, 1964, 「三國遺事考證 - 駕洛國記(二) - 」, 『朝鮮學報』30.
梁柱東, 1965, 『增訂古歌研究』, 一潮閣.
三品彰英, 1979, 『三國遺事考証(中)』, 塙書房.
李丙燾, 1985, 『韓國古代史研究』(修訂版), 博英社.
趙仁成, 1985, 「三國 및 統一新羅의 歷史敍述」, 『韓國史學史의 研究』, 乙酉文化社.
李基白, 1987, 「金大問과 金長淸」, 『한국사 시민강좌』1.
田中俊明, 1990, 「于勒十二曲と大加耶連盟」, 『東洋史研究』48-4.
丁仲煥, 1990, 「駕洛國記의 文獻學的 考察」, 『伽倻文化』3.
白承忠, 1992, 「于勒十二曲의 해석문제」, 『韓國古代史論叢』3.
田中俊明, 1992, 『大加耶連盟の興亡と「任那」』, 吉川弘文館.
金泰植, 1993, 『加耶聯盟史』一潮閣.
박성봉, 1993, 「문종의 체제정비와 전성」, 『한국사』12(고려 왕조의 성립과 발전), 국사편찬위원회.
白承忠, 1995a, 『加耶의 地域聯盟史 研究』, 釜山大學校 大學院 博士學位論文.
白承忠, 1995b, 「加羅國과 于勒十二曲」, 『釜大史學』19.
李永植, 1995, 「百濟의 加耶進出過程」, 『韓國古代史論叢』7.
白承忠, 1996, 「加羅·新羅 '결혼동맹'의 결렬과 그 추이」, 『釜大史學』20.
이병도, 1996, 『역주 삼국사기(상)』(개정판), 을유문화사.
民衆書林編輯局, 1997, 『漢韓大字典』(제2판), 民衆書林.
이재호 옮김, 1997, 『삼국유사』1, 솔출판사.
金泰植, 1998, 「駕洛國記 所載 許王后 說話의 性格」, 『韓國史研究』102.
정구복 외, 1998, 『역주 삼국사기4: 주석편(하)』, 한국정신문화연구원.
金泰植, 1999, 「金海 首露王陵과 許王后陵의 補修過程 檢討」, 『韓國史論』41·42.
丁仲煥, 2000, 『加羅史研究』, 혜안.
김태식, 2002, 『미완의 문명 7백년 가야사 2권』, 푸른역사.
李永植, 2002, 「「駕洛國記」의 史書的 檢討」, 『강좌 한국고대사』5.
한국정신문화연구원, 2002, 『譯註 三國遺事 Ⅱ』, 以會文化社.
白承玉, 2003, 『加耶 各國史 硏究』, 혜안.
金泰植·李益柱·全德在·姜鍾薰, 2004, 『譯註 加耶史史料集成 1: 高麗以前篇』, 駕洛國史蹟開發研究院.
김기섭 외, 2005, 『일본 고중세 문헌 속의 한일관계사료집성』, 혜안.
白承忠, 2005, 「加耶의 地域聯盟論」, 『지역과 역사』17.
李泳鎬, 2006, 「于勒 12曲을 통해 본 大加耶의 政治體制」, 『악성 우륵의 생애와 대가야

의 문화』, 고령군 대가야박물관·계명대학교 한국학연구원.
김태식, 2009, 「대가야의 발전과 우륵 12곡」, 『악사 우륵과 의령지역의 가야사』, (사)우륵문화발전연구회·홍익대학교 인문과학연구소.
남재우, 2009, 「가야 말기 于勒의 신라망명」, 『악사 우륵과 의령지역의 가야사』, (사)우륵문화발전연구회·홍익대학교 인문과학연구소.
이형기, 2009, 『大加耶의 形成과 發展 硏究』, 경인문화사.
백승충, 2011, 「문헌을 통해 본 고대 창녕의 정치적 동향」, 『고대 창녕지역사의 재조명』, 경상남도 창녕군·부산대학교 한국민족문화연구소.
배상현, 2016, 「고려시대 가야사 인식과 김해지역사의 전개 -『駕洛國記』를 중심으로-」, 『학술발표회 발표문』, 부산경남사학회.
유우창, 2018, 「6세기 우륵의 망명과정」, 『역사와 경계』108.

「「가락국기」 편찬과 역사적 의미」에 대한 토론문

남재우 창원대학교 사학과 교수

「가락국기」는 가야사 연구의 기본사료이며, 가락국의 역사기록이다. 발표자는 「가락국기」의 편찬 배경에 대하여 개관하고, 「가락국기」 편찬의 저본이 되었을 것으로 짐작되는 문헌들을 검토하고, 신라『국사』와 「가락국기」 편찬의 저본이 되는 『개황력』의 상관성을 시론적으로 추정하였다. 마지막으로 가야사에서 「가락국기」가 가지는 역사적 의미를 말하고 있다. 몇 가지 질문으로 토론을 대신하려 한다.

1. 편찬 배경

발표자는 가락국기 편찬 배경의 하나로서 고려시대 전반에 걸친 '金州의 위상'에 주목하고 있다. 왜냐하면 가락국이 신라에, 신라가 고려에 투항했음을 염두에 둘 때, 고려 또한 신라와 마찬가지로 가락국을 가야의 본산으로 중시했을 가능성이 높다는 것에 근거하였다. 하지만 사료 A-②가 금주의 중요성과 가락국기 편찬과 무슨 관련이 있는지... 오히려 기록처럼 왜구의 침입에 대한 대비로 보아야 한다. 일본과의 관계는 지정학적 위치로 보아야 한다.

2. 편찬 시기

『개황력』 편찬 시기 - 진흥왕 치세의 신라는 가락국을 통합한 다음 영토를 개척하여 순수를 실시하면서, 자국의 위상을 널리 과시한 시기였다. 이때는 이미 항복한 가락국의 민들에게도 이제는 신라국의 민으로서 자긍심을 심어준 시기였으므로, 이때에 진흥왕은 『국사』를 편찬하였고 가락국을 우대하는 분위기 속에서 「가락국기」 저본의 하나인 『개황력』이 편찬되었다고 추정하였다.

하지만 가락국의 후예인 김씨들이 최고의 전성기를 누렸던 시기는 金庾信, 文明王后 등이 존재했던 시기다. 따라서 가야계 후손의 정치적 비중이 절정에 달하고 金官小京을 설치하기도 한 文武王代를 전후한 시기에 수로 신화를 비롯한 가락국의 역사가 일단 문자로 정착되었을 가능성이 크다. 따라서 개황력의 편찬 시기는 신라 문무왕대를 전후한 시기로 추정할 수 있다.

3. 역사적 의미

「가락국기」의 내용이 축약된 것이라면, 원전에서 빠진 부분은 무엇이었을까?

4. 「가락국기」를 통하여 가락국의 정치적 상황을 이해할 수 있을까?

"坐知王 : 金叱이라고도 한다. 義熙 3년(407)에 왕위에 올랐다. 傭女에게 장가들어 그 여자의 무리를 벼슬아치로 삼았으므로 국내가 소란스

러웠다. 신라가 꾀로써 가락국을 치려 했다. 이때 가락국에 朴元道란 신하가 있었는데, 좌지왕에게 간했다. "풀에도 일일이 살펴도 또한 벌레가 있는데, 하물며 사람에게 있어서입니까! 질서가 문란해지면 사람이 어느 곳에서 보전되겠습니까. 또 卜師가 점을 쳐서 解卦를 얻었는데 그 점괘의 말에 '소인을 제거하면 군자인 벗이 와서 합심할 것이다' 했으니 임금님께서는 주역의 괘를 살피시기 바랍니다." 왕은 사과했다. "그 말이 옳다." 용녀를 물리쳐 荷山島로 귀양보내고, 그 정치를 고쳐 행하여 길이 나라를 다스려 백성을 편안하게 했다. 나라를 다스리기 15년, 永初(741) 2년 신유(421) 5월 12일에 세상을 떠났다. 왕비는 道寧 大阿干의 딸 福壽며, 아들 吹希를 낳았다."(『삼국유사』 가락국기)

3

가락국의 건국신화와 역사적 의미

이연심 부산광역시 문화유산과 시사편찬 상임위원

I. 머리말
II. 가락국의 건국신화
III. 가락국 건국신화의 역사적 의미
IV. 맺음말

I. 머리말

『삼국사기』와 『삼국유사』에는 고조선을 비롯한 고구려·백제·신라·가야 등 고대국가의 건국신화가 실려 있는데, 대체로 건국 주체의 시조 전승에 관한 내용이 주를 이룬다. 한국 고대의 건국신화에는 초현실적인 내용이 포함되어 있는데, 史書에 기록되어 전승되고 있기 때문에 다소간의 논란은 있지만 새로운 국가의 '건국'이라는 역사적 사실이 반영된 것이라고 이해하는 것이 일반적이다. 즉 한국 고대의 건국신화는 실존하는 고대국가의 건국에 관한 이야기이므로, 건국신화에는 신화성과 함께 역사성이 내포되어 있다.

건국신화는 누가, 언제, 어디서, 어떻게 건국하였으며, 그 나라를 세운 행위가 얼마나 정당한지를 알리기 위해 기술된 만큼 건국의 주인공이 가장 중요한 존재로 묘사되어 있다. 이는 건국신화를 통해 왕권의 정당성을 합리화 하려는 지배 이데올로기적 성격에서 비롯된 것이라 할 수 있다. 그리하여 지금까지 역사학계에서는 한국 고대국가의 기원과 정치적 목적의식 등을 밝히기 위해 건국신화를 자주 활용해 왔다(文昌魯 2014, 59).

한국 고대국가 중 하나인 가야도 『삼국유사』 「가락국기」와 『신증동국여지승람』 고령군 건치연혁조 등에 건국신화가 전해지고 있다. 가야의 건국신화는 (1)수로왕의 탄생과 가락국의 건국, 수로왕과 허왕후의 결혼담으로 구성된 가락국의 건국신화, (2)가라국의 시조 이진아시왕의 탄생과 수로왕과의 형제 관계 설정 등의 내용이 담긴 가라국의 건국신화라는 두 가지 형태의 신화가 존재한다.[1] 이 두 가지 형태의 건국신화는 다른 고

---

[1] 이외에 다른 가야에도 건국신화가 존재하였을 가능성이 제기되고 있지만[金杜珍 1996(1999, 229-230); 남재우 2005, 100-107], 어디까지나 추정에 지나지 않는다.

대국가의 건국신화와 마찬가지로 가야의 건국 과정에서 생겨난 정치적 이데올로기의 산물이라고 할 수 있다. 그 때문에 가야의 건국신화에는 건국의 당위성과 지배세력의 유구성 등이 포함되어 있다. 가야의 건국신화는 다른 건국신화와 마찬가지로 설화적 요소와 후대의 관념 등이 투영되어 있어서 가야 건국 당시의 역사성을 추출할 때는 이 점을 유의하지 않으면 안 된다.

이 글에서 다루고자 하는 가락국의 건국신화도 한국 고대 건국신화의 공통적인 요소가 담겨 있으므로,[2] 기본적으로는 역사학적인 관점에서 접근할 필요가 있다. 지금까지 가락국의 건국신화에 관한 연구를 살펴보면 국문학·민속학·신화학 등에서 적극적으로 연구가 진행되어 왔으며(金和經 1999; 김열규 2000; 박상란 2005; 김화경 2019), 역사학적인 관점에서 가락국의 건국신화를 다룬 연구도 결코 적은 편이 아니다[丁仲煥 1991(2000); 金杜珍 1996(1999); 金泰植 1998; 백승충 1999, 2001; 李永植 2002(2016); 남재우 2005, 2008].

가야는 삼국과 달리 자신의 역사를 기록으로 남기지 못하였다. 그렇기 때문에 설화적 요소가 짙고 후대적 관념이 다소 내포되었다고 하더라도 가락국의 건국신화와 관련한 기록을 통해서 가락국 건국 당시의 역사성을 밝히는 작업은 반드시 필요하다고 생각한다. 따라서 이 글에서는 가락국의 건국신화를 역사학적으로 접근하여, 「가락국기」에 전하는 신화가 지닌 역사적 의의를 밝히는 데 초점을 맞추고자 한다. 먼저 「가락국기」에 기록된 가락국 건국신화의 주요 내용을 살펴보고, 신화 속에 담겨 있는 건국 당시의 역사적 실체가 무엇인지 살펴보도록 하겠다.

----

2 한국 건국신화의 공통적 요소에 대한 구체적인 내용은 임태홍 2007 참조.

II. 가락국의 건국신화

가야의 건국신화 중 상대적으로 완벽한 형태로 전하는 것은 『삼국유사』「가락국기」에 실려 있는 가락국의 건국신화이다. 「가락국기」에는 김해 '구지봉'을 배경으로 한 수로왕의 탄생과 가락국의 건국, 수로왕과 허왕후의 결혼, 그리고 수로왕 부부 사후의 제향에 대한 내용이 담겨 있다. 이러한 가락국의 건국신화는 천강, 난생, 혼인, 등극을 골고루 서술하고 있어 다른 어떤 건국신화보다 완벽한 서사를 지향하고 있다(김열규 2000, 44). 가락국의 건국신화가 완벽한 서사를 갖춘 것은 가락국의 건국과 관련된 내용이 전승되는 과정에서 가필과 윤색이 거듭되었기 때문으로 여겨진다. 그러므로 가락국의 건국신화에 대한 내용을 검토하기에 앞서 건국신화가 어떤 과정을 거쳐 「가락국기」에 수록되었는지부터 살펴볼 필요가 있다.

가락국의 건국신화는 고려 문종대에 편찬된 「가락국기」로 최종 정리되었는데, 「가락국기」는 고려 문종대 이전에 찬술된 자료를 참고하였던 것으로 보인다. 「가락국기」의 찬자가 참조했을 것을 추정되는 자료는 『개황록(력)』, 「수로왕릉명」, 「김유신 비문」, 『김유신 행록』 10권, 『삼국사기』의 김유신 열전, 古記 등이 있는데, 이들 자료는 주로 陵銘이나 傳記類가 그 중심이었던 것으로 이해되고 있다(백승충 2001, 85; 남재우 2005, 84-85). 이와 같은 자료는 수로왕의 후손들이 자신의 조상을 신성화하기 위한 목적으로 만들었으며, 그 기원은 수로왕의 후손들이 활약하던 삼국통일 무렵까지 올려볼 수 있지 않을까 한다. 여기서 한 걸음 더 나아가 「가락국기」에 수록된 가락국 건국신화의 저본이 되는 자료는 바로 김유신을 비롯한 수로왕의 후손들이 문무왕대를 전후하여 신라 조정에서 정치 세력화 하는 과정에서 정리된 것으로 이해하고 싶다. 다만 구지가와 난생담과 같은 부분은 삼국통일기가 아니라 일찍부터 김해 지역에서 전승되어 왔을 가능성이 높은데(남재우 2005, 86), 이렇게 김해 지역에서 전승되어 온 수로왕 신화에 후대의 윤색이 더해지면서 완벽한 서사를 갖춘 한 편의 건국신화로 정리되었던 것이다. 이러한 과정을 거쳐 가락국의 건국신화는 문종대에 편찬된 「가락국기」에 수록되었고, 이를 간략하게 줄인 것이 바로 『삼국유사』의 「가락국기」에 실려 있는 가락국의 건국신화라고 할 수 있다.

이렇듯 고대 신화적 요소에 김해 김씨의 정치적 이데올로기가 더해져 완성된 가락국의 건국신화는 가락국의 건국이라는 역사적 사실에 기초한 만큼 가락국의 역사성을 추출하는데 여러 가지 실마리를 제공해 줄 것이다. 가락국의 건국신화가 지닌 역사성을 좀 더 구체적으로 살펴보기 위해 「가락국기」에 실려 있는 가락국의 건국신화를 수로왕 신화와 허왕후 신화로 나누어 그 내용을 살펴보고자 한다.

1. 수로왕 신화

「가락국기」에는 가락국의 건국 과정이 다음과 같이 기술되어 있다.

A. 천지가 개벽한 뒤로 이 나라의 이름이 없었고 또한 군신의 칭호도 없었다. 이에 我刀干·汝刀干·彼刀干·五刀干·留水干·留天干·神天干·五天干·神鬼干 등 9干이 있어 이들 추장이 백성을 통솔하였으니 100戶에 7만 5천명이었다. 이 사람들은 산이나 들에 모여 살았으며, 우물을 파서 물을 마시고 밭을 갈아 먹었다. 마침 후한의 세조 광무제 건무 18년 임인(42) 3월 계욕일(액땜을 하는 날로 목욕하고 물가에서 술을 마심)에 그들이 살고 있는 북쪽 龜旨에서 수상한 소리가 들렸다. 마을 사람들 2·300명이 그곳에 모였는데 사람 소리와 같기도 하지만 그 모습은 보이지 않는데

소리만 들여왔다. "이곳에 누가 있는가?" 九干들이 대답했다. "우리들이 여기 있습니다." "내가 있는 이곳이 어디인가?" "龜旨입니다." 이에 또 말했다. "하늘이 나에게 명령하기를 이곳에 새로운 나라를 세우고 임금이 되라고 하므로, 이를 위하여 여기에 내려왔다. 너희들은 산 꼭대기의 흙을 뿌리며 '거북아 거북아 머리를 내 밀어라. 만약 내밀지 않으면 구워 먹겠다'고 노래를 부르고 뛰며 춤을 추어라. 그러면 곧 너희들은 대왕을 맞이하여 기뻐서 춤추게 될 것이다." 구간들은 이 말에 따라 마을 사람들과 함께 모두 기뻐하며 노래하고 춤추었다. 얼마 후 하늘을 우러러보니 한 줄기 자주색 빛이 하늘로부터 드리워져 땅에 닿는 것이었다. 줄 끝을 찾아가 보니 붉은 보자기에 금합이 싸여 있었다. 열어 보니 해처럼 둥근 황금빛 알 여섯 개가 있었다. 여러 사람들은 모두 놀라고 기뻐하여 다 함께 수없이 절을 했다. 조금 있다가 다시 싸서 안고 아도간의 집으로 돌아와 걸상 위에 놓아두고 무리는 제각기 흩어졌다가 하루가 지나가고 그 이튿날 아침에 마을 사람들이 다시 모여 그 합을 열자, 여섯 개의 알은 변하여 아기가 되어 있었는데 용모가 매우 깨끗했으며 이내 평상 위에 앉았다. 사람들은 모두 절하고 하례하면서 극진히 공경했다. 이들은 나날이 자라더니 10여 일이 지나자 키가 9척으로 은나라 天乙(은나라 탕왕)과 같고, 얼굴은 용처럼 생겼으니 하나라 고조와 같았다. 눈동자가 겹으로 된 것은 우나라 순임금과 같았다. 그달 보름에 왕위에 올랐는데 세상에 처음 나타났다고 하여 이름을 수로라 하거나 혹은 수릉이라 했다. 나라를 대가락이라 하고, 또 가야국이라고도 했으니 곧 여섯 가야 중의 하나이다. 나머지 다섯 사람도 각기 가서 다섯 가야국의 임금이 되었다. 가야는 동쪽은 황산강, 서남쪽은 창해, 서북쪽은 지리산, 동북쪽은 가야산이며 남쪽은 나라의 끝이었다. (『삼국유사』 권2, 기이2 가락국기)

사료 A에 따르면 김해의 유력층인 9간이 구지봉에서 여섯 개의 알을 수습하여 집에 가져왔는데, 알이 사람으로 변하니 그 중 한 사람을 '수로왕'으로 추대하고 나라 이름을 '가락국'으로 하였으며 나머지 사람들도 돌아가 '5가야'의 임금이 되었다고 한다. 여기서 주목되는 것은 '구지가'를 부르고 하늘에서 여섯 개의 알이 내려오는 등 가락국 시조의 탄생 과정을 신이성 짙게 묘사한 부분이다(백승충 2001, 83). 이는 수로왕으로 대표되는 가락국 건국 세력의 통치 정당성을 확보하기 위해 시조의 신성성을 부각시킨 것이다.

한국 고대국가의 건국신화는 인간의 일상과 현실을 넘어서는 비현실적이고 신비한 내용을 담은 신화적인 요소는 물론이고, 새로운 국가의 건설과 관련된 역사적인 내용도 포함하는 복합적인 구성 요소를 갖는다(文昌魯 2014, 57). 그렇다면 가락국의 건국신화에 보이는 신화성은 한국 고대국가의 건국신화에서 보이는 일반적인 요소로서 가락국의 시조인 수로왕의 신성성을 부각하여 통치의 정당성을 확보하기 위한 수단으로 이해할 수 있을 것이다.

가락국의 건국신화 속에 '거북'이 등장하는 것은 한국 고대 건국신화에 보이는 공통적 요소라고 할 수 있다. 우리나라의 신화는 중국이나 일본과 달리 곰, 호랑이, 자라, 거북 등 동물이 신화 전개상 중요한 대목에 등장하고, 건국 세력에게 적극적이고 결정적인 도움을 주는 존재로 묘사된 경우가 많다(임태홍 2007, 171). 이는 토테미즘의 관점에서 볼 때 건국신화 속 동물은 토착세력을 상징한다고 할 수 있다. 그렇다면 수로왕은 김해 지역의 토착세력으로 대표되는 9간과 '거북'으로 상징되는 또 다른 토착세력의 적극적인 협력으로 가락국을 건국하였고, 가락국의 건국신화는 이러한 내용이 신화로 전승된 것이라고 생각된다.

사실 수로왕이 9간의 추대로 가락국의 왕이 되는 것은 혁거세 신화와 유사한 면이 있다. 즉, 사로국 6부가 알천가에 모여 '알'을 수습하여 동자로 변한 인물을 왕으로 추대하는 혁거세 강림설화의 요소가 수로왕 신화에도 비슷하게 나타나는 것이다[丁仲煥 1991(2000, 392-395); 백승충 2001, 84]. 이처럼 수로왕이 하늘에서 가락국으로 내려온 것은 우리나라 신화에 공통적으로 나타나는 요소인데, 특히 건국자를 天神과 관련시키는 것은 통치의 정당성을 확보하기 위한 수단이라는 점에 별 이견이 없을 듯하다.

수로왕이 김해 지역에 오기 전에 9간으로 대표되는 토착세력이 존재하였고, 9간의 형식상 합의에 따라 수로가 왕으로 추대된 것으로 보인다. 고대국가의 형성 과정 속에서 지배세력 간의 권력 싸움은 흔히 볼 수 있는데, 수로왕 신화에서는 지배세력 간의 다툼이나 경쟁 등은 적어도 사료상으로는 확인되지 않는다. 이는 수로왕으로 대표되는 세력이 9간을 비롯한 토착세력을 압도할 만큼 우월하였음을 말해준다.

수로가 오기 전에 김해 지역은 청동기 문화를 기반으로 하는 사회였고, 수로로 대표되는 집단은 철기 문화 등 북방의 선진 문물을 가지고 김해 지역에 온 것으로 추정된다. 그렇다면 9간을 압도할 만한 경제적·문화적 선진성을 가진 수로 집단은 토착세력을 무력적으로 진압하기보다 토착세력과 협력하는 방식으로 가락국을 건국하였으리라고 이해하는 것이 합리적일 듯하다.

지금까지 살펴보았듯이 수로왕의 도래와 가락국의 건국을 전하는 수로왕 신화는 청동기 문화를 기반으로 하는 토착세력과 철기 문화 등 선진 문물을 가지고 온 도래 집단 간의 결합이 있었음을 알려준다. 아울러 수로왕의 통치 정당성 확보를 위해 가락국의 건국신화에는 신이성이 짙은 설화적인 요소가 다소 포함되었는데, 우리나라의 여타 건국신화에 보이는 양상과 별반 다르지 않다고 하겠다.

2. 허왕후 신화

허왕후의 도래 과정과 수로왕과의 결혼에 관한 이야기를 전하는 것이 허왕후 신화인데, 「가락국기」에는 다음과 같은 기사가 실려 있다.

B. 건무 24년 무신(48) 7월 27일에 구간 등이 왕을 조알할 때 말씀을 올렸다. "대왕께서 강림하신 후로 아직 좋은 배필을 구하지 못했습니다. 신들이 기른 처녀 중에서 가장 좋은 사람을 궁중에 뽑아 왕비로 삼게 하시기 바랍니다." 그러나 왕이 말했다. "내가 이곳에 내려옴은 하늘의 명령이다. 나에게 짝을 지어 왕후로 삼게 함도 역시 하늘의 명령이 있을 것이니 그대들은 염려하지 말라." 왕은 드디어 留天干에게 명하여 가벼운 배와 빠른 말을 주어 望山島에 가서 기다리게 하고, 또 神鬼干에게 명하여 乘岾〈망산도는 서울 남쪽의 섬이고, 승점은 경기 안에 있는 나라〉에 가도록 했다. 문득 바다 서남쪽에서 붉은 빛의 돛을 단 배가 붉은 기를 휘날리며 북쪽을 바라보며 오고 있었다. 유천간 등이 먼저 망산도 위에서 횃불을 올리니 사람들이 다투어 육지로 내려와 뛰어왔다. 승점에 있던 신귀간이 이를 바라보고는 대궐로 달려와 왕께 이 사실을 아뢰자 왕은 듣고 매우 기뻐했다. 이내 구간 등을 보내어 목련으로 만든 키를 바로잡고 계수나무로 만든 노를 저어 그들을 맞이하여 곧 모시고 대궐로 들어가려 하자 (배 안에 탔던) 왕후가 말했다. "나는 너희들과 본디 모르는 터인데 어찌 감히 경솔하게 따라갈 수가 있겠느냐?" 유천간 등이 돌아가서 왕후의 말을 전달했다. 왕은 그 말을 옳게 여기고 유사를 데리고 행차하여 대궐 아래에서 서남쪽으로 60보쯤 되는 산기슭에 장막을 쳐서 임시 궁전을 만들어 놓고 기다렸다. 왕후는 산 밖의 別浦 나루터에 배를 대고 육지로 올라와 높은 언덕에서 쉬었다. 그리고 자기가 입었던 비단 바지를 벗어 산신에게 폐백으로 바쳤다. 또 시종해 온 勝臣(시집갈 때 따라가는 시신) 두 사람이 있었는데 그 이름은 申輔·趙匡이었다. 그들의 아내는 慕貞·慕良이라고 했으며, 또 노비까

지 있었는데 모두 합하여 20여 명이었다. 가지고 온 금수, 능라의 옷과 필단, 금은주옥과 구슬로 만든 패물 등은 이루 다 기록할 수 없을 만큼 많았다. 왕후가 이제 왕이 계신 곳에 가까이 이르니 왕은 친히 나아가 맞아 함께 帷宮으로 들어갔다. 잉신 이하 모든 사람들은 뜰 아래에서 뵙고 즉시 물러갔다. 왕은 유사에게 명하여 잉신 내외를 안내하라고 말했다. "사람마다 방 하나씩을 주어 편안히 머무르게 하고 그 이하 노비들은 한 방에 5, 6명씩 있게 하라." 그리고 그들에게 난초로 만든 음료와 혜초로 만든 술을 주고, 무늬와 채색이 있는 자리에서 자도록 했으며, 심지어 옷과 비단과 보화까지 주고는 많은 군인들을 모아 그들을 보호하게 했다. 이에 왕이 왕후와 함께 침전에 들자 왕후가 조용히 말했다. "저는 아유타국의 공주인데 성은 허씨이고 이름은 황옥이며, 나이는 16세입니다. 본국에 있을 때 지난 5월에 부왕과 모후께서 저에게 말씀하시기를 '우리가 어젯밤 꿈에 하늘의 상제를 뵈었는데, 상제께서 가락국왕 수로는 하늘이 내려 보내어 왕위에 앉게 했으니 신령스럽고 성스러운 분이다. 또 새로이 나라를 다스림에 아직 배필을 정하지 못했으니, 그대들은 공주를 보내 배필이 되게 하라는 말을 마치고 하늘로 올라가셨다. 꿈을 깨었으나 상제의 말이 아직도 귓가에 생생하니 너는 이 자리에서 곧 우리와 작별하고 그곳으로 떠나라'고 하셨습니다. 그래서 저는 배를 타고 멀리 蒸棗(신선이 사는 곳에 열리는 좋은 과일)를 찾고, 하늘로 가서 蟠桃(3000년에 한번씩 열리는 복숭아)를 찾아 이제 모양을 가다듬고 감히 용안을 가까이 하게 되었습니다." 왕이 대답했다. "나는 태어나서부터 신성하여 공주가 멀리서 올 것을 이미 알았으므로 신하들이 왕비를 맞으라는 청을 따르지 않았소. 이제 현숙한 공주께서 이렇게 스스로 오셨으니 이 사람에게는 참으로 다행이오." 드디어 혼인하여 두 밤을 지내고 하루 낮을 지냈다. 이에 그들이 타고 왔던 배를 돌려보냈는데 뱃사공이 모두 15명이었다. 이들에게 각각 쌀 10석과 베 30필씩을 주어 본국으로 돌아가게 했다. 8월 1일에 왕은 왕후와 한 수레를 타고 대궐로 돌아왔다. 잉신 내외도 나란히 수레를 탔으며, 중국에서 나는 갖가지 물품도 모두 수레에 싣고 천천히 대궐로 들어오니 시간은 午正이 가까웠다. 왕후는 궁중에 거처하게 하고, 잉신 내외와 그들의 노비들에게는 비어있는 두 집에 나누어 살게 하고, 나머지 따라온 자들도 20여 칸 되는 賓館 한 채를 주어 사람 수를 보아 적당히 나누어 편안히 있게 하였다. 그리고 날마다 물품을 풍부하게 주었으며, 그들이 싣고 온 진귀한 물건들은 內庫에 두어서 왕후의 四時 비용으로 쓰도록 했다.

하루는 왕이 신하들에게 말했다. "구간들은 모든 벼슬의 으뜸인데 그 지위와 명칭이 다 소인이나 농부의 칭호이니 이는 높은 벼슬의 호칭이 못된다. 만약 외국 사람들이 듣게 되면 필시 웃음거리가 될 것이다." 이리하여 我刀를 고쳐서 我躬이라 하고, 汝刀를 汝諧, 彼刀를 彼藏, 五方을 五常이라 했으며, 留水와 留天은 윗 글자는 그대로 두고 아래 글자만 고쳐 留功, 留德이라 하고 神天을 고쳐서 神道, 五天을 고쳐서 五能이라고 했다. 神鬼는 음을 바꾸지 않고 훈만 고쳐 神貴라 하였다. 계림의 직제를 취해서 角干, 阿叱干, 級干의 품계를 두었고, 그 이하의 관료는 주나라 규례와 한나라 제도로써 나누어 정했다. 이것은 옛것을 고치고 새것을 취하여 관직을 나누어 설치하는 방법이다. 이에 비로소 나라와 집안을 잘 다스리고 백성들을 자식처럼 사랑하니 그 교화는 엄숙하지 않아도 위엄이 서고, 그 정치는 엄하지 않아도 잘 다스려졌다. 더구나 왕이 왕후와 더불어 사는 것을 비유하면 마치 하늘에 대하여 땅이 있고, 해에 대하여 달이 있으며, 陽에 대하여 陰이 있는 것과 같지 않겠는가? 그 내조의 공은 塗山(도산의 딸이 우왕에게 시집감)씨가 하나라 우왕을 돕고 唐媛(요임금의 딸 아황, 여영으로 순임금에게 시집감)이 순임금을 도와 교씨를 일으킨 것과 같았다. 그 해에 왕후는 熊羆之兆(곰의 꿈을 꾸면 사내아이를 낳는다는 속설)의 꿈을 꾸고 태자 거등공을 낳았다. 영제 중평 6년 기사(189) 3월 1일 왕후가 세상을 마치니, 나이는 157세였다.(『삼국유사』 권2, 기이2 가락국기)

위의 사료는 수로왕과 허왕후의 결혼에 관한 것으로, 수로왕이 하늘에서 왕비를 보내줄 것을 알고 왕비를 맞이하는 준비 과정, 수로왕과 허왕후의 상봉, 허왕후의 사망 등이 포함되어 있다. 허왕후 신화에서도 수로왕이 天命에 의해 허왕후의 도래를 예견한 것과 허왕후가 上帝의 명령으로 가락국으로 오게 된 것과 같이 신성성을 강조한 부분이 보이는데, 이는 허왕후로 대표되는 정치세력이 수로왕 집단과 함께 가락국의 건국 세력으로 참여한 역사성과 더불어 허왕후 세력이 도래한 당위성을 설명하는 것으로 이해할 수 있다(백승충 2001, 95).

사료 B에 의하면 9간이 수로왕에게 배필을 맞이할 것을 권하였으나, 수로왕은 하늘에서 왕비를 내려줄 것이라며 9간의 요청을 거절하였다고 한다. 수로왕이 토착세력인 9간과 직접 관련 없는 세력을 왕비로 선택한 것은 토착세력의 권력 집중화가 이루어지지 못하고 있었던 것과 무관하지 않은 듯하다(金泰植 1998, 40). 게다가 새로운 지배자인 수로왕의 세력이 미약할 경우, 주변 세력들의 협조나 자발적 굴복을 이끌어내야 하는데, 우열을 가릴 수 없는 토착세력 중 왕비를 정하는 것은 중앙집권적 왕권 창출에 부담이 되기 때문에 왕비가 된 세력에게 신성성이 부여된다면 그와 같은 우려는 불식시킬 수 있었을 것이다. 따라서 허왕후 세력에게 부여된 신성성은 이러한 맥락에서 이해할 필요가 있다.

수로왕이 가락국을 건국한 이후 허왕후 집단과 마찬가지로 가락국에 도래한 또 다른 집단은 탈해이다. 탈해는 수로왕의 경쟁자로 등장하는

데, 『삼국유사』 권1, 기이1 제4탈해왕조에 따르면 그는 龍城國 사람으로서 '大卵'에서 태어나는 등 탈해 신화 역시 난생설화의 요소를 지니고 있었다. 그렇다면 가락국 건국 이후 2차로 도래한 집단이 허왕후와 탈해인데, 이들 모두 天帝子를 표방하면서도 결과적으로 허왕후는 수로나 탈해와 달리 난생설화를 가지지는 못하였다. 아마도 수로왕의 경쟁자였던 탈해와 달리 허왕후는 수로왕과 혼인하기 위해 도래한 부차적 집단이었기 때문으로 여겨진다(백승충 2001, 97).

요컨대 가락국 건국신화의 후반부에 해당하는 허왕후 관련 신화에는 가락국을 건국한 수로왕이 또 다른 도래 집단인 허왕후 세력과 결합하여 가락국을 통치하였던 일면이 드러나 있다. 아울러 수로왕 세력과 허왕후 세력이 결합한 당위성을 확보하기 위해 허왕후 신화 역시 수로왕 신화처럼 신이성이 짙은 요소가 담기게 된 것으로 보인다.

Ⅲ. 가락국 건국신화의 역사적 의미

지금부터는 앞에서 살펴본 수로왕 신화와 허왕후 신화를 포함한 가락국의 건국신화에 담긴 역사적 의미가 무엇인지를 살펴보도록 하겠다.

우선 가락국의 건국신화에는 천강, 난생, 혼인에 이르기까지 다양한 내용이 담겨 있다. 즉 고구려·백제·신라의 건국신화에 비해 한층 더 완성된 서사를 갖추고 있다. 이는 가락국의 건국신화가 「가락국기」에 기록되기까지 가필과 윤색이 거듭되었기 때문일 것이다. 그렇다면 가락국의 건국신화에는 당연히 후대적인 요소가 많이 포함되어 있다고 할 수밖에 없다.

가락국의 건국신화에서 후대적인 관념이 투영된 것으로 간주되는 것은 '6가야'와 '인도에서 도래한 허왕후' 등을 들 수 있다. 우선 가락국 건국신화에 나타나는 '6가야'는 금관가야·대가야·소가야·성산가야·비화가야·아라가야 등 여섯 개의 국가가 금관가야(가락국)를 중심으로 연맹체를 이루었다는 이른바 '6가야 연맹체설'의 기원이 된다. 그러나 1980년대 이후 가야사 연구가 본격화되면서 가야의 정치체를 '6가야 연맹체'로 이해하는 연구자는 거의 없다고 해도 과언이 아니며, 가락국의 건국신화에 등장하는 '6가야' 개념은 가락국 건국 당시의 상황이 아니라 후대의 관념이 투영되었으리라고 이해하는 게 타당할 것이다[金泰植 1993, 71-74; 백승충 1999, 123-124; 李永植 2002(2016, 329); 남재우 2005, 95-99]. 더욱이 『신증동국여지승람』 권29, 고령현 건치연혁조에 실려 있는 가라국의 건국신화에 가락국과 가라국만 등장하는 것을 보더라도 적어도 신라 말까지는 '6가야' 관념이 없었다고 할 수 있다(백승충 2001, 91).

한국 고대의 건국신화는 혁거세 신화처럼 대체로 '1란' 관념이 투영되어 있는데, 수로왕 신화는 '6란' 관념이 투영되어 있다. 이는 혁거세 신화보다 수로왕 신화에 보다 후대적인 관념이 투영된 결과가 아닌가 한다. 『本朝史略』에 이미 '6(5)가야'가 보인다는 점에서 고려 초에 '6(5)가야' 관념이 있었던 것은 분명하지만, 맹주국인 '금관국'을 중심으로 여기에 '5가야'가 덧붙여진 것이 禪宗의 '一花五葉' 관념과 밀접한 관련을 가진다면 정형화된 '6(5)가야' 관념은 『삼국유사』의 가락국기와 오가야조가 편찬되었을 당시에 붙여졌을 가능성이 높다(백승충 1999, 124; 2001, 91).

가락국 건국신화 가운데 또 다른 후대적 관념으로는 불교 전래를 들 수 있다. 신화 속의 허왕후는 아유타국의 공주로 배를 타고 가락국에 도착하였고, 수로왕과 결혼하였다. 일반적으로 『삼국유사』에 수록된 가락국기와 금관성파사석탑조 등을 바탕으로 허왕후의 도래와 함께 불교가 전해졌다고 이해하지만, 이를 뒷받침할 명확한 근거는 없는 실정이다. 가락국의 불교 전래를 둘러싼 기왕의 논의를 살펴보면 허왕후가 가락국에 왔을 때는 불교가 전해지지 않았으며 왕후사의 창건을 전후하여 가락국에 불교가 전래되었을 것이라고 보는 견해[金煐泰 1990, 43-47; 洪潤植

1992, 235; 이영식 1998(2016, 1065-1071); 조원영 2008, 229; 주영민 2017, 85-86; 백승옥 2018, 38-44]와 『삼국유사』에 나타난 가락국의 불교 관계 기사는 인정할 수 없다는 견해(金泰植 1998, 31-36; 이광수 2003, 203-205; 權珠賢 2009, 43-46)로 나뉜다.

역사학계에서는 허왕후의 도래와 불교의 전래가 직접적인 관련이 없다고 보는 것이 대세인 것 같다. 이를 고려하면 「가락국기」 등에 허왕후의 도래와 불교 전래가 함께 기록된 것은 가락국 건국 당시의 상황이 아닌 일연이 원본 「가락국기」를 간략하게 줄여 수록할 당시의 관념이 투영되었을 가능성이 높다. 이는 『삼국유사』가 저술될 무렵 불교계의 위상과 더불어 일연이 승려라는 점에서도 어느 정도 유추가 가능하다.

허왕후의 도래를 언급할 때 주목되는 또 다른 부분은 가락국이 직·간접적으로 인도와 관련되었을 가능성이다. 이는 허왕후가 인도에서 배로 타고 가락국에 왔다는 「가락국기」의 기사를 있는 그대로 받아들인 결과라고 할 수 있다. 가락국이 중국·일본 등과 교류하였음은 여러 자료를 통해서 확인이 되지만(박천수 2007; 인제대학교 가야문화연구소 편 2014), 가락국과 인도가 교류하였음을 뒷받침할만한 자료는 현재까지 거의 없다고 할 수 있다. 특히 고대의 항해술을 감안한다면 인도에서 가락국까지의 왕래는 거의 불가능하지 않을까 한다.[3] 그렇다면 허왕후가 인도에서 배를 타고 가락국으로 왔다는 기록은 일연이 가락국의 건국신화를 정리하면서 불교와의 관련성을 높이기 위해 윤색한 것으로 추정된다.

가락국의 건국신화에는 이상에서 살펴본 것처럼 윤색 또는 후대의 관념이 투영된 부분이 적지 않기 때문에, 건국신화의 역사성을 논의하려면 그와 같은 부분을 먼저 가려낼 필요가 있는 것이다. 이를 바탕으로 가락국 건국신화에 담긴 역사성을 살펴보도록 하겠다.

---

[3] 남재우도 가락국의 건국 시기에 인도와 가락국 사이에 직접적인 교류가 있었을 가능성은 희박하다는 견해를 밝힌 바 있다(2008, 48).

먼저 가락국의 건국신화는 전형적인 천손강림의 형태를 띠면서 한국 고대 건국신화의 공통 요소 중 하나인 '난생설화'의 면모를 띠고 있다. 이는 가락국의 건국신화가 전형적인 신화 체계를 갖추고 있다는 의미로, 혼돈의 상태에서 부정을 물리치고 정돈된 시·공간 속에 시조의 성스러운 탄생을 보여준다(金和經 1999, 138-139). 특히 수로왕이 하늘에서 내려올 때 '자주색 끈'이 매개물로 등장하는데, 신라의 혁거세 신화나 알지 신화에서 신성성을 강조하기 위해 자주색의 알 또는 구름이 등장한다는 점에 유의할 필요가 있다. 예부터 자주빛은 신성한 색으로 여겨왔고 의관이나 印綬에 사용되기도 하였음을 감안하면, 천손강림의 형태를 띤 건국신화에 등장하는 자주색은 신성성을 강조하기 위한 목적이 다분한 것이다(백승충 2001, 106-107). 가락국의 건국신화 중 허왕후와 관련된 부분에서 '붉은 돛'과 '붉은 깃발'이 보이고, 금관성파사석탑조에서 '붉은 빛깔의 돌'이 언급된 것도 그 연장선상에서 이해가 가능하다.

이와 함께 가락국 건국신화 속의 수로왕은 신성성을 가지면서도 '나는 새'의 형상을 하고 3계를 자유로이 왕래하는 巫者로서의 신이성과 신통성을 가진 존재로 표현되어 있다(백승충 2001, 111). 이 또한 수로왕을 신이한 존재로 부각시켜 가락국 건국의 당위성과 통치의 정당성을 뒷받침하기 위한 장치라고 볼 수 있다. 다른 건국신화에서 건국의 주체를 신성한 존재로 묘사하였듯이 가락국의 건국신화에서는 수로왕의 신성성을 강조하기 위해 노력하였던 것이다.

한편, 가락국의 건국신화 중 역사성을 엿볼 수 있는 또 다른 부분은 수로왕과 허왕후의 결혼이 아닌가 생각된다. 우리나라의 건국신화에는 건국 주체 세력 간의 결합이 '결혼'이라는 형태로 표현되는 경우를 심심찮게 볼 수 있다. 이를 염두에 둔다면 수로왕과 허왕후의 결혼은 당시 수로왕과 허왕후로 대표되는 두 세력 간의 연합을 통해 가락국이 건국된 역사적 사실을 전한다고 보아도 좋지 않을까 한다[李永植 2002(2016, 329-333)]. 물론 허왕후 또한 수로왕과 결혼하기 이전부터 신성성을 가지고 있었다는 점도 간과해서는 안된다. 즉 수로왕이 天命을 빌어 허왕후가 가락국에 올 것을 미리 알고 있었던 점이나 허왕후가 天神인 上帝의 명령으로 가락국으로 가게 된 점 등은 허왕후로 대표되는 세력이 가락국으로 온 것에 대한 당위성은 물론이고 신성한 존재임을 말해준다(백승충 2001, 95). 결국 허왕후와 수로왕의 결혼은 신성한 집단 간의 결합이라는 의미가 담겨 있었던 셈이다.

그런데 가락국의 건국 세력을 대표하던 허왕후는 수로왕과 달리 천손강림 형태를 띤 난생설화는 가지지 못하였다. 이는 허왕후 세력이 수로왕 세력에 비해 정치적으로 열세였기 때문에 독자적인 신화를 가지지 못한 채 왕비로 머물렀음을 시사한다. 허왕후는 가락국의 건국신화에서 아유타국 출신으로 기술되어 있는데, 이는 앞서 언급하였듯이 허왕후 집단은 가락국의 건국 당시 도래한 유이민 세력이었음을 말해준다. 허왕후의 출자와 관련해서는 일본 열도에서 돌아온 가락국 왕녀설, 인도 야요디아 왕국의 식민지인 야유티아에서 온 왕녀설, 야요디아국에서 중국 사천성 안악현을 거쳐 이주해 온 허씨족 소녀설, 낙랑에서 온 2차 유이민(상인)설 등이 있는데(金泰植 1998, 21-25), 가락국의 건국신화에서 주목되는 것은 중국과 관련된 내용이 많다는 점이다(金泰植 1998, 28). 이를테면 '漢肆雜物'이라 하여 중국 상점의 여러 물건을 언급한 점, 泉府卿·宗正監·司農卿 등 중국계 관직이 많다는 점, 바다를 건너오면서 옷·필단·금은주옥·장신구 등 중국 물품을 많이 가져온 점 등이 대표적인데, 허왕후가 가락국의 건국을 주도한 세력이라고 한다면 선진 문물을 가지고 도래한 집단임은 분명해 보인다(백승충 2001, 97).

그와 같은 점을 고려하면 허왕후 집단을 낙랑에서 온 유이민 혹은 수시로 왕래한 상인 집단으로 파악한 견해(金泰植 1998, 40)는 타당한 면이 있다(백승충 2001, 97; 남재우 2008, 49). 그러나 가락국의 건국신화에서 허왕후와 관련된 내용 중에 관명 및 세조·원군·황후·왕후 등 중국식 용어를 비롯해 중국과 관련된 것들은 후대에 일괄 윤색했을 가능성이 있기 때문에 허왕후의 출자와 관련된 근거로 삼기에 한계가 있다는 지적(백승충 2001, 98)도 일리가 있다고 생각한다. 물론 가락국 건국신화의 내용만으로 허왕후의 출자를 단정할 수는 없다. 다만 고대국가의 건국 과정에서 도래 집단은 대체로 선진 문물을 가지고 온 세력이 많다는 점을 감안한다면 허왕후도 선진 문물을 가지고 온 세력으로 이해하는 것이 합리적일 듯싶다. 게다가 고대의 선진 문물이 대체로 북에서 남으로 유입되었다고 한다면 허왕후 집단은 북방에서 온 세력으로 볼 수 있지 않을까 한다.[4]

허왕후는 가락국으로 건너오면서 중국 물품을 가져왔는데, 이는 선진 문물이 전래된 것으로 볼 수 있으며 가락국이 건국 당시 주변 지역과 활발하게 교역했음을 알려준다. 1~4세기 낙동강 하구 지역이 국제교역의 중심지로 번성했던 점을 감안한다면(이현혜 2001), 허왕후 집단의 도래를 계기로 가락국의 교역이 본격화된 것이 아닐까 한다.

이렇듯 가락국의 건국신화는 수로왕과 허왕후로 대표되는 신성한 두 세력이 연합하여 가락국이 건국되었으며, 두 세력 모두 김해 지역의 토착세력이 아닌 유이민 집단이었음을 알려준다. 따라서 수로왕과 허왕후의 혼인은 일종의 '신성혼'으로 이해하여도 무방하다고 생각된다.

IV. 맺음말

이 글에서는 가락국 건국신화의 내용과 거기에 내포되어 있는 역사적 사실에 관해서 살펴보았다. 앞서의 논의를 요약하는 것으로 맺음말을 대신하고자 한다.

----
[4] 이미 선행 연구에서도 허왕후 집단이 선진 문물을 가진 북방의 도래인으로 이해하는 견해(백승충 2001, 97; 남재우 2008, 39)가 제시된 바 있다.

가락국의 건국신화는 『삼국유사』 「가락국기」에 기록되어 있는데, 가락국의 역사를 연구하는 데 중요한 기초 자료가 된다. 가락국의 건국신화는 건국의 당위성과 통치의 정당성을 확보하기 위한 정치 이데올로기의 산물이라 할 수 있는데, 가락국 건국 당시의 역사적 사실에 기초하여 신화적인 요소가 덧붙여진 결과인 것이다. 가락국의 건국신화는 일연에 의해 정리되기 이전부터 구전되어 왔는데, 그 과정에서 가필과 윤색이 더해지며 완벽한 서사를 갖출 수 있었던 것으로 보인다. 따라서 가락국의 건국신화에는 '설화성'과 '역사성'이 동시에 담겨 있기 때문에 설화적 요소를 제거하면 역사적 사실을 어느 정도 복원할 수 있는 실마리를 얻을 수 있다.

가락국의 건국신화 중 전반부에 해당하는 수로왕 신화는 청동기 문화를 기반으로 하는 토착세력과 철기 문화 등 선진 문물을 가지고 온 여러 도래 집단 중에서 수로왕으로 대표되는 세력이 가락국 건국을 주도한 역사적 사실을 알려준다. 물론 수로왕 신화에는 우리나라 건국신화에서 일반적으로 보이는 천손강림과 난생 등의 신이성이 짙은 설화적 요소가 다소 포함되어 있는데, 이는 수로왕의 가락국 건국과 통치의 정당성을 확보하기 위해 신성성을 부여한 데서 비롯된다.

가락국의 건국신화 중 후반부에 해당하는 허왕후 신화를 살펴보면 허왕후로 대표되는 세력은 북방에서 선진 문물을 가지고 도래한 유이민 집단이며, 허왕후는 수로왕과 마찬가지로 신성한 존재로 묘사되어 있다. 이렇게 신성한 두 유이민 집단이 결합하여 힘을 합친 결과가 가락국의 건국신화에는 수로왕과 허왕후의 혼인으로 상징적으로 표현된 것으로 이해하였다. 이와 같이 가락국의 건국신화에는 선진 문물을 가지고 김해 지역으로 온 수로왕과 허왕후라는 두 세력이 연합하여 가락국을 건국하였다는 역사적 사실에 다양한 극적인 요소들이 덧붙여진 것으로 보인다.

참고문헌

金煐泰, 1990, 「駕洛佛教의 傳來와 그 展開」, 『佛教學報』27.
洪潤植, 1992, 「伽倻佛教에 대한 諸問題와 그 史的 위치」, 『伽耶考古學論叢』1.
丁仲煥 1991, 「駕洛國記의 建國神話」, 『伽倻文化』4(2000, 『加羅史研究』, 혜안에 재수록).
金泰植, 1993, 『加耶聯盟史』, 一潮閣.
金杜珍, 1996, 伽耶 建國神話의 成立과 그 變遷」, 『韓國學論叢』19(1999, 『韓國古代의 建國神話와 祭儀』, 一潮閣에 재수록).
金泰植, 1998, 「駕洛國記 所載 許王后 說話의 性格」, 『韓國史研究』102.
李永植, 1998, 「加耶佛教의 傳來와 問題點」, 『伽倻文化』11(2016, 『가야제국사연구』, 생각과종이에 재수록).
金和經, 1999, 「首露王 神話의 연구」, 『震檀學報』67.
백승충, 1999, 「가야의 개국 설화에 대한 검토」, 『역사와 현실』33.
김열규, 2000, 「가락국기의 신화적 탐색」, 『인문연구논집』5(伽倻의 歷史와 文化).
백승충, 2001, 「가야 건국신화의 재조명」, 『한국 고대사 속의 가야』(부산대학교 한국민족문화연구소 편), 혜안.
이현혜, 2001, 「加耶의 交易과 經濟 -낙동강 하구지역을 중심으로-」, 『한국 고대사 속의 가야』(부산대학교 한국민족문화연구소 편), 혜안.
李永植, 2002, 「大駕洛과 大加耶의 建國神話」, 『제8회 가야사 학술회의 발표자료집』, 金海市(2016, 『가야제국사연구』, 생각과종이에 재수록).
이광수, 2003, 「가락국 허왕후 渡來 說話의 재검토 -부산-경남 지역 佛教 寺刹 說話를 중심으로-」, 『韓國古代史研究』31.
박상란, 2005, 『신라와 가야의 건국신화』, 한국학술정보.
남재우, 2005, 「가야의 建國神話와 祭儀」, 『韓國古代史研究』39.
임태홍, 2007, 「한국 고대 건국신화의 구조적 특징」, 『동양철학연구』52.
박천수, 2007, 『(새로 쓰는)고대한일교섭사』, 사회평론아카데미.
남재우, 2008, 「駕洛國의 建國神話와 祭儀」, 『역사와 경계』67.
조원영, 2008, 『가야, 그 끝나지 않은 신화』, 혜안.
權珠賢, 2009, 「「王后寺」와 加耶의 佛教傳來問題 -加耶社會의 信仰體系와 관련하여-」, 『大丘史學』95.
文昌魯, 2014, 「'韓國 古代 建國神話' 연구의 동향과 과제」, 『韓國學論叢』42.
인제대학교 가야문화연구소 편, 2014, 『금관가야의 국제교류와 외래계 유물』, 주류성.
주영민, 2017, 「가락국 불교전승 관련 유적 연구」, 『가야인의 불교와 사상』(인제대학교 가야문화연구소 편), 주류성.
백승옥, 2018, 「加耶 各國의 불교 관련자료 검토」, 『동아시아불교문화』33.
김화경, 2019, 『한국 왕권신화의 계보』, 지식산업사.

「가락국의 건국신화와 역사적 의미」에 대한 토론문

이형기 해양수산부 해양정책과 학예연구관

최근 가야사에 대한 국민의 관심도가 높아졌다. 2017년 대통령의 가야사에 대한 언급 이후, 국립중앙박물관에서는 1991년 이후 28년 만에 가야 관련 특별전을 개최하고, 또 부산박물관에서 순회전시하였다. 국립가야문화재연구소 등에서는 다양한 총서를 발간하였거나, 추가로 준비하고 있다. 또한 신진연구자들에 대한 지원사업도 활발하게 추진되고 있다. 여기에 더해 호남 동부 지역의 가야사 관련 조사 성과들이 활발하게 발표되면서 영·호남 통합의 상징으로서 가야사 연구가 자리매김하는 게 아닌가 생각될 정도이다. 그러나 한편으로는 특정 지역을 너무 부각시키려는 노력이 오히려 잘못된 역사인식을 전파하는 것은 아닌지에 대한 우려도 있다.

한편, 이러한 관심에 부응하듯 가야사에 대한 많은 관심으로 기존의 연구에 더해 많은 연구 성과가 발표되고 있다. 이러한 많은 연구 성과에도 불구하고 가야사가 어느 정도 정리가 되었느냐에 대한 질문에는 선뜻 대답이 망설여지는데, 국가 성격은 물론이고 위치 비정, 각 사료에 나타나는 기록에 대해 다양한 견해가 제시되고 있으며, 통설이라 할 견해가 아직 보이지 않고 있기 때문이다. 잘 알려진 것처럼 가야사 연구는 자료의 부족으로 1970년대까지만 하더라도 영세한 문헌자료의 해석을 통한 대략적인 가야 체제의 분석과 주변국과의 관계사 등이 연구의 거의 전부였다고 해도 과언이 아니다. 그렇지만 고고학적 자료가 지속적으로 축적되면서 가야사 연구는 활력을 띠게 되었다. 특히 문헌사학의 입장에서도 고고학적 자료를 최대한 활용하면서 새로운 체계를 세우려는 움직임이 생기게 되었고, 최근에는 고고학적 자료를 활용하지 않는 가야사 연구 성과를 찾을 수 없을 정도로 대세가 되었다.

이연심 선생님의 발표는 두 개의 계통으로 전하는 가야의 건국신화 중 『삼국유사』 가락국기의 내용을 토대로 가락국 건국신화의 역사적 의미를 부여하고 있다. 토론자도 가야의 건국신화를 전론으로 다룬 논고가 있지는 않으나, 소략하게 다루면서 가야 사회를 이해하는 하나의 방편으로 건국신화를 분석하는 것은 중요한 작업이라는 인식은 가지고 있다. 전반적인 입장은 이연심 선생님의 발표에 공감하면서 토론자가 읽으면서 궁금한 점을 질문하면서 소임을 다하고자 한다.

가락국기의 내용이 6가야 연맹체설의 기원이 되었지만, 지금은 이러한 시각으로 가야 사회를 이해하지는 않고 있다는 점에 충분히 공감한다. 다만 단순하게 후대의 인식이 반영되었을 것이라고 설명하고 있지만, 이 신화에서 보이는 6란의 개념과 『삼국유사』에 보이는 5가야조와 더불어 가야 사회를 하나의 연맹체로 보는 시각에 대해서는 별다른 설명을 하지 않고 있다. 선생님의 견해를 밝혀주시기 바란다.

수로왕 도래 이전 가락국은 청동기 문화를 기반으로 하는 사회였고, 수로로 대표되는 집단은 철기 문화 등 북방의 선진 문물을 가지고 김해 지역으로 온 것으로 설명하고 있지만, 전후 관계가 설명되어 있지 않다. 9간을 압도할 만한 경제적·문화적 선진성을 가지고 있다고 표현한 수로 집단에 대한 설명이 없이 이러한 표현을 하시고 계신데, 여기에 대해서는 좀 더 보완이 필요할 것으로 보인다. 선생님의 생각은 어떠신지 궁금하다.

가락국 건국 당시 불교가 수용되지 않았다는 학계의 의견을 받아들이고 있는 점에 대해서는 토론자도 공감하는 바이다. 그리고 그 시기를 6세기 전후로 보는 것에 대해서는 토론자는 별다른 의견을 가지고 있지는 않다. 다만 지배자의 권위를 상징하는 대표적인 수단 중 하나인 고분이 6세기 대까지 지속적으로 조영된다는 사실을 들어 불교가 가야의 지배 이데올로기로서 채용되었을 가능성은 낮다고 보고 있다. 가락국의 기록은 아니지만, 대가야의 경우에는 이비가와 감응하는 '정견'모주에서의 '정견', 고아동 벽화고분에 보이는 연화문, 대가야 성문이 불교의례에 쓰이는 '전단목'으로 만들어지는 등의 내용을 통해 불교가 상당한 이데올로기로서 작용하고 있다는 사실을 확인할 수 있다. 지산동 30호분에서는 전통신앙체계의 파괴를 보여주는 암각화가 새겨진 개석이 발견되기도 하였다. 따라서 선생님께서 불교가 정치적 이데올로기로는 채용되지 않았을 것이라고 보고 있는 견해는 좀 더 자세한 논리적 받침이 필요할 것으로 보인다.

4

「가락국기」의 고고학적 접근 시도

송원영 대성동고분박물관 관장

I. 머리말
II. 「가락국기」 내용 분석과 고고학적 검토
  1. 탄강설화의 고고학적 의미
  2. 나성 축조 기사의 해석
  3. 수로왕비 혼인설화 검토
  4. 왕과 왕비의 능에 대한 검토
III. 「가락국기」의 고고학적 접근
IV. 맺음말

I. 머리말

「가락국기」는 고려 문종 30년(1076) 금관지주사가 지은 김해의 가야사에 대한 거의 유일한 기록인데 전체 원문은 전해지지 않고, 약 200년 후인 충렬왕 7년(1281) 일연이 『삼국유사』 紀異篇에 요약해서 수록한 것이 전해져 오고 있다.[1]

「가락국기」의 내용은 수로왕의 탄강 및 건국설화, 수로왕비 허황옥과 혼인설화, 2대왕부터 마지막 10대왕인 구형왕까지의 王曆 등으로 구성되어 있다. 「가락국기」는 금관가야에 대한 거의 유일한 기록임에도 불구하고 그동안 학계에서 그 내용을 전반적으로 불신하는 경향이 강했다. 설화적 표현과 불교적 윤색 등이 그 원인으로 보인다. 축약된 내용과 비현실적인 요소 등을 어느 정도 걷어내고 접근해야 가능한 점도 연구를 더디게 만든 이유다. 『삼국유사』와 『삼국사기』의 초기기록도 불신하는 경향인 고고학계에서 부록에 불과한 「가락국기」를 신뢰하고 연구한다는 것은 힘든 일이었다. 가야 관련 발굴이 구제 발굴 위주로 사전에 면밀한 계획을 가진 학술 발굴이 별로 없었던 점도 한몫을 했을 것이다.

하지만 「가락국기」는 기록의 신뢰를 떠나 사료가 거의 없는 가야사 연구에 매우 중요한 자료이므로 이를 비판적으로 검토한 연구도 간혹 있었는데, 주로 문헌사학 쪽에서 다루어져 왔다. 최근에서야 김해 지역 고고학적 발굴 성과를 토대로 이를 보다 적극적으로 해석하는 경향이 두드러지고 있다. 고김해만의 정치체 형성과정과 수장층의 출현을 구야국의 성립과 관련지은 주장도 대두되었다(이동희 2019a). 최근 고령 지산동 고분군 제1-5호분에서 출토된 토제방울에 새겨진 그림을 「가락국기」의 신화와 동일하게 해석하되 대가야 건국신화로 보는 새로운 견해도 제기되

---
1 「가락국기」의 사서적 고찰에 대해서는 이미 상세한 논의가 있다(이영식 2016).

였다(배성혁 2019).[2] 어쨌든 「가락국기」의 기술을 적극적으로 해석하기 시작했다는 점에서 의미를 지닌다.

사실 '(대)가락국=(대)가야=(임나)가라'라는 등식만 봐도 「가락국기」의 신빙성은 아주 높다고 할 것이다.[3] 다만 「가락국기」의 내용 자체가 방대하고 아직 설명하기 힘들거나 기존 연구 성과[4]와 부합하지 않는 부분도 많다. 김수로의 탄강 시점은 곧 가야의 건국이다. 그런데 김수로는 42년에 탄강하여 199년까지 살았다고 한다. 어느 시점을 기준으로 가야의 출발을 잡아야할 지도 문제다. 「가락국기」에 기록된 가야의 존속 기간과 관련해 시작 시점에 대해서는 많은 논란이 있으나, 멸망 시점에 대해서는 대개 기록을 신뢰하는 입장이다.[5] 문제가 되는 것은 건국 시점, 즉 가야사의 시작을 언제로 보는가라는 부분으로 크게 전기론과 전사론으로 대립하고 있다(주보돈 1995). 전기론은 대개 문헌의 입장에서 변한과 가야를 구분하지 않고 변한-구야국(가락국)을 전기가야로 보는 입장인 반면 고고학에서는 구야국(가락국)과 가야를 구분하여 보는 전사론적 입장이 대부

---

2 방울에 그려진 그림을 6개로 나누어 가야산 상아덤-구지봉, 거북모양-구지가, 관을 쓴 남성-구간, 춤추는 여인-구지가를 부르는 장면, 금합을 맞이하는 사람, 금합을 담은 자루 등으로 해석하고 금관가야와 대가야를 포함한 모든 가야 건국신화가 공통적으로 난생설화에 기반을 둔 것으로 보았다. 유물의 그림을 건국설화와 연결하여 적극적으로 해석한 점은 돋보이나 그대로 받아들이기 어려운 점들이 있다. 일단 그림의 해석을 전적으로 수용하여도 이를 대가야의 건국신화로 연결시키기에는 힘들다. 금합을 우러러보는 사람으로 해석한 그림의 경우 사람이 아니라 뿔 달린 동물로 보는 것이 더 합리적일 것이다. 춤추는 여성도 개구리로 본다면 피장자가 어린이로 추정되는 배장묘에서 출토된 유물이므로 거북이, 개구리, 사슴 등을 그린 어린이 장난감으로 해석하는 편이 합리적일 것이다.

3 가락, 가야 등의 앞에 붙이는 '대'나 '임나'는 같은 의미로 가장 큰 것, 중심을 의미한다고 볼 수 있다.

4 「가락국기」에 등장하는 주 인물은 김수로왕과 허왕후인데, 둘 다 외래계 인물로 해석된다. 김수로는 철을 장악한 집단의 우두머리 정도로 해석되며, 혼인설화는 제철 집단과 해상교역 주도 집단 간의 결합으로 가야가 성립 및 발전하였음을 상징한다고 여겨진다.

5 고고학계에서는 김해 금관가야의 경우 대성동 고분군 축조 중단과 관련하여 지배층이 실질적으로 5세기 전반에 해체되었다고 본다(신경철 1992).

분이다.[6]

본고에서는 전기론적 입장의 문헌사 쪽 견해와 전사론을 주장하는 고고학계의 의견을 참고하되 현재까지 김해 지역에서 발굴된 유적과 유물 등 연구 성과를 감안하여 「가락국기」의 내용에 대해 고고학적으로 접근 가능한 부분에 한해 살펴보겠다.

II. 「가락국기」 내용 분석과 고고학적 검토

1. 탄강설화의 고고학적 의미

「가락국기」의 내용 중 가장 의미가 크며, 논란이 되는 부분은 바로 수로왕 탄강, 가야의 시작 시점일 것이다. 수로왕의 등장=가야의 시작이라는 점에서 이를 언제로 볼 것인가 하는 문제는 결국 가야사에 대한 가장 핵심적인 사안일 것이다. 이와 관련하여 「가락국기」는 다음과 같이 전하고 있다.

A. 천지가 개벽한 후에 이 땅에는 나라의 이름이 없었고, 또한 임금과 신하라는 칭호도 없었다. 옛날에 九干이 있어 이들이 백성을 다스렸으니 1백호에 7만 5천인이었다. 거의 산과 들에 모여 살면서 우물을 파서 마시고 밭을 갈아서 곡식을 지어 먹었다.(『三國遺事』卷2, 紀異2 駕洛國記)

---

[6] 기원 전후부터 약 300년까지의 시기에 대해 고고학계에서는 원삼국시대 혹은 삼한시대로 보고 있다.

수로왕 탄강 직전은 적석목관묘와 한국식동검, 초기철기가 공반하는 시기에 해당되는데, 김해 지역에는 이러한 조합이 잘 확인되지 않는다. 오히려 지석묘가 늦게까지 존속하는 것이 특징적이다.[7] 해반천권역에는 지석묘가 해반천의 상류인 삼계동과 구산동을 시작으로 구지봉 정상, 대성동, 서상동, 대성동 고분군, 봉황동 유적, 내동 등에 분포한다. 대부분 해반천의 동쪽 구릉 일대에 위치하며, 서쪽에는 구산동 지석묘, 내동 지석묘 등 몇 기만 있을 뿐이다. 지석묘를 축조한 집단은 농업과 어업을 위주로 한 사회였다. 현재의 넓은 김해평야와 내외동 일대는 가야시기에 바다였으므로 당시의 농업은 논농사를 중심으로 한 것이 아닌 협소한 구릉 위에서 밭농사를 위주로 했을 것이다.[8] 산과 들에 모여 살면서 밭을 갈아 먹었다고 하는「가락국기」의 기록과 일치한다.

김해 지역 지석묘의 축조 집단과 단위집단 내 위계에서 특별한 권력관계가 보이지는 않는 점도 나라가 없었고 임금과 신하의 칭호가 없었다는 기록과 잘 부합한다. 또 九干을 김해시내 지석묘 분포권과 연결하여 해반천권역(서상동, 대성동, 회현동, 내동, 삼계동), 주촌면, 진영읍, 진례면, 칠산동, 대동면, 녹산면, 장유면, 생림면·한림면 등 대략 9개 권역 정도로 나눌 수 있는 점도 마찬가지다.[9]

지석묘 사회 시기에도 새로운 문화의 유입과 이에 연동한 토착사회의 변화는 있었다. '김수로'에서 '金'은 대개 철기를 뜻하며 이는 이 지역에 철기가 전파된 시점을 곧 수로왕의 탄강 시기와 동일하게 볼 수도 있

---

7 최근 국내 최대 규모의 지석묘인 김해 구산동 지석묘에 대한 시굴조사 결과 400톤에 달하는 상석 하부의 매장주체부 시설이 기존의 다단굴광식 다중개석을 가진 석곽묘 구조가 아니라 목관묘일 가능성이 큰 것으로 확인되었다. 추후 발굴 결과를 기다려 봐야겠지만 지석묘 축조 시기가 기존의 학계 견해보다 더 늦은 기원 전후로 내려올 가능성도 있어 보인다.

8 봉황동 유적 서편 저지대 일부에서 가야시기의 논 경작 유적이 발굴된 사례가 있으나 아주 좁은 면적에 불과하고 이조차 정확하게 경작지인 논이었는지 의문이다.

9 지석묘 분포권역에 대해 진례와 진영 일대, 생림, 한림 등지를 제외하고 해반천과 주촌면을 각각 2개소씩 분리하여 보는 경우도 있다. 어쨌든 대략 9개권역 정도로 나눌 수 있다는 점에서는 큰 차이가 없다.

다. 그러나 김해를 비롯한 낙동강 하류역에 철기 문화가 전래된 것은 수로왕의 등장 이전의 시점이므로 '철기의 도입=수로 집단의 등장=가야의 시작'이 성립할 수 없다. 김해 지역에 요하의 전국계 철기 문화가 마한 지역을 거쳐 전파된 철기가 처음 등장하는 시기는 삼각점토대토기 단계인 대략 기원전 2세기에서 1세기 정도로 추정된다. 이후 김해식 옹관과 야요이식 토기 등 왜계 유물이 집중 출토되고 기원전 1세기부터 바닷길을 통해 낙랑으로부터 여러 가지 위세품을 수입하였고, 그것을 모방하여 제작하였다.

다른 지역의 무덤이 적석목관묘로 변화한 데 비해 김해 지역에는 여전히 재래의 지석묘가 축조되고 있었으며, 일부 외부와의 교역과 교류에 의한 유물 출토 사례는 있으나 이전 사회와 질적인 변화를 보이지는 않는 점에서 여전히 구간사회로 볼 수 있다. 가야의 출발지인 김해 구지봉과 해반천권역에서는 다른 지역과 달리 초기철기시대까지 지석묘 사회가 늦게까지 지속되는 것이 특징이다(이수홍 2019). 이를 보면 비록 이 지역에서 철기의 등장을 김수로와 직접 연관시키기는 어려우나 다른 지역과 달리 유독 지석묘 사회가 늦게까지 존속하고 기원 이후 수로의 등장 시점에야 비로소 온전한 철기 문화시대로 전환된다는 점에서 탄강설화의 상징을 적극적으로 해석할 여지가 있다고 할 것이다.

김수로로 대표되는 집단은 언제, 어떤 배경을 가지고 김해에 출현하였을까?

수로왕의 등장에 대해 문헌사 쪽의 입장은 크게 2시기로 나뉘는데, 구지봉에 탄강한 수로왕은 철기 등 선진 문물을 가지고 남하해 김해 지역에 등장했던 고조선 유민, 또는 그 후예로서 서북한 출신의 한 갈래로 생각한 견해(이영식 2016)와 기원전 1세기 후반경 철기 문화를 가진 수로 집단이 토착 지석묘 축조 집단을 통합하였다(이현혜 1984)는 비슷한 입장과 고고학적 연구 성과를 받아들여 수로왕으로 상징되는 왕족은 2세기 중후반 무렵에 낙랑 지역에서 도래한 유이민 세력 중의 하나로서, 기존의

[표 1] 가락국 건국연대에 대한 제견해(이동희 2019a 일부 수정)

주창자	가락국의 건국 연대와 근거	비고
이현혜(1984)	기원전 1세기 후반경 철기 문화를 가진 수로 집단이 토착 지석묘 축조 집단을 통합함	
백승충(1989)	기원후 1세기 초엽에 와질토기 출현, 한군현과의 교역을 통한 중국제 문물의 유입, 철기의 보급 등에 주목하여 「가락국기」 연대를 인정	
김태식(1993)	2세기 중후반 무렵 낙랑 지역에서 도래한 유이민 세력 중의 하나로서, 기존의 서열을 이루고 있는 연합적 지배세력인 가락 九干에 의하여 추대	
이영식(2016)	철기 등 선진 문물을 가지고 남하해 김해 지역에 등장했던 고조선 유민, 또는 그 후예로서 서북한 출신의 한 갈래였을 것	
신경철(2000), 심재용(2019)	대성동 고분군 목관묘 1단계(1세기 후반~2세기 전반)를 구야국, 3세기 말 Ⅱ류 목곽묘(대성동 29호분)를 고분, 금관가야의 시작으로 봄	
임효택(2000) 등	고분(가야)의 시작을 목관묘에서 목곽묘로 전환하는 양동리 162호분으로 제시	
김영민(2010)	양동리 고분 출토 광형동모와 방제경 등 왜와 구야국의 교섭을 들어 상한을 2세기 전엽으로 상정	
김권구(2016)	기원후 1세기경 대성동 가야의 숲 3호 목관묘 등은 유력자의 등장을 암시하며, 기원 전후 시기 김해 지역 유력자가 주변 취락을 통할하고 낙랑, 왜와 교류하면서 철을 수출하고 분배하는 양상을 보이는데 이것을 '國'으로 봄	
이성주(2018)	대성동 유적의 분묘역 조성, 봉황대 일원의 집주가 본격화된 것은 원삼국시대 초기(삼각점토대토기 단계)이며, 이때가 국읍 형성의 기점	
이동희(2019a)	기원 전후한 시기 '고김해만'이라는 경제적 배경을 바탕으로 1~2세기대에 목관묘 군집의 출현과 관련. 3세기 중엽까지 대성동 세력은 정치적 중심지, 양동리 세력은 종교적·의례적 중심지 역할	

서열을 이루고 있는 연합적 지배세력인 가락 九干에 의하여 추대된 것으로 상정한 견해로 나뉜다(김태식 1998).

고고학 쪽에서는 1세기 이후 대성동 세력이 늑도 세력+다호리 집단을 대신하여 새로운 국제교역항의 역할을 하고 구야국을 건국했지만 정치적 권력에서 일정한 한계를 지닌 것을 근거로 계층화는 어느 정도 진행됐지만 지배-피지배의 명확한 단계에 이르지 못했다는 것이 일반적인 견해로 변한, 즉 삼한시기로 보고 있다. 3세기 후반 이후 계급사회의 명확한 구분이 이루어져 묘역이 구릉 정상부의 탁월한 입지로 분리되고 다량의 유물이 부장되는 대형 목곽묘 출현기 혹은 그 이후 유물의 집중 부장, 순장 등이 나타나는 시기부터를 가야라고 보는 견해가 많다. 포항 옥성리, 울산 하대, 양동리 등 3세기 말 이전 그을린 목곽과 무기 훼기 습속 등 북방적 습속이 유입되고 그 결과 동해안의 해류를 따라 남하한 부여족이 3세기 말 최초의 고분인 대성동 29호분을 축조했다는 주장도 있는데, 이때부터 구야국이 아닌 가야의 시작으로 보는 설(신경철 2000)이 대표적이다.

기원 전후한 시기에 이주민과 관련한 목관묘 군집의 출현을 가락국-구야국 성립으로 보는 것은 고고학계에서도 인정한다. 그런데 김해 지역 중심부인 해반천 유역에서 지석묘가 여전히 축조되는 것에 비해 외곽인 양동리, 망덕리, 송현리, 내덕리 등에서는 산발적으로 이른 시기의 목관묘가 일부 보이기 시작한다. 이는 '가야의 시작=목관묘 등장'으로 볼 수 없는 근거가 된다. 2세기 후반대에 목곽묘가 등장하는 시점으로 보더라도 대성동 고분보다 양동리 고분 쪽이 이른 시기에 등장한다. 그런데 탄강설화나 이후 가야의 중심지를 고려하면 김해 지역에서 가야는 대성동 고분군과 봉황동 유적으로 대표되는 해반천권역이 될 수밖에 없다. 이는 결국 3세기 말 초대형 목곽묘가 등장하는 시점 이후를 '가야'로 보는 고고학계의 입장이 만들어지는 원인을 제공하였다(이동희 2019b).[10]

그러나 앞서 살펴본 바와 같이 김해의 해반천권역에 유독 늦게까지 존속한 구간사회인 지석묘 축조 세력은 기원후 1세기경 수로왕의 등장 시점과 같이 목관묘 사회로 전환된다. 목관묘가 김해의 외곽 지역에 보다 이른 시기에 등장하였지만 중심권역인 해반천 유역에 도입이 늦어진 것은 새로운 이주 집단(수로 집단)이 아직 중심부에까지 힘을 미치지 못한 상황을 반영한 것으로 보인다.[11] 변한 구야국이든 가야든 해반천권역 중심 묘역인 대성동 고분군에 목관묘가 처음 출현하는 1세기 중후반 이후 가락국의 중심 묘역으로 자리 잡아 5세기 이후까지 지속적으로 축조된 것을 고려하면 구간=지석묘, 수로왕 탄강=가야=대성동 고분군의 목관묘

----

10   이동희는 금관가야의 성립을 토기 양식의 출현, 토성과 순장의 출현, 대형 목곽묘의 출현, 연맹왕국의 출현 등을 들어 금관가야의 성립을 대성동 29호분 단계(3세기말~4세기 초)로 보고 있다. 현재 고고학계의 일반적인 견해로 볼 수 있다.

11   4세기 후반 낙동강 하류역에 나타나는 수혈식 석곽묘도 처음에는 피지배층의 무덤으로 사용되었지만 점차 수장층의 묘제로 채택된다.

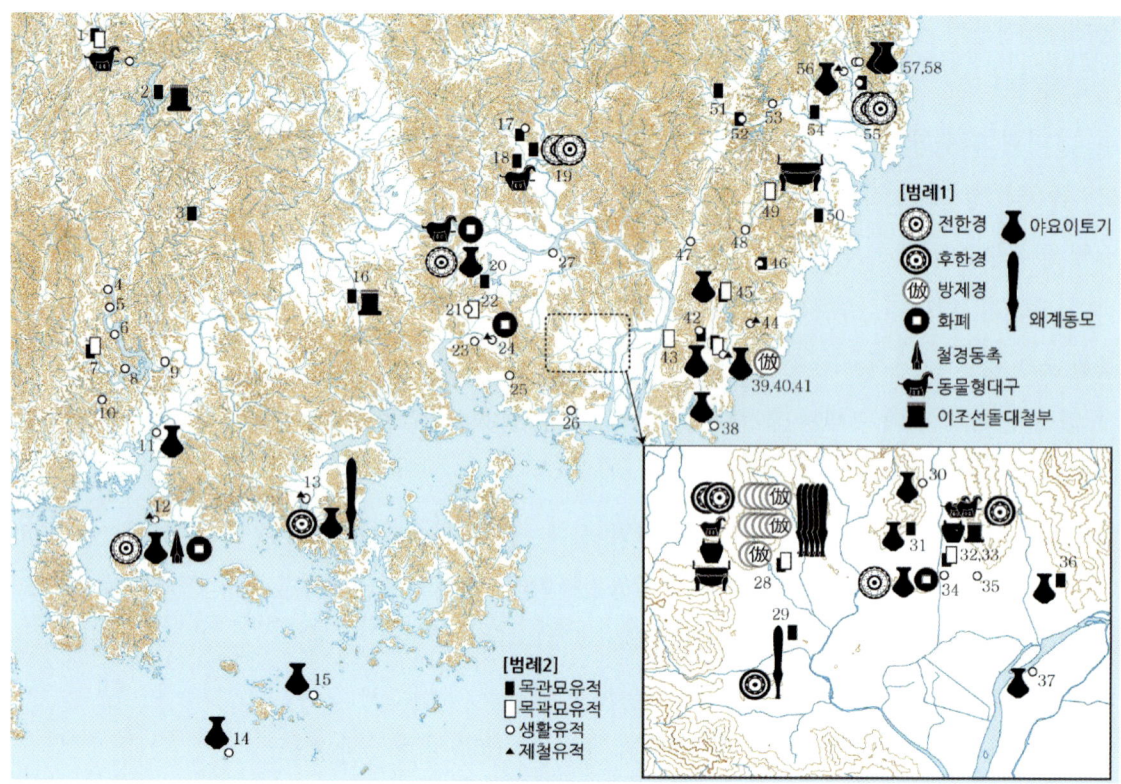

[그림 1] 기원전 1~기원후 3세기의 변한 지역 출토 외래계 유물 분포(이창희 2016)

축조 시작으로 해석할 수 있을 것이다.

「가락국기」에 의하면 수로왕은 하늘에서 탄강하였는데, 이는 수로왕이 구간으로 상징화된 재지세력에서 출발한 것이 아닌 외래집단의 일원이었다는 뜻으로 해석된다. 수로왕 탄강 시기의 김해 지역 대외 교역상을 살펴보면 이 역시 「가락국기」의 기록과 어느 정도 부합한다. 먼저 수로 집단의 출현 시기와 출자를 시기별 대외교역 실태를 통해 검토해 보자.

기원전 108년 漢 무제가 고조선을 멸하고 설치한 낙랑군은 313년 고구려에 의해 축출될 때까지 동북아시아의 정치·경제적 중심지 역할을 하였다. 가야의 漢 조정과 교섭은 낙랑군을 통해 이루어졌고, 낙랑 지역에는 한의 선진 문물이 유입됨에 따라 국제적인 무역시장이 되었다. 전국 말 한 초의 혼란기에 이미 중국계 유민이 한반도 남부 지역까지 유입되었고, 또 고조선 말기 또는 멸망 시점에는 고조선계 유민이 진한 지역에 유입되었다.[12] 고조선의 멸망과 한 군현의 설치, 한나라에 대한 정보는 유민에 의해 변한과 진한에 전달되었을 것이다. 최근에는 낙랑을 통하지 않고 중국 남부 지방을 통해 교역이 이루어졌다는 새로운 견해(박광춘·김다빈 2019)도 있다.

수로왕 탄강 전후 시기의 국제교류 양상을 보면 2가지 의견이 대립하고 있다. 기원전 1세기 중, 후엽을 중심으로 하는 사천 늑도 유적에서 야요이계 토기, 낙랑 토기와 반량전, 오수전, 한식경 등 중국 군현 및 왜와 교류가 확인되고 있는 반면 김해 지역은 활발한 대외교류가 확인되지 않으며, 늑도 유적이 1세기 중엽부터 쇠퇴하여 2세기 중엽이 되면 거의 소멸하고 1세기 중엽 이후 김해 지역이 늑도를 대신하여 중국과 교류 중심에 선다는 입장과 김해 지역은 낙랑군 설치 이전부터 계속해서 일본 열도와 교류가 있었으며 기원전 2세기 후반부터 1세기대까지 야요이계 토기가 지속적으로 다량 출토되었고 오수전과 동경 등이 회현리 패총에서 출토되므로 중원계 유물의 반입도 이루어져 교류 거점이 늑도에서 김해로 옮겨졌다는 자체를 부정하는 견해가 맞서고 있다(이창희 2016). 어느 쪽으로 해석하던 1세기 중엽 이후 김해 지역이 경남의 대외교역 중심지로 대두하는 점에 대해서는 일치하므로 이를 수로왕의 탄강과 연결하는 것이 무리는 아닐 것이다.

1~3세기 후반에 출토된 외래계 유물은 중국 중원계와 일본 왜계로 구분된다. 중원계 유물로는 한경, 철복, 동정 등이 있으며, 왜계 유물로는 야요이계 토기와 하지키계 토기, 방제경, 동모, 동과 등이 있다. 야요이계 토기는 북부 큐슈 지역 야요이 중, 후기 토기들로 반입품과 현지 모방품이 있는데, 주로 해반천권역에서 출토된다. 반면에 방제경 등의 금속제 유물은 같은 북부 큐슈 지역산인 것은 동일하나 주로 양동리 고분군에서

---

[12] "先是, 朝鮮遺民, 分居山谷之間, 爲六村."(『삼국사기』 권1, 신라본기1 시조 혁거세 거서간)

출토되는 것이 다르다.

4세기대가 되면 금동관, 동복, 동완, 동세, 각종 금동제 장식마구류 등의 선비계와 동경, 진식대구 등의 중원계, 유리용기 등 서역계 유물들이 대성동 고분군에서 집중 출토되는데, 모두 중국 동북 지역에서 해로를 통해 들어왔을 것으로 추정된다. 왜계 유물의 경우 긴키 지역 수장묘에 부장되는 철촉, 파형동기, 통형동기, 각종 석제품 등이 출토되지만 토기는 반입이 아니라 북부 큐슈와 산잉계 하지키토기를 모방한 것들이 출토된다. 오키나와 인근에서 잡히는 고호우라와 이모가이 등 조개류도 반입되는데, 이를 긴키 지역에서 모아 보낸 것이라는 주장(대성동고분박물관 2017)도 있으나, 직접 교역의 가능성도 배제하기 어렵다. 마한·백제계 유물은 해반천권역과 조만강 수역에서 모두 나오는데, 해반천권역에 보다 집중되었다. 주로 와질의 원저 단경호가 대부분으로 천안 등 금강 중류지역에서 주로 출토되는 금박 중층유리구슬도 이 시기에 함께 출토된다. 신라계와 가야권내 아라가야계 유물도 출토된다.

이상에서 보듯이 기원 전후부터 4세기까지 김해 지역에서는 대륙계와 왜계 유물이 모두 출토되지만 「가락국기」에 묘사된 수로왕의 상징은 대륙 계통이라고 보는 것이 일반적이다. 수로왕 탄강설화는 결국 대륙계 집단의 김해 이주를 상징한다는 점은 대체로 일치한다고 볼 수 있다.

다만 수로 집단이 언제 왔는지의 문제는 결국 가야를 언제부터로 볼 것인지와 연동된 문제(주보돈 1995)이며, 가야의 對교역 대상이 변화한 것과도 관련될 것이다. 고고학적인 획기는 앞서 살펴본 바와 같이 김해 지역에 목관묘가 출현하는 1세기대와 목곽묘 출현 시점인 2세기 후반대, 대형 목곽묘가 나오는 3세기 말로 구분되는데, 기원 전후부터 3세기까지 낙랑을 거쳐 중국 중원계 유물이 주로 출토되었다면 3세기 말부터는 북방 초원계 유물이 주로 출토된다. 즉 3세기 이전으로 본다면 중국이나 중원계로 3세기 후반 이후로 본다면 부여 혹은 북방 유목민족계로 보는 것이 타당할 것이다.

가야의 성립 이후에도 김해의 지정학적 특성상 새로운 문화와 집단이 여러 차례 이주해왔을 가능성은 아주 높으므로 이전 구간사회와 획기적으로 구분되는 아주 큰 사회적 현상을 '가야의 시작=수로 집단의 등장'으로 보는 것이 타당해 보인다. 해반천 유역 주변에 혼재하던 지석묘 축조 집단의 주거와 무덤 영역은 1세기 중후반대 목관묘 출현 시기 이후에는 지배계층의 중심 주거 영역(봉황동 유적)과 무덤 구역(대성동 고분군)으로 확연히 분리된다. 대성동 고분군의 출현을 가야의 시작으로 보아 수로왕릉과 연접한 지역인 '가야의 숲 3호분'에서 외래계 유물이 다량 출토되는 점 등을 고려하면 가장 큰 획기가 되는 시기는 수로왕 출현과 맞닿아 있는 1세기대로 보는 것이 더 타당하다.[13]

1세기 이후 김해 지역은 늑도를 제치고 가야의 유일한 대외교역 중심지 역할을 했다는 점과 김수로라는 이름 자체가 선진 철기 문화를 가진 집단의 우두머리를 상징하고 토착세력이 아닌 외래 집단이 김해 지역의 세력을 통합했다는 점을 표현했다고 보면 「가락국기」의 수로왕 탄강 기록은 충분히 고고학적 근거를 가진 것으로 여겨진다.

2. 나성 축조 기사의 해석

사실 고고학계에서 「가락국기」의 내용에 대해 적극적으로 해석하기 시작한 계기는 봉황동 유적의 동북쪽 사면부에서 4~5세기경의 土城[14]

---

13 실제 대성동 고분군이 자리한 구릉은 1세기대 목관묘 출현 이전에는 지석묘와 옹관묘 등의 무덤과 패총, 주거지 등이 혼재한 양상을 보인다. 즉 무덤 영역과 주거 공간이 완전히 분리되지 않은 시기였다(대성동고분박물관 2015).

14 "즉위 2년계묘 춘정월에 왕이 가로되 내가 서울을 정하고자 한다 하고, 이어 假宮의 남쪽 新畓坪〈이는 고래의 閑田인데 새로 경작한 때문에 그렇게 말하는 것이요〉(중략) 이 땅이 마치 여뀌잎[蓼葉]과 같이 협소하나 산천이 빼어나고 가히 16나한이 살만한 곳이다. (중략) 疆土를 개척하면 장차 좋을 것이다 하고, 주위 일천오백보의 羅城과 궁궐, 殿宇와 여러 관청의 청사와 무기고,

이 발굴되면서부터다. 봉황동 유적과 그 주변은 일찍부터 가야시대의 중심 주거 지역으로 알려져 왔다. 봉황동 유적은 대성동 고분군을 조영한 집단의 주거 공간으로 대성동 고분군의 남쪽 구릉과 연결된 구릉에 위치하며, 대성동 고분군의 대형분에서 주로 부장되는 화려한 문양이 시문된 특징적인 토기가 출토되어 금관가야의 중심지로 여겨지는 유적이다(민경선·김다빈 2018; 김다빈 2020). 2003년 (재)경남고고학연구소에서 실시한 '회현동사무소-분성로 간 소방도로 개설 구간' 조사에서 봉황대 구릉을 중심에 두고 가장자리를 따라 돌아가는 석축 시설이 확인되어 토성의 존재 가능성이 제기되었다. '서상동 331-2번지 건물신축 예정부지'에 대한 발굴조사를 통해 토성과 관련된 석렬이 추가로 조사(두류문화연구원 2014)된 이후 여러 차례 발굴조사를 통해 토성의 내부 구조와 규모 등이 확인되었다.[15]

  토성은 봉황대 구릉의 등고선 방향과 동일한 방향(북서-남동 방향)으로 진행하며 2군의 석축렬과 판축상의 토축부가 조사되었다. 규모는 상단 너비 16.5m, 하단 너비 22m, 높이 약 2.8m로, 성체 길이는 7m 정도가 조사되었다. 뻘층의 기저부에는 일정한 간격으로 고정기둥 6개를 박았고, 기저 하부에는 백색 점토와 부엽층을 간간이 깔면서 점성이 강한 흙으로 채워 물이 침투되는 것을 막았다. 기저부 뻘층과 상부 판축토층의 간층과 내·외 석축렬 피복토층은 불다짐하여 소결면을 형성하였다.

  발굴기관마다 약간씩의 차이는 있으나 전체 토성의 길이는 약 1,200m 내외로 추정된다. 나성의 길이 천오백보와 거의 비슷하다.[16] 나

  식량창고를 지을 땅을 마련한 후에 假宮으로 돌아가셨다."

15 현재까지 토성의 북쪽 구간 일부를 제외하고는 동, 서, 남쪽의 구간은 거의 확인된 상태이다. 일부 토성의 성격을 제방 혹은 호안석축으로 보는 견해도 있는데, 이는 당시 봉황동 일대의 지형 및 지리적 여건을 전혀 고려하지 않은 단순한 견해에 지나지 않는다. 봉황토성은 함안과 고성, 합천에서 발굴된 토성과 거의 동일한 축조 기법을 가진 가야 고유의 토성 중 가장 이른 시기의 것으로 다른 가야 지역 토성의 모본으로 여겨진다.

16 1보는 5주척인데, 1척은 20.7cm, 약 1m 내외로 계산한 결과다.

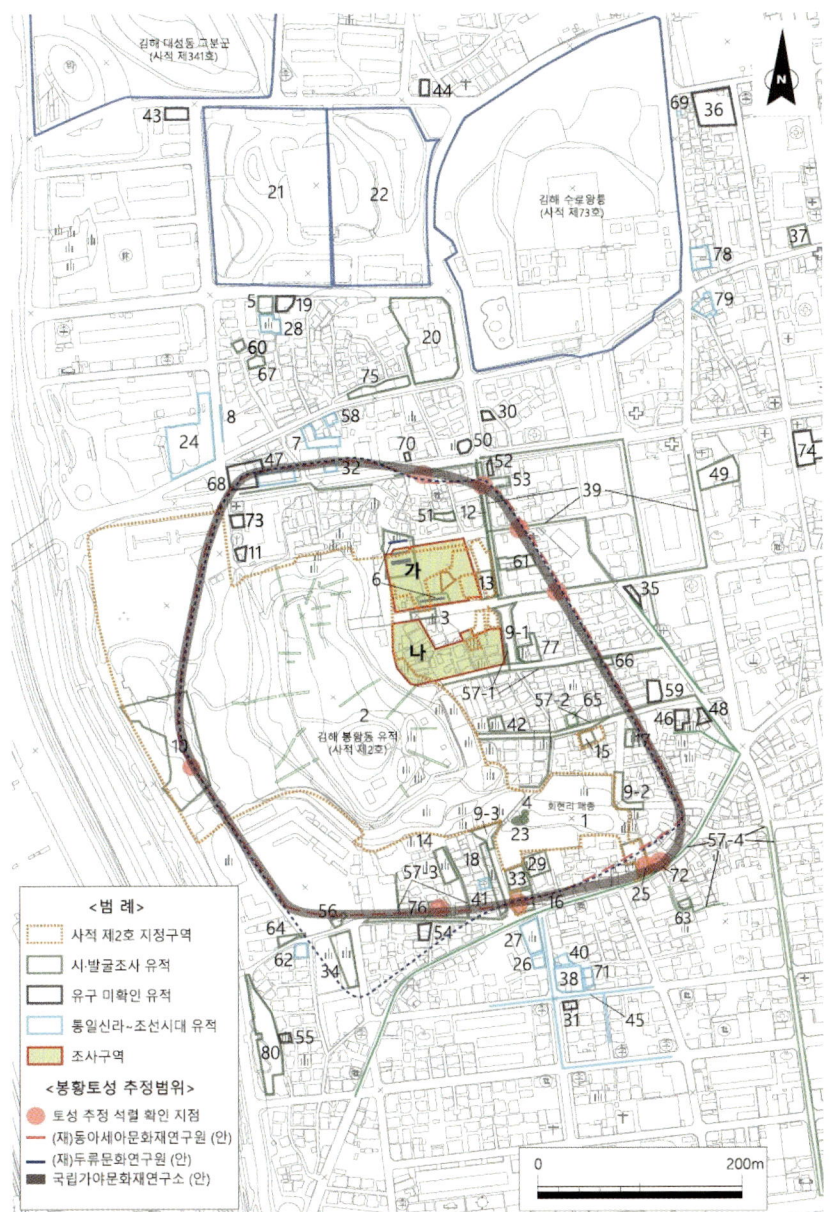

[그림 2] 봉황토성 주변 유적 현황도(국립가야문화재연구소 2019)

1. 회현리패총 조사구간(1907~1935년) 2. 봉황대 구릉 3. 소방로 진입구간(2차) 4. 회현리패총A 5. 봉황동 442-7번지 6. 추정 가야궁허지 7. 봉황동 408번지 일원(봉황동 저습지) 8. 봉황동 409-7번지 9-1. 회현리패총 소방도로 개설구간(13통) 9-2. 회현리패총 소방도로 개설구간(14통) 9-3. 회현리패총 소방도로 개설구간(15통) 10. 가야인생활체험촌 조성부지 11. 봉황동 343번지 12. 회현동사무소-분성로 소방로 개설구간 13. 봉황동 380-24번지 14. 봉황동 176-2, 16, 17번지 15. 봉황동 260번지 16. 봉황동 240번지 17. 봉황동 284번지 18. 봉황동 177번지 19. 봉황동 442-5번지 20. 한옥생활체험촌 21. 가야의 숲 조성부지(서편) 22. 가야의 숲 조성부지(동편) 23. 회현리패총전시관 조성부지 24. 김해도서관 증축부지 25. 봉황동 229-1, 4번지 26. 봉황동 220-16번지 27. 봉황동 220-3, 5, 9번지 28. 봉황동 442-8번지 29. 봉황동 247-4번지 30. 서상동 330-4번지 31. 봉황동 22-1번지 32. 봉황동 408-8번지 33. 봉황동 238-2, 241, 242-1번지 34. 봉황동 119-1, 22-6번지 35. 봉황동 298-3번지 36. 서상동 164-1번지 37. 서상동 52-22번지 38. 봉황동 217-15, 16번지 39. 하수관거정비공사 1단계 40. 봉황동 217-7번지 41. 봉황동 178번지 42. 봉황동 163-2번지 43. 봉황동 492번지 44. 봉황동 429-12번지 45. 봉황동 22번지 46. 봉황동 281-2번지 47. 봉황동 350-11번지 48. 봉황동 472-33번지 49. 서상동 277-1번지 50. 봉황동 390번지 51. 봉황동 400번지 52. 서상동 331-1번지 53. 서상동 331-2번지 54. 봉황동 118-1번지 55. 봉황동 115-1번지 56. 구)봉황초등학교 도시도로구간 57-1. 하수관거정비공사 2단계(3-5라인) 57-2. 하수관거정비공사 2단계(7-11라인) 57-3. 하수관거정비공사 2단계(18-21라인) 57-4. 하수관거정비공사 2단계(22-24라인) 58. 봉황동 407-2번지 59. 봉황동 289-1번지 60. 봉황동 412-4번지 61. 봉황동 380-11번지 62. 봉황동 120-7번지 63. 봉황동 223-13번지 64. 봉황동 126-12번지 65. 봉황동 303-5번지 66. 봉황동 295-1번지 67. 봉황동 413-3번지 68. 봉황동 349-2번지 69. 서상동 221-23번지 70. 봉황동 396-2번지 71. 봉황동 217-4번지 72. 봉황동 227-3번지 73. 봉황동 349-4번지 74. 서상동 152-18번지 일원 75. 봉황동 393-1번지 76. 봉황동 196번지 77. 원도심 도시재생사업 부지 78. 서상동 225번지 79. 서상동 232-2번지 80. 봉황동 121-1번지

성에 대한 기록은 다른 사료에도 나타나는데, 광개토왕비문에 보이는 '任那加羅從拔城'이다(송원영 2010).

최근에는 토성 내부에서 5세기 후반대에 축조된 한 변의 길이가 960cm 정도인 방형의 평면을 가진 중층 구조의 건물이 확인되었다. 방형의 평면 형태, 직경 160cm, 깊이 100m 정도의 중앙 적심, 직경 80~110cm 정도의 외부 적심의 존재는 중층 이상의 건물임은 분명하다(한반도문화재연구원 2019; 2020). 이를 목탑지 혹은 제의 건물로 추정하기도 하는데, 어쨌든 왕궁과 부속 건물 등을 둘러싼 도성으로 추정되는 토성 내부에서 확인된 최초의 특수 용도 건물지임은 확실하다. 높이가 약 20m 내외로 아주 높고 내부에 사람이 거주하기 어려운 구조이며, 입지조건상 망루로 보기도 힘들다. 외부와 바닷길을 감시하기보다는 오히려 토성 내부와 외부 주거지역에서 조망하기 적합한 입지를 가지고 있다.

도읍을 정한 땅의 모양도 최근의 연구 성과와 일치한다. 「가락국기」의 기록에 이 지역의 땅 모양이 여뀌잎처럼 좁다고 하였는데, 이는 지금의 내외동 일대가 당시에 바다(古金海灣)라는 지형 분석 결과와 부합한다(국립가야문화재연구소 2017). 가야시대 당시의 내륙은 지금의 김해시 대성동과 봉황동 일대에 불과하며 봉황동에서도 김해 패총이 있는 남쪽부터는 전부 바다였음이 확인된 것은 최근의 결과다.

답평은 논실로 해석된다. 이 지명은 오늘날까지 대성동 일원에 남아 있는데, 대성동 고분군의 축조 이전에 이 지역에서 청동기시대의 마을 유적이 다수 발굴되었다. 수로왕이 새로 개척한 신답평(새논실)은 바닷가였던 답평 남쪽을 새로 간척했다는 것으로 봉황동 유적의 서쪽 가야인생활체험부지에서 저습지 매립 흔적이 확인되었다.[17] 주거의 중심 영역이 구지봉 일대에서 봉황동으로 옮겨졌다는 「가락국기」와 부합하는 결과로

---

17 바닷물이 들어온 저습지를 소토 등으로 매립하여 간척한 곳으로 봉황동 유적 서쪽 평지에 해당한다. 저습지 매립의 지형을 감안하여 礎石이 아닌 礎板을 사용하여 대규모 高床家屋群을 조성하였다(경남발전연구원 2013).

보인다.

수로왕이 축조한 것으로 기록된 봉황동 유적 일대는 나성인 봉황토성을 중심으로 대규모의 생활주거지, 고상건물지군, 수혈, 패총, 선착장, 초대형 건물지, 기와, 특수건물지, 제의공간 등이 복합적으로 구성된 궁성과 다름 아니다. 다만 시기상 토성의 축조 시기와 중심 연대가 4세기 이전을 소급할 수 없다는 점이 나성 축조 기록과 상이하다. 이는 가야 건국 이후 누대에 걸쳐 이루어진 업적이 시조에 해당하는 김수로의 것으로 윤색된 것으로 추정된다.[18]

청동기시대의 묘제인 지석묘는 해반천의 동, 서쪽에 폭넓게 분포하며, 특히 이후 생활공간으로 변화한 봉황동 유적의 토성 내부-회현리 패총에도 존재한다. 수로왕릉 경내에 해당하는 왕릉 바로 북쪽 뒤편에도 2기의 지석묘가 분포하고 있다. 이러한 주거공간과 묘역의 혼재 현상은 지석묘가 목관묘로 변화하는 시기부터 사라진다. 이에 따라 묘역의 부족으로 인해 대성동 고분군은 특유의 무덤 다중 중복현상이 일어나고 봉황동 유적에도 시기별로 주거지 중복 현상이 극심해진다. 결국 생활공간의 부족으로 바닷가인 봉황동 구릉 서쪽을 간척하게 되는데, 수로왕 이후의 행위가 수로왕의 업적으로 소급되어 기록되었을 것이다.

가야시기의 묘역인 대성동 고분군과 생활공간인 봉황동 유적이 완전히 구별되는 시기가 목관묘 출현 이후 시기인 만큼 현재 발굴 중인 4세기대 문화층 하부에 1, 2세기대의 주거지 등이 발굴될 가능성 또한 높은데, 청동기시대 후기를 소급하는 유물이 출토되지 않고 이른 시기의 와질토기 등이 상부에서 채집되는 점을 고려하면 충분히 가능성 있다고 보인다.

---

[18] 이러한 기술 방식은 시조의 위대함을 높이기 위해 족보 편찬 등에 일반적으로 보이는 서술이다.

[그림 3] 해반천 유역 청동기시대 무덤(강산문화연구원 2020)

3. 수로왕비 혼인설화 검토

지역 사회와 학계에서 가장 논란이 되는 것은 許黃玉의 실존 여부와 출신지일 것이다. 허황옥은 48년 파사석탑을 실은 배를 타고 도래하였는데, 스스로 아유타국의 공주라고 소개하였다.

B. 건무 24년 무신(서기 48년) …(중략)… 留天干에게 명령하여 배와 빠른 말을 가지고 望山島에 가서 대기하게 하고, 또 神鬼干에게 명령하여 乘岾으로 나가게 하였다. 망산도는 王都의 남쪽 섬이요, 乘岾은 畿內의 나라다. 문득 바다의 서남쪽에서 배 한척이 붉은 돛을 달고, 붉은 旗를 휘날리면서 북쪽으로 향해 오는 것이었다. 유천간 등이 먼저 망산도에서 횃불을 올리니, 배 안의 사람들은 앞을 다투어 육지로 내려왔다. 승점에서 바라보던 신귀간이 대궐로 달려와서 그 사실을 아뢰었다. 왕께서는 이 말을 들으시고 기뻐하셨다. 즉시 구간들을 보내어 木蓮의 돛대를 바로잡고 계수나무의 노를 저어서 곧 대궐로 모시어 오도록 하였다. …(중략)… 대궐 아래로부터 서남쪽 육천步쯤 되는 곳에 납시어 산기슭에 장막으로 임시궁전을 설치케 하여 기다리셨다. 왕후는 산 밖의 別浦 나룻터에 배를 매게 하고 육지로 올라와 높은 언덕에서 휴식하는데, 거기에서 입고 온 비단바지를 벗어 그것으로 幣帛삼아 산신령에게 바치었다. …(중략)… 그리고 노비들까지 합하면 모두 20명이며, 갖고 온 錦繡綾羅와 衣裳疋段과 金銀珠玉과 구슬로 만든 폐물 등은 이루 다 기록할 수가 없었다. …(중략)… 이에 그들이 타고 왔던 배는 돌려보내었는데, 뱃사공은 모두 15명이었다. 각각 쌀 10석과 베 30필씩을 주어서 본국으로 돌아가게 하였다. 8월 1일에 왕은 대궐로 돌아오는데, 왕후와 함께 수레를 타고, 잉신 부처도 나란히 수레를 탔었

다.(『三國遺事』卷2, 紀異2 駕洛國記)

허황옥의 출자는 크게 중국 사천성, 낙랑, 일본, 인도로 나뉜다. 인도 아요디아에서 이주한 허씨 집단이 사천성 안악현에서 거주하다 다시 김해로 왔다는 설과 인도에서 바로 왔다는 설은 현재까지 고고학적으로 증명된 바가 없으므로 판단을 보류한다. 동 시기 인근의 창원과 밀양 지역에서 출토되는 외래계 유물이 거의 한나라 유물인데 비해 김해 지역에서는 같은 시기에 왜계 유물이 다수 출토되는 점 특히 1~3세기 대성동, 양동리 유적에서 출토된 부장품인 銅戈, 銅矛와 같은 청동무기류나 小形 仿製鏡을 비롯 正角形 철촉 등은 모두 지배계층의 무덤에서 발굴된 왜계 유물인데, 이를 수로왕비의 출신지와 연결시키는 시각도 있다. 봉황동 유적에서 4세기의 선박 부재가 발굴되었는데, 사용된 부재가 한반도에서 자라지 않는 녹나무와 삼나무로 만들어진 것이 확인되었다. 또 선박의 규모와 형태를 추정 복원한 결과 우리나라 출토 배모양토기보다는 일본 출토 배모양 하지키와 유사한 것으로 드러나 출토된 선박 부재는 왜선으로 볼 수밖에 없다(동양문물연구원 2014).

그런데 「가락국기」에는 허왕후가 가져온 것이 금수, 능라 외에 금은주옥과 각종 장신구 등 '漢肆雜物'로 기재되어 있다. 이를 고려하면 허황옥 집단은 낙랑 지역에서 도래한 2차 유이민이거나 낙랑 지역에서 수시로 왕래하는 상인 집단의 일족이었을 것이라고 추정하는 편이 더 타당할 것이다(김태식 1998).

여기서 주목할 것은 철을 상징하는 '김수로'와 더불어 '許黃玉'이라는 상징일 것이다. 이름 그대로 본다면 허황옥 집단은 玉을 장악하고 교역하던 상인 집단으로 볼 수 있다. 이 점은 중국 사서의 기록과도 일정 부분 부합한다.

낙랑군이 있었던 평양 석암리에서 발굴된 마노와 석류석, 호박, 유리제의 소형 사자형 구슬은 기원전 2세기부터 기원후 2세기까지 남방 해로를 따라 광범위하게 분포하는 유물로 해상 실크로드 연구에 중요한 자료가 된다. 또 정백동 37호분에서 나온 구슬의 예를 보더라도 낙랑에서는 기원전 1세기부터 인도 및 동남아시아 지역에서 제작된 구슬을 남방해로를 통해 수입한 것으로 보인다. 이러한 수입 구슬의 존재는 고대 해상 실크로드가 인도에서 동남아를 거쳐 중국 광시성, 광동성을 지나 한반도 서북부-낙랑 지역에 이르렀음을 보여주는 중요한 자료이다(국립중앙박물관 2019). 청색 다면옥의 경우 과학적 분석 결과 유리가 아닌 흑요석과 같은 유리질 광물로 만든 것인데, 양동리 고분과 대성동 고분에서도 유사한 연두색의 다면옥이 발굴된 바 있다. 아직까지 낙랑과 김해 지역 외에 타 지역에서 출토된 사례는 없다.

금박중층유리구슬은 양동리 462호분, 대성동 주차장부지 3호분, 복천동 80호분에서 출토되었는데, 이러한 구슬은 중국과 일본, 낙랑과 대방, 마한의 유적에서도 출토되었다. 흑해연안에서 제작되어 바닷길을 통해 교역된 것이 낙랑이나 대방을 통해 이입되었을 것으로 추정된다. 그리고 대성동 91호분에서는 코발트색 유리편 1점이 출토되었는데, 서아시아 계통의 유리 성분 조성을 가지고 있다. 서역계의 유리가 삼연을 거쳐 가야로 이입된 것으로 추정된다(대성동고분박물관 2013).

특히 영남 지역과 일본 열도에서 기원전 1세기부터 종전의 납-바륨 유리를 대신하여 포타쉬 유리가 확산되는데, 이 포타쉬 유리는 중국 서남부 지역, 베트남, 동남아시아와 인도 등에서 제작된 것으로 동경, 동정 등 한식 물품과 함께 낙랑을 통해 입수된 것으로 보인다. 영남 지역에서 포타쉬 유리 빈도가 가장 높은 곳이 김해인데, 포타쉬 유리는 김해에 모인 후 철기와 함께 북부 큐슈-산잉-단고를 잇는 해안가를 통해 확산되었다. 김해의 가락국은 항시국가(권오영 2017)로 당시의 항해술과 선박 제조술을 고려할 때 인도의 공주가 직접 김해를 향해 항해하여 왔을지는 모르겠으나, 인도에 대한 정보와 항로에 관한 지식은 베트남과 중국을 통해 김해에 들어와 있었을 가능성이 높다고 볼 수 있다.

왕후의 출자가 관심을 받고 있으나 사실보다 더 주목해야 할 것은 혼인을 위해 오는 왕후 집단을 맞이하는 과정 그 자체다. 이를 가야국의 교역 루트와 감시 체계에 대한 상징적 의미로 해석할 수 있다. 외래선을 감시하고 맞이하여 육지에서 교역하는 모습이 그대로 묘사되어 있다. 다만 이러한 것들은 향후 유적 발굴이 좀 더 진행되어야 확인될 내용이다.

망산도를 진해 용원에 있는 유주암으로 보는 설과 지금의 전산마을, 임호산, 칠산으로 보는 설 등이 있는데, 용원에서 배를 대고 다시 육로로 산을 몇 개나 넘어 오기는 현실적으로 불가능하다. 임호산 정상부에 가야시기의 제사 유적이 있다는 제보[19]가 있으나 현재까지 발굴이 진행되지는 못하였다.

수로왕이 하늘에서 강하하는 천손의 속성을 지닌 데 비해 허황옥은 바다라는 속성을 지니고 있다. 처음 육지에 도착했을 때 비단바지를 벗어 산신에 제사지낸 것은 성공적인 항해에 대한 답례였을 것이다. 이렇게 항해의 안전을 보장하는 신격으로 여성을 상정하는 것은 해역아시아에서 일반적인 현상이다.

별포는 금관가야의 주 항구인 봉황동 유적 외에 다른 중요 포구를 표현했는데, 해반천 유역의 대성동 고분 집단에 버금가는 유하천의 양동리 고분 집단이 주로 사용했던 것으로 추정되는 장유 관동리에서 선박 접안 시설-棧橋와 이를 연결하는 수레길의 도로 및 창고와 마을유적 등이 함께 발굴되었다(삼강문화재연구원 2009).

4. 왕과 왕비의 능에 대한 검토

수로왕후가 먼저 돌아가신 관계로 우선 왕후묘에 대해 알아보겠다.

---

19 임학종(전 국립김해박물관장)은 수년 전 정상부 바위틈에서 가야시기의 토기 여러 점을 확인하고 다시 묻어 놓았다고 한다.

왕후의 무덤에 대해 금관가야 최고 지배계층의 집단묘역이 있는 대성동 고분군과 동떨어져 있으며, 구지봉 권역에 있다는 점을 들어 무덤이 아닐 가능성이 있다는 주장도 있다.

먼저 관련 기록을 살펴보자.

C. 영제 중평 6년 기사(189) 3월 1일에 시조 왕후께서 崩御하시니, 寶壽는 157세이셨다. 나라 안 사람들은 땅이 무너진 것처럼 슬퍼하였고, 구지봉 동북쪽 언덕에 장례를 모시었다.(『三國遺事』卷 2, 紀異2 駕洛國記)

수로왕비릉은 오늘날에도 구지봉의 동쪽 산기슭에 위치하고 있는데, 이로 보아 위치는 「가락국기」의 기록과 대개 일치한다. 다만 주변에 왕비릉과 비슷한 구조와 규모의 무덤이 몇 기가 더 있는데, 이는 구산동 고분군으로 지정된 무덤들이다. 이미 일제강점기 때 삼산리 고분군으로 명명된 바 있으며 근래 구산동(백운대) 고분군이라는 유적명으로 발굴된 1기가 더 있는데, 왕비릉을 포함하면 현재까지 확인된 것만 4기가 넘는 고분이 왕비릉과 백운대 고분군 사이에 분포하고 있다. 발굴보고자는 백운대에 위치한 구산동 고분과 삼산리 1호분의 관계에 대해 구산동 고분이 6세기 후반경이며, 삼산리 1호분이 7세기 이후의 것임을 들어 구산동 고분이 가장 먼저 축조되었고 이후 서북쪽 구릉으로 순차적으로 영조되었을 가능성을 제기했다(부경대학교박물관 2000). 이럴 경우 수로왕비릉이 위치한 곳은 가장 후대의 무덤이 된다. 수로왕비릉은 앞서 언급한 바와 같이 현재까지의 발굴 결과로는 6세기 후반~7세기 무렵 금관가야가 신라화 된 이후의 무덤인 횡혈식 석실묘일 가능성이 있다.

반대로 구지봉 정상부에 위치한 '龜旨峯石' 지석묘와 비슷한 입지 조건을 고려하면 지석묘일 가능성도 있다. 물론 이 또한 시기가 약간 맞지 않는 부분이 있는 것은 사실이다. 그러나 인도에서 인도네시아, 한반

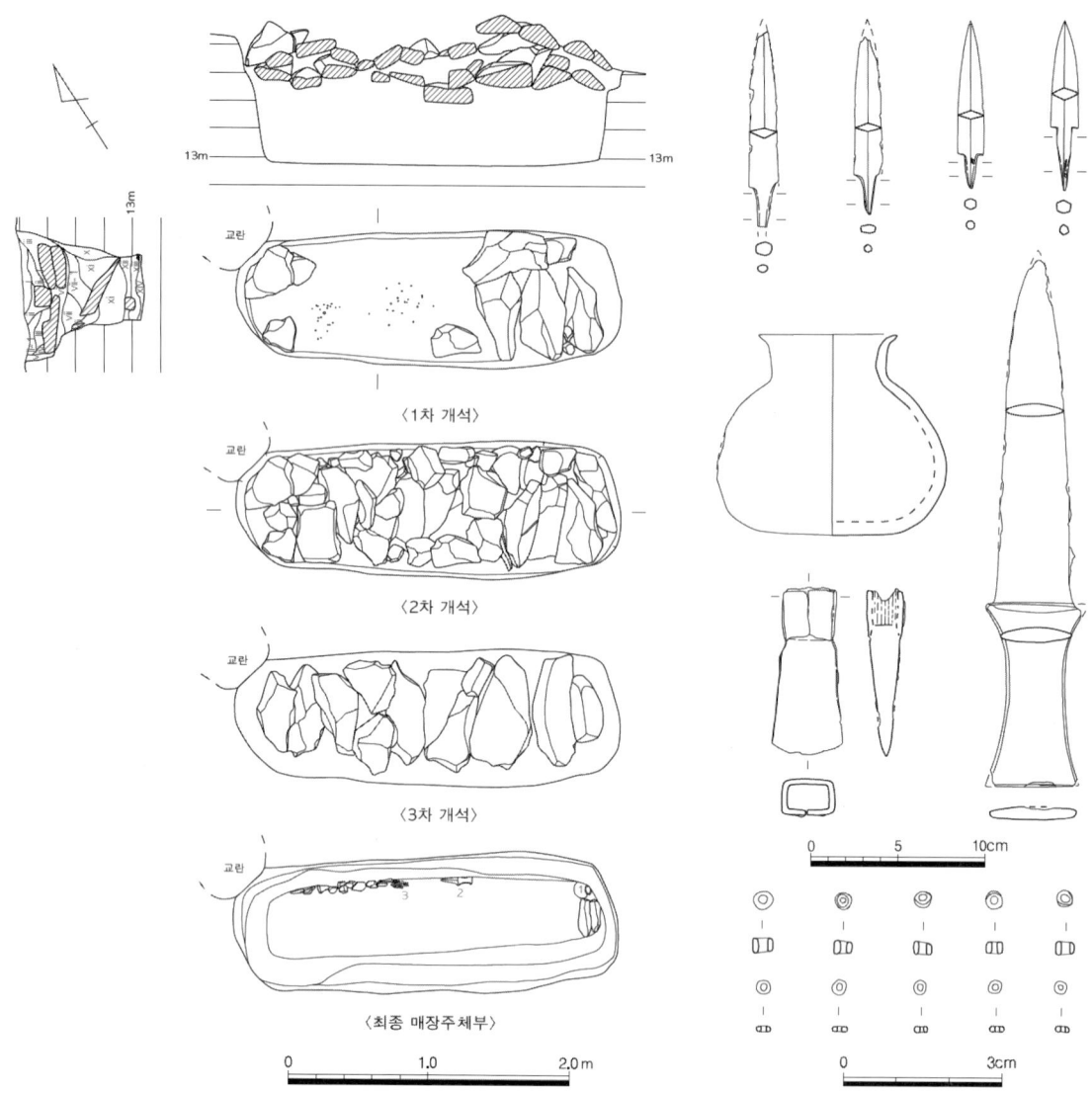

[그림 4] 대성동 84호분 및 출토 유물

도에 이르는 바닷가를 중심으로 한 지석묘의 분포 범위를 고려하고 가장 늦은 시기까지 지석묘가 남아 있는 김해 지역의 특수성을 감안한다면 충분히 검토할 필요가 있다. 물론 발굴이 이루어진다면 보다 정확한 결과가 도출될 수 있으나 현실적으로 불가능한 부분이므로 왕비릉 뒤편 구릉을 시굴하여 확인하는 방법이 좋을 듯하다.

이와 관련하여 대성동 84호분을 주목할 만하다. 84호분은 대성동 고분군의 구릉 말단 사면부에 위치하며, 묘제는 청동기시대 후기의 전형적인 다단개석을 가진 목관묘다. 내부에서도 무문토기와 석검, 석촉 등이 출토되었는데, 상부 다단개석 사이사이에서 포타쉬계 유리구슬 1,000점이 흩뿌려진 형태로 출토되었다(대성동고분박물관 2013). 일반적인 목관묘 내부에서 출토되는 유리구슬은 대개 주인공이 목이나 가슴 부위에 착장한 형태로 나타나는데, 84호분은 내부가 아니라 개석 상부에서 뿌려진 형태로 나온 점이 다르다. 또 유리구슬을 제외하면 전형적인 송국리 후기 단계의 묘제와 유물을 가진 무덤이라는 점도 특이하다. 이 무덤을 유리구슬의 시기에 맞춰 기원 전후로 내리는 경우와 묘제와 타 유물을 기준으로 시기를 올리는 견해가 있으나 어쨌든 김해 지역에서는 가장 이른 시기의 유리구슬 출토 사례로 봐야 할 것이다. 구지봉 동쪽 사면에 위치한 왕비릉이 이와 같은 형식의 가장 늦은 단계의 지석묘일 가능성도 있어 보인다.

　　수로왕릉[20]은 최근까지만 해도 대성동 고분군에서 동남쪽으로 떨어진 평지에 위치한 관계로 인해 고고학계에서 인정받지 못하고 있었다. 그러나 최근 왕릉 서쪽 구 공설운동장-수릉원 부지에서 1세기대의 수장층 목관묘인 '가야의 숲 3호분'이 발굴되어 대성동 고분군의 영역이 기존에 알려진 것보다 훨씬 남쪽까지 확대된 것이 확인되었다. 또 앞서 살펴본 것처럼 수로왕이 쌓은 토성 및 궁궐의 동북쪽이라는 위치와 부합하여 수로왕릉이 당시의 무덤일 가능성이 더욱 높아졌다. 가락국-금관가야 지배계층의 무덤이 대성동 고분군으로 확인된 것은 불과 30년 전이다. 그 이전에는 이 일대가 가야시기 지배계층의 무덤 영역인지 전혀 알려지지

20　"10년을 지나 獻帝 建安 4년 기묘년(199) 3월 23일에 세상을 떠나시니, 寶壽는 158세 이셨다. …(중략)… 마침내 궁궐의 동북쪽 평지에 殯宮을 건립하니, 높이는 一丈이요, 주위는 三百步였다. 이곳에 장례를 모시고, 이름하여 首陵王廟라 하였다."

않았다.[21] 그 점만 고려하여도 「가락국기」의 기록 신뢰도는 높아진다.

현재의 수로왕릉은 입지 조건을 고려하면 1세기대의 목관묘일 가능성이 가장 높다. 대성동 고분군의 대형 목곽묘 축조는 북쪽 평지의 낮은 곳에서 남쪽 구릉 위로 전개된다. 목관묘는 구릉 주변 평지와 사면 일부에 구릉을 중심으로 일정한 구분 없이 분포하고 있는데, 만약 수로왕릉이 대성동 집단 최초의 목관묘라면 그 범위와 분포 양상을 새롭게 규정할 수 있을 것이다. 만약 「가락국기」가 작성된 통일신라 이후 후대에 수로왕릉을 새롭게 비정하고 만들었다면 평지가 아닌 당시까지 구릉 위에 남아 있던 수로왕릉 인근의 큰 봉토분을 이용했을 것이다. 목관묘 시기 이후 석실묘 극히 일부를 제외하면 김해 지역에서 구릉 위가 아닌 평지에 큰 무덤을 쓴 사례는 없다. 특히 수로왕릉으로 여길 만큼 큰 무덤을 일부러 평지에 조성할 사유는 없다.

다만 여기서 한 가지 의문점이 있다. 수로왕의 탄강 시점으로 보면 42년으로 1세기대로 수로왕의 무덤은 고고학적으로 볼 때 목관묘가 되어야 한다. 그런데 돌아가신 시점으로 보면 2세기 말이 되어 이때는 목곽묘가 축조되는 시기가 된다. 이를 어떻게 해석할 지는 조금 더 검토가 필요할 것으로 보인다.

III. 「가락국기」의 고고학적 접근

수로왕의 탄강설화는 가야의 건국과정이 축약되어 상징적으로 표현된 것이다. 「가락국기」에 나온 '구간'사회, 수로왕 탄강 이전 김해 지역

---

21 일제강점기의 유리건판 사진을 보면 수로왕릉 남쪽 고분 사진이 몇 개 나오는데, 이는 지금의 대성동 고분군 및 수릉원(가야의 숲) 일대에 있었던 원형봉토분으로 보인다. 사진으로 봤을 땐 도굴된 소형 봉토분으로 6세기 이후 석실분으로 추정된다(김해문화원 2019).

사회상의 묘사는 고고학적 연구로 밝혀진 지석묘 사회의 모습과 거의 흡사하다. 다른 지역의 경우 지석묘 사회에서 초기철기 문화를 거쳐 본격적인 목관묘 사회로 진입하는 것이 통례인 것에 반해 김해 지역 해반천권역에서 지석묘 축조는 한반도에서 가장 늦은 시기까지 지속되다가 가야의 중심 묘역인 대성동 고분군에 목관묘가 등장하는 시점에야 축조가 중단된다는 것은 극히 최근에야 제기된 사실이다. 지석묘 사회인 '구간'으로 대표되는 계층 집단에서 철기 문화의 확산과 보편화로 상징되는 수로왕 탄강의 사회 변화상을 그대로 묘사했다는 점에서 「가락국기」의 기록과 고고학적 연구 성과는 잘 부합한다고 여겨진다.

또 당시의 지형을 묘사한 대목은 최근 古金海灣 등 해반천 권역의 자연 지형 분석 결과와 일치하는 놀라운 기록이다. 산과 들에 모여 살면서 밭을 갈아먹었다고 묘사된 상황을 고려하면 지금의 김해평야 및 봉황동 유적 남쪽이 전부 바다였으며, 내외동 일대가 당시 고김해만이라는 최근 연구 성과와 잘 부합한다. 다만 가야 이후 고김해만이 매립되는 현상은 고김해만을 둘러싼 산지의 침식작용에 의한 것[22]이므로 당시 해수면이 약 2.5m 정도 높았다는 소위 해수면 변동 주장(황상일 외 2009)은 납득하기 어렵다.

기원전 1세기까지는 한반도 남부 최대의 한일교역 거점은 사천의 늑도 유적이었다. 그러나 기원 전후부터 늑도에서 김해 지역으로 교역 중심이 이동한다. 봉황동 유적 및 대성동 고분군을 중심으로 새로운 한·중·일 교역 네트워크가 형성되어 가야 사회는 큰 전환점을 맞이하였다. 중심축의 東進은 늑도 교역시스템의 해체로 이어지고, 서부 경남 지역에서는 이후의 와질토기·목곽묘 문화를 공유하지 못한 채 문화 지체 현상이 나타난다. 뒤이어 김해 지역은 목곽묘 사회로 변모하게 되면서 정치체

---

22 최근 분석한 봉황동 유적 퇴적층 분석 결과도 사태로 발생한 모래질의 쇄설류에 의해 형성된 붕적층으로 해석되었다(한국지질환경연구소 2019).

를 형성하여 금관가야의 맹주가 되어간다. 특히 왜계 유물의 출토 양상, 즉 기종과 분포의 변화는 한일 개별 집단의 상공업적 성격이 강한 재화의 교역에서 정치체 간의 권력창출형 교역으로 변화한 것을 시사한다(이창희 2016).

이러한 이동 배경에는 김수로 집단으로 대표되는 철을 장악한 세력과 옥-유리구슬을 주 상품으로 한 해상교역 세력-허황옥 집단이 김해 지역에서 결합한 사건이 있었음을 짐작할 수 있다. 늑도 교역과 김해 지역 교역의 성격이 다른 것은 늑도가 일종의 집산지이자 해상 피난처 역할에 그친 것에 비해 김해 지역은 단순한 중개지가 아닌 상품의 생산지이자 소비 분배지로 동아시아 일대의 교역을 장악한 중심지였다는 점이며, 이런 과정이 누대에 걸친 기록으로 축약된 것이 바로 「가락국기」에 상징적으로 표현되었고 수로왕과 허황옥의 혼인설화로 정착하였다.

수로왕의 신답평 개간과 나성 축조 같은 내용은 관련 유적이 발굴되기 전에는 문헌학계에서도 전혀 다룬 적이 없을 정도로 허구로 치부되기도 하였지만 시기의 문제를 제외하면 역사적 사실로 받아들여지고 있다. 출토 유물로 보아 4~5세기경 초축되었다고 볼 수 있으나 토성의 경우 여러 번 보수와 확장 등을 거치는 것이 일반적이므로 발굴 구간에 따라 시기가 소급될 가능성도 있다. 토성 내부에 축조된 3세기대의 환호가 이미 발굴된 사례도 있으며, 대성동 고분군과 대비되는 주거 영역으로 사용된 것을 고려하면 하부 문화층에서 1세기까지 소급하는 방어시설 등이 발굴될 가능성도 배제할 수 없을 것이다. 봉황동 유적의 배후 방어시설인 분산성과 양동리 고분군, 유하리 유적의 배후 방어시설인 양동산성 내부에서 종말기 무문토기 고지성 집락(대성동고분박물관 2020)이 확인된 사례를 주목할 필요가 있다. 양 유적에서는 자연 지형을 이용한 방어를 위해 고지성 집락을 이루었다가 목관묘 시기가 되면 평지로 내려와 봉황동 유적과 유하리 유적을 형성하는데, 거의 평지에 위치한 봉황동 유적의 경우 별도의 방어시설이 필요했을 것은 당연하다. 따라서 해반천권역의 중

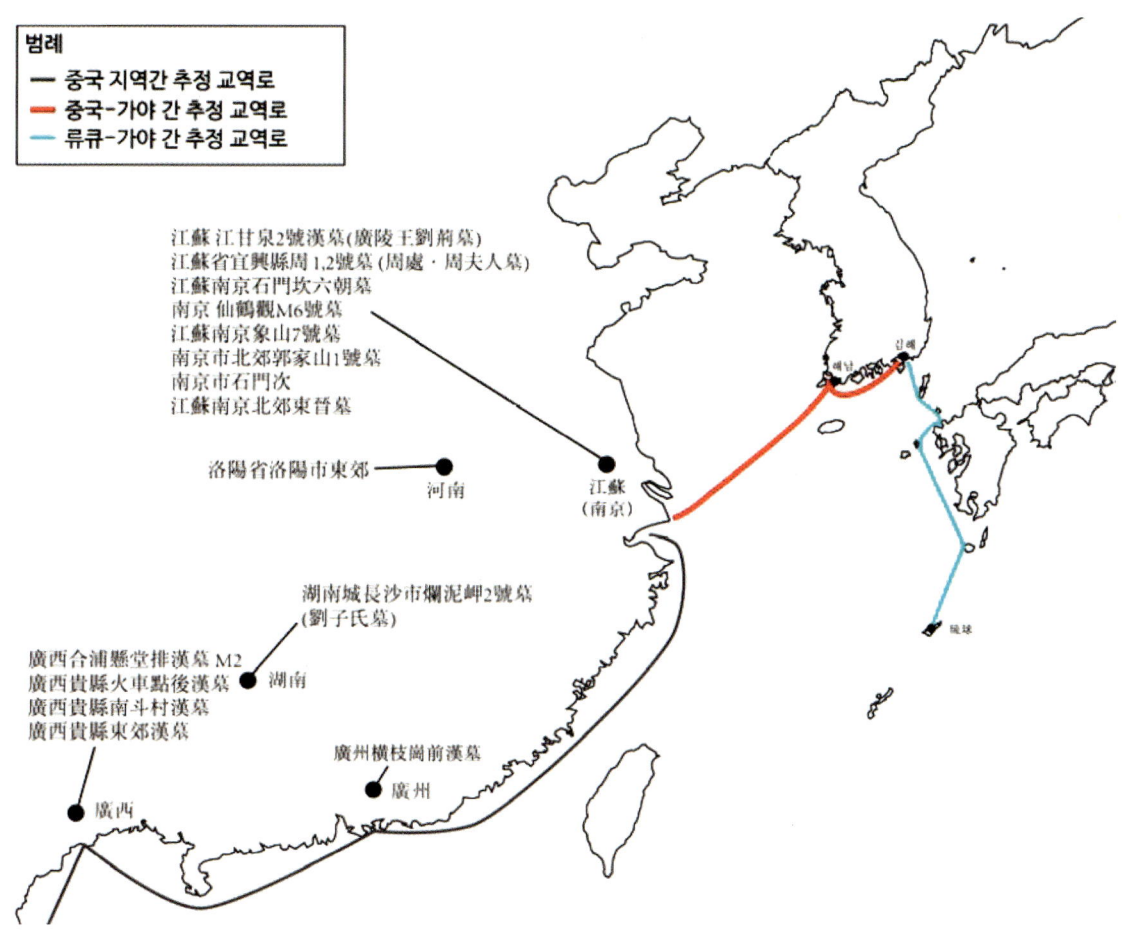

[그림 5] 중국 한~진대 유리 출토 유적과 동아시아 추정 교역로(박광춘·김다빈 2019)

심 취락인 봉황동 유적의 경우 방어시설의 건설이 분산성 유적에서 이동하는 시기인 1세기대로 소급할 가능성이 높다고 볼 수 있다. 설사 이전 시기의 토성이나 방어시설이 4세기 이전으로 소급하지 않더라도 앞서 언급한 대로 누대의 업적이 시조로 상징되는 수로왕의 것으로 집약되어 기록화 된 것으로 볼 수 있으므로 「가락국기」의 기록 가치가 상실되는 것은 아니다.

수로왕후의 설화와 관련하여 주목되는 것은 이름에서 유래된 구슬이다. 기원전 1세기~기원후 2세기경에는 이미 바다를 통한 유리의 교역로가 확보되었던 것으로 보인다. 이 당시의 유리는 포타쉬계로 제작지를 추적한 결과 인도 남부나 북부, 타이, 중국 남부 등 해안가에 위치하였음을 확인할 수 있었다. 포타쉬 유리구슬이 해로를 통해 중국을 거친 뒤 한반도에 유입되었을 것인데, 한반도에 포타쉬 유리가 등장하던 시기는 낙랑군과 대방군 등과 교역하던 시점으로 한반도에 유리구슬이 유입된 배경에 漢의 영향력이 있었음을 추측해 볼 수 있다(박준영 2016).

허왕후 집단이 중간에 기착지로 낙랑을 이용하였을 가능성과 이전에 낙랑에 이주하여 정착했던 상인 집단이었을 가능성도 있을 것이다. 낙랑 지역 고분에서 출토되는 동남아시아와 로마산 유리구슬이 대성동 고분군 목관묘와 목곽묘에서 출토되는 것은 당시의 해상 교역이 우리의 추측보다 더 이른 시기부터 더 넓고 활발하게 진행되었음을 방증한다. 반면에 낙랑이 아니라 중국 남부 지방 및 오키나와 등을 통한 해상 교역과 유리구슬의 이입을 주장(박광춘·김다빈 2019)하는 측도 있다. 중간 기착지가 어느 쪽이든 김해 지역과 동남아 등지가 기원 전후한 시기부터 해상을 통한 활발한 교역이 있었다는 점에 대해서는 고고학계 내부에서도 공감하는 측이 늘어나고 있다. 문헌에 기록된 것보다 훨씬 이른 시기에 출토된 다호리 유적의 율무나 대성동 고분군의 운모 장식 등도 이를 뒷받침한다.

대성동 84호분의 묘제는 전통의 지석묘 하부 구조를 갖추고 출토 유물 또한 마제석검과 석촉, 무문토기 등이 출토되었다. 다만 상부 개석 사이사이에서 흩뿌려진 형태로 포타쉬계 유리구슬이 다량 출토되었는데, 이는 가장 이른 시기의 유리구슬의 출토 맥락을 보여준다. 무덤 주인이 유리구슬을 꿰어 목걸이나 장신구로 착장한 형태가 아니라 유리구슬을 1알씩 각각을 재화로 보고 일종의 제의 의식으로 뿌려서 매납한 것으로 볼 수 있다. 일반적이지 않은 이런 특이한 매납 방식은 도입기의 유리가 다른 루트로 이입되었을 가능성도 보여준다. 한반도 주변과 인도에 이르는 아시아 지역 지석묘 분포 범위와 유리구슬의 교역을 고려하면 1세기대에 인도와 한반도의 직접적인 교역을 상정하기는 어렵지만 적어도 서로의 존재-인식과 직간접 교역은 충분히 가능하였다고 본다.[23] 중간 고리가 되는 동남아시아와 낙랑 지역 유리구슬의 분석 및 연구가 더 진전된다면 많은 성과가 있을 것으로 기대된다.

비록 왜선으로 추정되지만 봉황동 유적에서 발굴된 선박 부재들도 「가락국기」 내용과 어느 정도 부합한다. 15명 내외의 인원이 탑승한 규모와 외래 선박들이 고김해만의 봉황동 포구를 많이 이용했음을 증명하는 자료로 볼 수 있다. 본문에는 지면상 따로 언급하지 않았으나 관동의 나루터 유적과 고상가옥 창고군 및 도로 유적(삼강문화재연구원 2009) 등은 수로왕후 혼인설화에 나오는 別浦나루로 볼 수 있다. 양동리 고분군의 생활 유적인 유하리 유적 인근에서 발굴될 가능성도 있으나 남쪽 바다로 활짝 열린 지형을 고려하면 유하리보다 관동 쪽이 중심 포구인 봉황동 유적 외곽의 보조항구 역할을 했을 가능성이 높아 보인다.

IV. 맺음말

가락국의 역사-가야사를 구야국과 금관가야로 나누는 것은 3세기 말 이후 가야를 국가 단계로 보고 그 이전은 변한 사회로 보는 고고학계의 입장에서 비롯된다. 그러나 구야, 가락, 가야, 가라가 실제 같은 뜻을 지닌 국명이라면 이를 굳이 구분할 필요가 있을까 하는 의문이 든다. 신라나 백제, 고구려를 고대 국가 단계와 그 이전 마한,[24] 진한 등과 구별하여 부르지 않듯이 기록이 없다면 모르지만 명백히 「가락국기」라는 사서

---

23 「가락국기」에는 수로왕후의 도래-교역이 단 일회성으로 표현되어 있는데, 이 점이 오히려 기록의 신뢰성을 높인다고 볼 수 있다.
24 고고학계에서는 대개 이시기에 대해 한성백제라는 용어를 쓰며, 마한은 전남 지역의 옹관묘 축조집단을 말한다.

가 있는데 이를 부정하거나 연대를 축소할 필요는 없다고 본다.

金首露는 특정 개인이 아니라 문자 그대로 철을 장악한 우두머리라는 뜻으로 해석된다. 許黃玉 또한 유리구슬을 비롯한 옥을 교역했던 집단의 상징적 인물로 보인다. 인도-동남아 계통의 상인 집단이 漢 혹은 낙랑에 정착하여 해상교역에 종사했을 수도 있을 것이다. 특정 개인의 흔적을 추적하고 규명하는 것은 거의 불가능하겠지만 개인을 포함한 집단 혹은 당시의 역사상을 짐작하는 것은 보다 쉬운 작업일 것이다. 150여 년에 이르는 재위 기간은 개인의 삶이 아니라 특정 집단의 존속 기간을 상징하는 것으로 보인다. 수로왕의 탄강이나 여러 관련 기사는 김수로왕 당대의 기록이 아니라 역대 여러 지배자의 업적과 성과가 축약되어 기록된 결과물이다. 누대에 걸친 사안을 후대에 집약해서 정리하고 특별한 상징성을 부여하기 위해 시조에 해당하는 김수로를 내세웠을 것이다.

가락국의 멸망과 관련하여 5세기 초 400년 고구려 광개토왕의 남정과 관련하여 대성동 고분군의 축조 중단을 들어 실질적으로 멸망했다는 견해도 있다(신경철 2000). 하지만 532년 신라에 복속됐다는 여러 문헌 기록과는 부합하지 않는다. 최근에 대성동 고분군에서 5세기 중반 이후의 대형분들이 순차적으로 조성되었음이 확인되었다(대성동고분박물관 2013; 2016). 물론 실질적 멸망을 거론할 만큼 이전에 비해 혹은 다른 가야 지역과 비교하여 무덤의 숫자나 규모 및 부장품이 확연히 줄어든 것은 사실이다. 다만 그 정도가 단절적으로 멸망을 표현할 정도는 아니라는 것을 고려하면 최근의 고고학적 연구 성과는 오히려 「가락국기」의 기록을 보완하는 측면이 있다.

1~2세기대의 목관묘, 2세기 후반 목곽묘와 3세기 말 대형 목곽묘, 4세기 후반 수혈식 석곽묘, 6세기대의 석실묘 등 새로운 묘제는 거의 100년 단위로 출현한다. 이를 가야의 역사와 맞춰보면 성립과 전개, 발전, 쇠퇴, 멸망 등으로 볼 수도 있을 것이다. 문헌과 고고학의 결합이 필요한 시점이다.

「가락국기」를 고고학적으로 해석하는데 있어 가장 중요한 것은 기록의 설화적 상징을 어떻게 받아들일 것인가의 문제일 것이다. 설화를 액면 그대로 해석하자면 역사적 사실은 물론 시기 등이 전혀 부합하지 않는다는 결론 밖에 얻지 못할 것이다. 그래서 이를 고고학적으로 접근하기 위해서는 먼저 시기를 막론하고 어떤 역사적 사건이 실제 있었는지 여부를 밝혀내는 것이 우선일 것이다. 그 다음 고고학적 성과와 맞춰서 시기별로 다시 해석하는 과정이 필요하다. 본고는 이 과정을 거쳐 「가락국기」의 내용과 발굴된 고고학적 성과를 비교 검토하고자 했으나 필자의 능력 부족으로 「가락국기」의 종합적인 해석이 아니라 일부 접근 가능한 기록에 한해 단편적인 접근이 될 수밖에 없었다. 많은 논리적 비약과 무리한 해석이 따름은 물론이다. 다만 이를 바탕으로 향후 「가락국기」를 비롯한 가야 문헌의 고고학적 해석에 첫걸음이 되어 비판하는 과정에서 새로운 성과가 도출되기를 바란다.

참고문헌

申敬澈, 1992, 「金海禮安里 160號墳에 對하여 -古墳의 發生과 관련하여-」, 『伽倻考古學論叢』1.
김태식, 1993, 『가야연맹사』, 一潮閣.
주보돈, 1995, 「가야사의 새로운 정립을 위하여」, 『가야사연구』, 경상북도.
김태식, 1998, 「駕洛國記 所載 許王后 說話의 性格」, 『한국사연구』102.
釜慶大學校博物館, 2000, 『金海龜山洞古墳』.
申敬澈, 2000, 「金官加耶土器의 編年」, 『伽倻考古學論叢』3.
慶南考古學硏究所, 2005, 『鳳凰土城』.
三江文化財硏究院, 2009, 『金海 官洞里 三國時代 津址 -김해 율하택지사업구간 내 발굴조사보고-』.
황상일·김정윤·윤순옥, 2009, 「고김해만 북서지역의 Holocene 후기 환경변화와 지형발달」, 『한국지형학회지』16-4.
김영민, 2010, 『금관가야의 고고학적 연구』, 부산대학교 대학원 박사학위논문.

송원영, 2010, 「금관가야와 광개토왕비문 남정기사」, 부산대학교 대학원 석사학위논문.
경남발전연구원 역사문화센터, 2013, 『김해 가야인생활체험촌 조성부지 내 유적 Ⅱ』.
대성동고분박물관, 2013, 『金海 大成洞古墳群 -73호분~84호분-』.
동양문물연구원, 2014, 『김해 봉황동유적-김해 봉황동 119-1 및 22-6 일원 주택신축 부지 문화재 발굴조사-』.
두류문화연구원, 2014, 『김해 서상동 331-2번지 건물신축 예정부지 내 문화재 발굴조사 결과약보고』.
대성동고분박물관, 2015, 『金海 大成洞古墳群 -85호분~91호분』.
대성동고분박물관, 2016, 『金海 大成洞古墳群 -92호분~94호분, 지석묘-』.
박준영, 2016, 「한국 고대 유리구슬의 생산과 유통에 나타난 정치사회적 맥락」, 『한국고고학보』100.
이영식, 2016, 『가야제국사연구』, 생각과종이.
이창희, 2016, 「변한사회의 중심지이동론 -다호리집단의 이주와 김해지역의 성장-」, 『영남고고학』76.
국립가야문화재연구소, 2017, 『금관가야 고도지역 입지·환경 분석 연구 보고서』.
대성동고분박물관, 2017, 『金海 大成洞古墳群 -추가보고 및 종합고찰-』.
권오영, 2017, 「고대 동아시아의 항시국가와 김해」, 『가야인의 불교와 사상』, 주류성.
민경선·김다빈, 2018, 「금관가야 중심지로서의 봉황동유적」, 『한국고고학보』109.
국립가야문화재연구소, 2019, 『김해 봉황동유적 발굴조사 보고서 Ⅰ』.
국립중앙박물관, 2019, 『平壤 石巖里 9號墳』.
김해문화원, 2019, 『유리건판으로 보는 근대 김해』.
박광춘·김다빈, 2019, 「가야 로만글라스와 진식대금구 유입시기와 교역로 연구」, 『석당논총』75.
배성혁, 2019, 「대가야의 건국신화가 새겨진 토제방울」, 『가야, 동아시아 교류와 네트워크의 중심지들』(특별전 '가야본성, 칼과 현' 학술도록), 국립중앙박물관.
심재용, 2019, 『금관가야 고분연구』, 부산대학교 대학원 박사학위논문.
이동희, 2019a, 「고김해만 정치체의 형성과정과 수장층의 출현 -구야국의 성립과 관련하여-」, 『영남고고학』85.
이동희, 2019b, 「고고자료로 본 변한과 가야의 구분」, 『한국고고학보』112.
이수홍, 2019, 「남해안 지역 묘역식지석묘와 구산동지석묘의 특징」, 『묻힌 표상, 드러나는 가치 구산동 고인돌』(김해 구산동 지석묘 사적지정을 위한 학술대회 발표자료집), 경남연구원 역사문화센터.
한국지질환경연구소, 2019, 「김해 봉황동 유적 퇴적층 분석 결과」, 『김해 봉황동유적 발굴조사 보고서 Ⅰ』, 국립가야문화재연구소.
한반도문화재연구원, 2019, 『김해 봉황동 472일원 학술발굴조사 자문위원회의 자료집』.
강산문화연구원, 2020, 『김해 가야의 터 유적』.

김다빈, 2020, 「금관가야 사회의 중심지과 주변」, 『영남고고학』88.
대성동고분박물관, 2020, 『김해 양동산성 집수지유적』.
한반도문화재연구원, 2020, 『원도심 도시재생사업 부지내 유적 발굴조사 결과 약보고서』.

「「가락국기」의 고고학적 접근 시도」에 대한 토론문

이주헌 국립해양문화재연구소 서해문화재과장

「駕洛國記」는 고려시대 一然이 불교적인 관점에 기초하여 편찬하여 『三國遺事』에 수록된 것으로, 고려 문종 30년(1076년) 금관주지사 문인이 지은 것으로 알려져 있다. 약 1,000년 전에 전설적인 내용으로 짜여진 「駕洛國記」를 오늘날의 고고학 자료로서 한 번쯤 재해석해 보고자 한 발표자의 시도에는 대단한 용기와 깊은 고민이 뒤따랐을 것이며, 어쩌면 무모한 시도임을 알면서도 이를 나름대로 해석한 것은 가상히 평가될지도 모를 일이다. 하지만 고고학 자료를 근거로 설화적인 내용으로 충만한 「駕洛國記」의 사실 여부를 확인하기는 쉽지 않은 작업일 뿐만 아니라, 일부 내용에 있어 고고학적으로 유사한 해석과 접근이 이루어진다 하더라도 이를 실제로 발생했던 일이 입증된 것이어서 역사적인 사실로 인정하고 받아들이는 것과는 결이 다른 문제일 것이다. 이는「駕洛國記」는 역사학뿐만 아니라 인류학, 문학, 민속학, 종교학, 지리학 등 다양한 인접 학문과 밀접하게 서로 연관되어 있음은 널리 알려져 있다. 하지만 지금까지 평면적이고 각 분야별로 개별적인 연구가 진행되었다고 할 수 있으므로, 「駕洛國記」에 대한 총체적인 이해와 사료로서의 가치를 극대화하기 위해 앞으로는 여러 분야가 함께 하는 입체적인 해석과 공동연구 풍조가 조성되어야 하기 때문이다. 나아가 김해를 중심으로 한 영남 지역에서 발굴된 유적과 유물이「駕洛國記」와 서로 정합하는지에 대해서도 고고학적 방법론에 의한 팩트 체크가 당연히 이루어져야 기록의 신뢰 정도를 가늠할 수 있기 때문이다.

토론자는 발표자의 논지에 대하여 깊이 있는 논의를 진행하기에는 아직 관련 분야의 의미 있는 자료가 충분하지 않은 실정임을 자인하지 않을 수 없다. 따라서 발표자가 주장하는 「駕洛國記」의 고고학적 분석과 의미 부여보다는 개별적인 고고자료의 사실 관계에 대하여 토론자가 이해하는 범위 내에서 몇 가지 질문을 하는 것으로 소임을 다하고자 한다.

먼저 발표자는 「駕洛國記」 탄강설화에 대하여 김수로라는 인물은 선진적인 철기 문화를 가진 집단의 우두머리를 상징하며, 구지봉으로의 탄강 장면은 토착세력이 아닌 외래집단이 김해 지역의 세력을 통합한 것으로 이해하였다. 그리고 현재의 수로왕릉과 연접한 지역인 '가야의 숲 3호분'의 존재와 대성동 고분군의 출현 시점을 획기로 묘제의 변화와 대륙계 유물의 출토 양상 등을 고려하여 그 시기는 1세기대에 해당할 것이므로 「駕洛國記」 탄강설화는 신뢰할 만한 기록으로 여기고 있다. 하지만 김수로라는 1세기대 김해 지역의 수장층을 당시의 고고자료로 어떻게 해석하는 것이 타당한 것일까? 라는 의문이 생기지 않을 수 없다. 즉, 1세기대 영남의 각 지역에서 나타나고 있는 수장의 성격은 무엇이며, 삼한을 구성한 당시 소국의 존재 양태는 어떠하였을까? 라는 복잡한 문제와도 연결되는 것이기도 하다.

일단 「駕洛國記」의 내용만으로 본다면, 1세기대 수로왕의 존재는 재지의 9간 집단을 모두 통솔한 강력한 권력과 위엄을 행간에서 읽을 수 있다. 하지만 발표자가 제시한 대성동 고분군과 주위에서 발굴된 목관묘에는 이러한 권력의 존재를 부각시켜 인식하기에는 부족한 부분이 많다. 적어도 다호리 1호 목관묘 정도는 되어야 당시 수장의 존재가 그나마 인정될 수 있을지도 모른다. 그리고 「駕洛國記」에 기재된 수로왕 이후 9대에 걸친 후속 왕력은 금관가야 수장의 존재를 보여주는 고고자료가 대성동 일대에서 누세대적으로 확인되어야 더욱 기록의 신빙성을 더해줄 수 있을 것이다.

이러한 관점에서 현재까지 확인된 김해 지역의 고고자료를 살펴본다면 양동리 고분군에서 초기의 대형 목곽묘 이후 후속하는 중·대형 목곽묘가 존재하지 않는 점은 후기와질토기 단계에 김해 지역에는 유력한 정치체가 형성되지 못한 것으로 파악하기도 하지만(안재호 2015), 편년관의 차이에 따라 대형 목곽묘를 한 세기 간에 적절히 배치하면 적은 수량의 대형 목곽묘는 오히려 계층화의 진전과 보다 강한 권력의 탄생으로 재해석될 수 있을 것으로 인식되기도 한다(이창희 2016). 가장 중요한 것은 세습적 권력이 해당 사회에 존재했느냐 하는 것이며, 권력 계승자의 분묘로서 어느 정도의 규모를 가진 것이 고고학적인 조사로 확인되어야 할 것이다. 이를 고려한다면 양동리 고분군에서 2세기 후반의 대형 목곽묘인 162호를 시작으로 3세기 전반의 200호와 212호, 3세기 말의 235호가 순차적으로 높은 곳으로 올라가는 양상이 주목된다. 이는 양동리 세력의 안정적인 수장권 확보와 세습적 권력이 그나마 존재했음을 암시하는 것으로 볼 수 있기 때문이다. 지위가 안정되지 않는 수장은 세습적 권력을 유지할 수 없었을 것이며, 그 흔적 또한 남겨지지 않았을 것이다. 만일 권력 계승자인 수장의 지위와 권력이 세습되지 않는다면 당시 수장의 성격은 정치적인 성격보다는 이념적으로 한정되었을 것이다. 이는 청동기시대 후기의 중심 취락 유적에서 보이는 석검, 비파형동검, 옥 등의 교류를 통한 대외 네트워크에 관여해 경제적 부를 축적한 인물이거나, 또는 환호의 굴착에 필요한 노동력을 주관하고 통솔할 수 있을 정도의 영향력을 발휘할 수 있는 권위를 지닌 마을의 지도자 정도로 이해될 것이다(장용석 2019). 현재까지 대성동 고분군과 주변 지역에서 조사된 1~3세기대의 고고자료는 「駕洛國記」의 내용과 같이 수로 집단이 절대적인 권력을 확보하고 세습적으로 수장권을 계승한 통치자의 모습을 보여주기에는 한계가 있다고 생각한다.

또한 영남 지역 고고자료의 출토 상황으로 보아 가야의 국가 성립 과정은 점진적으로 이루어졌으며, 가야의 국가 성립 주체로 되었다고 보이는 철기 문화를 소유한 이주민들은 기원전 2세기 말~1세기 초 위만조선의 멸망과 더불어 이 지역으로 와서 정착하게 된 것으로 보인다. 그러나 그 이전부터 이 지역에는 농경과 어로의 높은 생산성을 통하여 많은 인구가 축적되었고, 그들의 정착마을을 배경으로 지석묘나 석관묘를 축조하기도 하는 토착적 군장세력이 광범위하게 존재하였다. 선진적 이주민들이라고 해도 바로 그들을 억누를 수 있는 초월적인 세력을 형성하지는 못하였을 것이란 지적(김태식 1997)은 경청할 만하다.

한편, 변·진한 사회의 성장에는 주변 지역과의 관계 및 근·원거리 교역이 원동력이 될 수밖에 없었으며, 고고자료에서 드러나듯이 변·진한 사회의 가장 큰 변혁은 목곽묘의 채용과 이에 수반된 매장의례의 변화일 것이다. 영남 지역의 목곽묘는 낙랑 목곽묘를 변·진한의 엘리트들이 자신들의 묘제로 모방하는 과정에서 출현한 것으로 보는 것이 학계의 일반적인 견해(이성주 외 2000; 高久健二 2000)이기도 하다. 그리고 변·진한 사회는 목곽묘의 채용과 더불어 외부 문화의 충격이나 주민의 이주에 의한 변화를 거치면서 성장한 것으로 파악되지만, 변·진한 자체의 내적 성장에도 주목할 필요가 있다는 지적은 주목해야 한다. 특히 목곽묘는 구조적인 면에서 매우 독창적이어서 단순히 유이민의 이입이나 외부 세계의 영향으로 보기 어렵고, 사회적 불평등과 정치권력의 형성, 공동체 소유관계의 해체 등 다양한 사회적 조건이 전제되어야 가능한 것(이재현 2003)이기 때문이다.

따라서 고고자료인 묘제와 같은 물질문화의 분포를 제 지역 집단의 정치적·이념적인 전략, 혹은 문화적 실천의 결과물로 이해하며,「駕洛國記」의 내용을 근거로 1세기대 수로왕에 의해 駕洛國이 성립한 것으로 본 발표자의 견해와는 달리 대성동 29호분이나 양동리 235호분과 같은 대형 목곽묘가 등장하는 3세기 말에 駕洛國(금관가야)이 형성된 것으로 보는 견해는 현재 학자들 간의 큰 이견은 없다. 토론자 역시 신묘제로서의 목곽묘의 채용, 군사력의 신장과 무기의 개인 집중화를 이룬 유력자의 등장을 통해 사회가 발전적으로 성장 변화해 갔다는 측면, 그리고 그 기반으로써 광역적 네트워크가 해체되고, 집단 내에서도 계층분화가 강화되는 현상 등을 통해 정치체가 형성된 것으로 보는 것(이창희 2016)이 사회 발전 단계에 있어서도 계기적으로 연결되며 자연스러운 변화일 것으로 생각되는데, 이에 대한 발표자의 견해는 어떠한지 알려주시기 바란다.

다음은 羅城과 관련한 것으로, 발표자는 「駕洛國記」의 길이 1,500步에 이르는 羅城을 최근 봉황대 주위에서 발굴된 토축 성벽, 즉 봉황대 구릉을 중심에 두고 등고선 방향과 동일한 방향으로 2군의 석축렬과 판축상의 토축부가 확인된 약 1,200m 내외의 토성과 석렬이 이에 해당하며, 광개토왕비문에 보이는 '任那加羅從拔城'일 것이라 하였다. 하지만 영남 지방에서는 청동기시대 후기에 이르면 방어시설물(환호, 목책, 투루 등)이 출현하며, 내부 면적과 주거의 밀집도 등에 따라 일반적으로 방어취락과 의례취락 등으로 분류하고 있다. 특히 대규모 노동력을 투입하여 중심부를 보호하는 양상으로 조성된 환호의 경우, 취락 구성원들의 공동 작업에 의해 이루어지며 개별 취락 단위 만으로는 축조할 수 없는데, 노동력의 규모를 고려한다면 이를 주관하고 통솔하는 수장의 존재를 상정할 수 있다. 취락의 축조 시기와 성격상으로 송국리문화 단계에는 방어와 의례적 기능, 검단리문화 단계에는 의례에 특화되는 경향을 보이며, 이후 초기철기시대는 사천 방지리 유적의 사례로 보아 의례적 성격일 가능성이 높고 규모에 있어서도 전 시기에 비하면 축소된다. 나아가 기원 전후의 원삼국시대에 이르면 취락 전체를 두르게 되는 방어취락으로 변화하며, 3세기 중반 이후가 되어서야 비로소 토성과 같은 구조체가 본격적으로 등장하게 된다. 환호와 토성은 방어시설이라는 측면에서는 서로 통할지 모르지만, 엄밀하게 본다면 환호의 경우는 굴착을 하고 난 뒤 그 흙을 이용해 주변에 토루를 쌓으면서 조성된다.

한편, 당시의 토루가 온전하게 남아 있는 경우가 거의 없는 관계로 토루 축조에 들인 공력과 축조공법에 대한 계량적인 자료는 확인할 수 없지만, 규모와 축조에 동원된 인원, 시간 및 축조 방법에 판축기법의 채용과 그에 따른 다양한 도구가 사용된 토성에 비하면 조성 공력이 적었다고 보는 것은 타당한 견해이므로, 직접적으로 토루=토성으로 변화를 상정하는 것은 논리적이지 않다. 분명한 것은 초기국가 단계에서 고대국가로 발전하면서 수장층의 성격 변화에 따른 정치권력의 확대, 그에 따른 독립공간의 확보, 인구의 증가, 다양한 무기의 출현 및 전투방식의 변화, 복속국에 대한 통치 등 여러 요인에 의해 환호의 필요성은 점차 약화되고 토성(경주 월성, 서울 풍납토성 등)으로 대체되며, 내부에는 관아시설 및 지배층의 거주역이 조성되는 것이 학계의 일반적인 견해이다(장용석 2019).

발표자도 언급한 바와 같이 현재 김해 봉황대 유적과 그 주변에서 확인된 토축 성벽의 중심 시기는 4, 5세기경의 것이고 토성 내부에서 조사된 방형의 평면을 가진 중층 구조의 건물지 흔적은 시기가 더욱 늦은 5세기 후반대의 것으로 알려져 있으므로, 이를 「駕洛國記」의 羅城 및 왕궁 관련 부속건물 등으로 추정하는 것은 지금까지 축적된 학계의 연구 성과와 정합하지 않는다. 더욱이 발표자가 「駕洛國記」의 내용을 신빙할 만한 것으로 간주하며 주장하는 1세기대 羅城 흔적은 국내에서 아직 발견되지 않은 상황이므로 청중의 이해를 구하기는 어려운 것이라 생각한다.

또한 발표자는 「駕洛國記」에 등장하는 김수로왕과 허왕후는 둘 다 외래계 인물이며, 특히 김수로는 철을 장악한 집단의 우두머리로 인식하였다. 그리고 이들의 혼인설화는 제철집단과 해상교역을 주도한 집단 간의 결합이고, 이는 가야의 성립과 발전 과정을 상징하는 것으로 해석하였다. 특히 허왕후의 이름이 '許黃玉'이라는 것과 허왕후가 가져온 물품이 금수, 능라, 금·은·주옥과 각종 장신구 등 '漢肆雜物'로 기재된 것으로 보아 허왕후 집단은 낙랑 지역에서 도래한 유이민이거나 玉을 장악하며 수시로 낙랑과 왜 등지로 교역을 하던 상인집단의 일족이었을 것으로 해석한 기존의 설(김태식 1999)을 수용하고 있다. 나아가 기원전 1세기부터 베트남과 동남아시아 지역에서 생산된 포타쉬계 유리구슬이 영남 지역과 일본 열도에 확산되는 양상에 주목한 최근의 연구 성과(권오영 2017)를 반영하여 인도에 대한 정보와 항로지식 등이 베트남과 중국을 통해 김해에 들어왔을 가능성도 높다고 하였다. 아직까지 김해 지역에서는 포타쉬계 유리구슬을 제외하면 인도나 동남아시아 지역과 직접적인 교류를 언급할 만한 고고자료는 적극적으로 발견되고 있지 않으므로, 허왕후의 출자에 대해 무리하게 논의하지 않는 것이 바람직할지도 모른다.

하지만 발표자는 김수로에 대해서는 철을 장악한 세력이란 뜻으로 '제철집단'으로 표현하였다. 일반적으로 『三國志』 위서 동이전 한조에 기록된 "國出鐵 韓濊倭 皆從取之 諸市買皆用鐵 如中國用錢 又以供給二郡"이라는 기사는 변진 즉, 변한과 결부 지으며 당시에 구야국(가락국=금관가야)이 위치한 김해를 중심으로 대규모의 제철 생산이 지속적으로 이루어진 것으로 이해하고 있다. 발표자 역시 철의 왕국=변한=구야국(금관가야)라는 인식 속에서 「駕洛國記」에 등장하는 김수로 세력을 '제철집단'으로 당연시한 것으로 생각된다. 하지만 김해를 중심으로 한 낙동강 하류역에서는 제철과 관련한 유적은 매우 드물 뿐만 아니라, 『三國志』에 기록된 3세기 중반 이전으로 올라가는 대규모 철장은 고고학적으로 현재까지 확인된 바가 없는 실정이다(김권일 2020). 반면에 진한 지역으로 파악되는 울산 달천 철장의 사용 시기가 B.C 1세기 중엽 이전부터 3세기 무렵에 이르며, 유통에 유리한 항구를 인근에 끼고 있고 중국 군현이나 왜와 관련된 유물도 다수 출토되고 있어 달천 철광이 『三國志』에 기록된 것이라는 견해가 최근에 제시되기도 하였다(이도학 2018). 결국 그동안 상식처럼 알려졌던 철=변한=구야국(금관가야)이라는 등식은 타당하지 않으며 철=진한=신라가 되어야 하고, 김해의 구야국은 철의 유통처였을 것이라 하는데, 이에 대한 발표자의 견해는 어떠한가? 또한 발표자가 나름대로 김수로 집단의 상징으로 파악하고 있는 구야국(가락국)의 대표적인 철기와 고고학 유적은 무엇인지? 보완 설명을 바란다.

　　마지막으로 발표자는 공설운동장-수릉원 부지에서 발견된 1세기대의 수장층 목관묘('가야의 숲 3호분')로 볼 때, 현재의 수로왕릉은 대성동고분군의 영역에 포함되며, 「駕洛國記」의 '…遂於闕之艮方平地 造立殯宮 高一丈 周三百步而葬之 號首陵王廟也…' 기사와 같이 궁궐의 동북쪽(艮方)이라는 위치와 서로 부합하므로 대성동 집단 최초의 목관묘일 것으로 파악하며 「駕洛國記」는 신뢰할 만한 것으로 인식하고 있다. 하지만 이는 영남 지역 고분에 대한 지금까지의 연구 성과에 부합하지 않는 판단이라 생각한다. 먼저 봉분이 1丈(2.4m 내외)이고 둘레가 300步(1,800尺=540m, 지름 170m정도)나 되는 고총고분은 아직까지 확인된 바가 없으며(김태식 1998), 국내에서 가장 큰 황남대총(저경 120m)보다 규모가 큰 것이어서 상식적으로 신뢰하기 어렵다. 또한 이수광이 지은 『芝峯類說』(1614년)에는 "…임진년간에 왜구들이 수로왕릉을 파헤쳤을 때, 구덩이 안은 넓었고 두개골은 구리대야만큼 컸으며, 관 바깥에 두 명의 미인이 있어서 안색이 살아 있는 듯하였으나, …아마 순장한 사람인 듯하다…"는 기록이 있다. 『芝峯類說』의 이러한 기록이 어느 정도 정확한 사실을 전해주는지 알 수 없으나, '蓋其殉葬者也'라고 표현된 기록으로 보면, 현 수로왕릉의 매장주체부는 순장 인골이 발견된 대성동 57호분과 같은 목곽묘일 가능성도 열어두어야 할 것으로 생각되는데, 이에 대하여 현 수로왕릉을 목관묘로 이해하고 있는 발표자의 추가 설명을 바란다.

　　고고학 자료는 문헌자료가 갖는 한계를 보완해 주기도 하고 직접적인 증거물이 되기도 하며, 문헌자료는 고고학 자료의 이해와 해석에 있어서 보완해 주는 결정적인 역할을 한다. 문헌사학과 고고학은 별개의 학문 영역이기도 하지만 상호 보완적인 영역이며, 상호 간 시너지 효과를 낼 경우 유적·유물에 대한 이해뿐 만 아니라, 역사 인식과 해석에 기여하는 바가 크다고 할 수 있다(엄기표 2015). 「駕洛國記」는 구야국 또는 금관가야의 방대한 사실과 당대의 중요한 역사를 전해주는 것은 분명하나, 당대의 사실을 평면적으로 전달해주는 경우가 많다. 그렇지만 우리는 「駕洛國記」의 기록을 통하여 당대의 역사를 입체적으로 이해할 필요가 있다. 즉, 역사적 배경과 상황, 역학관계, 역사 현장의 전승, 유적과 유물의 상호관계 등 다양한 관점과 내용을 통한 입체적인 접근이 필요한 것이다. 과거 기록은 가감이나 첨삭이 가능하지만 고고학적 유적이나 유물은 조작이 거의 불가능하다. 특정한 사실이 기록되었다면 그러한 사실을 입증하는 유적과 유물이 있어야 하는 것이다. 가야사 연구의 기초 자료로 「駕洛國記」는 없어서는 안 될 중요한 기록이지만, 이를 보완해주는 것으로 유구와 유물 또한 무시할 수 없는 자료이다. 이들 고고자료의 조성 시기가 기록과 일치할 때 그 기록의 신빙성은 더욱 확고부동해지는 것이다. 앞으로 「駕洛國記」의 기록을 가야 고고학과 삼국시대 고분 문화의 관점에서 검토하고 분석하는 연구는 지속적으로 진행되어야 할 것이다.

참고문헌

권오영, 2017, 「한반도에 수입된 유리구슬의 변화과정과 경로」 『호서고고학』37.
김권일, 2020, 「영남 지역 제철유적의 현황과 특징」 『한국 고대 제철기술의 고고학적 연구』, 학연문화사
김태식, 1997, 「가락국기 소재 허왕후 설화의 성격」 『한국사연구』102.
김태식, 1998, 「김해 수로왕릉과 허왕후릉의 보수과정 검토」 『한국사론』41·42.
高久健二, 2000, 「낙랑군과 변·진한의 묘제」 『고고학으로 본 변·진한과 왜』(제4회 영남고고학회·구주고고학회 합동고고학대회 발표자료집), 영남고고학회.
안재호, 2015, 「김해지역 와질토기 사회의 일면」 『우정의 고고학』(손명조선생추모논문집), 진인진.
엄기표, 2015, 「불교고고학과 미술사에서 〈삼국유사〉의 활용과 과제」 『한국고대사연구』79.

이도학, 2018, 「변한 '국출철'론의 검증」『단군학연구』39.
이성주 외 2000, 「울산 다운동·중산리유적 목관묘와 목곽묘」『삼한의 마을과 무덤』(제9회 영남고고학회 정기학술발표회 발표자료집), 영남고고학회.
이재현, 2003, 『변·진한사회의 고고학적 연구』, 부산대학교 대학원 박사학위논문.
이창희, 2016, 「변한사회의 중심지이동론」『영남고고학』76.
장용석, 2019, 「'방어취락으로 본 수장층의 출현'에 대한 토론문」『영남 지역 수장층의 출현과 전개』(제28회 영남고고학회 정기학술발표회 발표자료집), 영남고고학회.

5

「가락국기」로 본 가락국의 형성

안홍좌 창원대학교 사학과 강사

※ 이 글은 2020년 7월 11일 국립김해박물관과 (사)부경역사연구소가 공동으로 개최한 "가야의 기록, 「가락국기」를 이야기하다" 학술심포지엄에서 발표한 원고를 수정, 보완한 것으로, 『지역의 역사』 제45호(2021년 4월 발간)에 게재하였음을 밝혀둔다.

I. 머리말
II. 「가락국기」의 검토
   1. 「가락국기」의 편찬 시기
   2. 「가락국기」의 편찬자
   3. 「가락국기」의 자료
III. 「가락국기」로 본 가락국의 형성
   1. 구간사회와 가락국
   2. 가락국의 형성
IV. 맺음말

I. 머리말

연맹과 대외관계 위주였던 가야사는 고고학적인 자료의 축적과 다양한 사료들의 재해석을 통해 점차 가야 사회 내부에 대한 연구로 변화하고 있다. 하지만 가야사 연구에 활용되는 광개토대왕릉비, 『삼국지』, 『일본서기』, 『삼국사기』, 『삼국유사』 등의 문헌 자료들은 대부분 가야가 아닌 외부 정치집단들과 가야와의 교류에서 남겨진 자료여서, 역사적 기록을 통해 가야 내부 상황을 파악하기는 쉽지 않다. 이런 상황에서 거의 유일하다시피 가야 내부 상황을 추측할 수 있는 역사서가 가락국의 역사서인 『駕洛國記』를 초록한 『삼국유사』 「가락국기」이다. 하지만 「가락국기」 또한 한계를 지니고 있다. 『삼국유사』가 고려시대 사료임은 말할 필요가 없거니와, 그 저본이 된 「가락국기」 또한 가야가 존재했던 시기의 기록이 아니기 때문이다.

『삼국유사』의 저자 일연이 밝히고 있는 「가락국기」 작성 연대인 '문종대 大康 연간'은 고려 문종의 재위 기간 중 遼 道宗의 세 번째 연호인 '대강'이 사용된 기간으로, 대강 원년이었던 1075년부터 문종에서 순종으로 바뀌는 대강 9년 즉 1083년 7월까지 해당한다.[1] 이미 가락국이 멸망한 지 500여 년 이상이 지난 시점이다. 그런데도 「가락국기」를 활용해 가락국을 복원해보고자 하는 시도는 계속 있었다(이영식 1994; 2000; 백창기 2001; 김태식 2002; 이영식 2002; 백승옥 2003; 권주현 2004; 남재우 2005; 윤석효 2008; 이영식 2016). 다만 대부분 가락국에 한정적으로 적용되었다. 이 글에서는 『삼국유사』 「가락국기」를 활용해 가락국을 복원했던 것들이 다른 가야 사회에도 적용하는 것이 가능한지 알아보고자 한다.

---
1 「가락국기」 내 수로왕릉 축조 관련 기록을 근거로 1076년으로 확정하는 견해도 있다(이영식 2002, 154-155; 2016, 195-196).

우선 이를 위해 이제까지의 「가락국기」 연구 성과를 활용해, 「가락국기」에 어떤 윤색이 있었을지 알아보고 현재까지 복원된 가락국의 모습들을 한정적이나마 주변 가야 사회에도 적용해 볼 것이다.

II. 「가락국기」의 검토

『삼국유사』 「가락국기」를 통해 가야 사회를 복원하기 위해서는 「가락국기」에서 가락국을 비롯한 당시 가야 사회의 모습을 반영하지 않은 부분을 확인할 필요성이 있다. 이를 위해서 그 원본이 되는 「가락국기」에 대해 우선 검토하고자 한다.

1. 「가락국기」의 편찬 시기

가락국이 멸망한 500년 뒤 「가락국기」가 편찬된 배경에 당시 강력한 외척이었던 인주 이씨가 있다는 견해가 있는데(정중환 2000, 366; 유우창 2020, 246), 김해 허씨에서 파생되었기 때문에 가락국 역사서 편찬에 관심을 가졌다는 것이다. 더불어 고려 문종대 고려 지배층을 구성하고 있던 각 문벌 간의 차별화 작업과 관련짓는 견해(이영식 2002, 155; 2016, 196)도 참고된다. 당시 인주 이씨는 현종을 시작으로 덕종·정종을 거쳐 문종대까지도 끊임없이 권력의 중심에 있었던 가문이었다. 특히 「가락국기」가 편찬된 문종대에는 이자연의 세 딸이 모두 왕비가 됨으로써 인주 이씨의 권력이 강했던 시기였다. 『고려사』 열전에 이자연을 기록하면서 성씨 유래를 언급하고 있다.[2] 이는 열전 제신조의 대부분 신하들이 출신지만 간

----
[2] "(이자연) 선조는 신라의 大官으로 사신의 명을 받들고 당나라에 들어갔을 때, 천자가 그를 가상

략히 기재되는³ 것과 비교된다. 이런 서술 방식은 왕족과 연관된 일부 신하의 경우⁴에만 확인되므로, 이자연을 비롯한 인주 이씨들의 가문 자부심과 당시 왕족과 관련된 특수성을 확인할 수 있는 부분이라 생각된다.

1884년 건립된 「가락국태조릉숭선전비」에 수로왕릉 관리를 명한 사람들에 대한 기록이 있다. 신라 진흥왕 이후로 문무왕과 고려 문종이 확인된다. 문무왕은 수로왕의 외가 후손이기 때문에 수로왕릉 수리를 명했다. 고려 문종 또한 이와 같은 입장에서 수리를 명한 것으로 보인다. 당시 문종은 인주 이씨 출신의 부인 중 인예태후와의 사이에서 1047년 순종이 태어났고, 1054년 그를 왕태자로 책봉했다. 즉, 다음 대 왕의 외가가 인주 이씨일 가능성이 매우 높은 상황이었다. 때문에 수로왕이 즉위한 임인년에 맞춰 1062년 知金州事 金良鎰에게 수릉원 수리 등에 대해 '특명'을 내렸다.⁵ 문종의 아들 중 '왕비'가 변한후 '왕음'과 함께 금관후로 봉함을 받았던 시기가 대강 원년인 1077년이기도 하다. 「가락국기」 편찬과의 상관성을 생각해 볼 수 있다.⁶

....
히 여겨서 이씨 성을 하사했고, 자손들이 소성현으로 이주하여 살았는데, 바로 인주이다."(『고려사』 권95, 열전8 제신 이자연)

3 "최충은 자가 浩然이며, 海州 大寧郡사람이다. 풍채가 훌륭하고 컸으며, 천성과 지조는 굳고 곧 았다."(『고려사』 권95, 열전8 제신 최충)

4 "王伯의 初名은 金汝舟이며 江陵 사람이다. 본디 성은 김씨이며 신라 태종의 5세손인 金周元의 후손이다. 먼 조상인 金乂가 태조를 도와 공이 있었으므로 관직은 內史令을 지냈으며, 태조가 그의 딸을 맞아들여서 왕비로 삼고 왕씨 성을 하사하였다."(『고려사』 권109, 열전22 제신 왕백)

5 "文宗當首露王御極之舊甲壬寅特命知金州事金良鎰修陵園備禋祀事具載良鎰所撰碑文文則尙存碑則磨泐可慨也已革代以後未遑"(「駕洛國太祖陵崇善殿碑」)

6 『고려사』 열전을 참고하면 고려 왕실 종친의 작위명에 고대 국명이 들어간 시기는 대부분 문종대로 문종과 인주이씨 부인 사이에서 태어난 아들이 그 대상이다. 문종과 인예왕후의 아들 중 장자인 순종과 불교에 귀의한 의천대사, 왕탱, 그리고 행적을 알 수 없는 왕경을 제외하고는 國原, 鷄林, 平壤(후에 常安으로 변경), 金官, 卞韓, 樂浪이 들어간 작위를 받았고, 인예왕후의 여동생인 인절현비의 아들은 朝鮮, 扶餘, 辰韓이 들어간 작위를 받았다.

2. 「가락국기」의 편찬자

「가락국기」의 찬자로 기록되어 있는 '금관지주사문인'에 대해서는 이견이 있으나[7] 일연이 찬자에 대해 이름을 밝히지 않고 기재한 점에서, 당시 「가락국기」에 '금관지주사문인'으로 기재되어 있었거나 혹은 편찬에 대해 전하는 이야기만 있을 뿐 책에서 편찬자를 확인할 수 없었다고 생각된다. 그런데 김해 지역은 신라 경덕왕이 금관소경에서 김해소경으로 고친 이후 '금관'이라는 지명이 공식적으로 사용되지 않았다.[8]

이와 관련해 비록 공식적으로는 '금관'이라는 지명이 사용되지 않았지만, 고려시대 김해 지역에 여전히 '금관'이 지명으로 남아 있었을 가능성을 생각해 볼 수 있다. 『삼국유사』 탑상편의 「금관성파사석탑」조의 서술이 '금관 호계사 파사석탑'으로 시작하는 점에서 이를 추측해 볼 수 있다.

이와 비슷하게 현재 양주의 경우 경덕왕 16년(757) 歃良州에서 양주로 이름을 고쳤다는 『삼국사기』 기록이 있으나,[9] 이후 같은 책의 애장왕 3년(802)과 5년(804) 붉은 까마귀와 흰 까치 진상 기사, 헌덕왕 14년(822) 김헌창의 역모 기사 등에서 여전히 良州가 아닌 歃良州를 사용하고 있다. 이것은 공식적인 지명이 바뀌더라도 현지에서는 여러 이유로 이전

---

7 「가락국태조중숭선전비」에 1062년 문종의 명을 받고 능원을 보수하며 비문을 기재했던 知金州事 金良鎰을 『고려사』 열전에 이자겸의 당형제로 등장하는 金若溫의 아버지 金良鑑으로 보는 견해가 있으나(윤석효 2008, 105-106), 김양감이 지금주사로 역임했다는 흔적을 찾을 수 없고 「가락국기」의 명과 「숭선전비문」 내용이 비슷할 것으로 보아 김양감을 편찬자로 볼 수 없다는 견해도 있다(이영식 2002, 161; 2016, 200-201 및 242-243).

8 "(신라) 문무왕이 비로소 金官小京을 설치하고, 경덕왕이 金海小京으로 고쳤으며, 고려 태조 23년(940) 경자에 金海府로 고쳤다. 뒤에 낮추어서 臨海縣으로 하였다가, 또 올려 郡으로 하였고, 성종 14년(995) 을미에 金州安東都護府로 고치고, 현종 3년(1012) 임자에 낮추어 金州防禦使로 삼았다. 원종 11년(1270) 경오에 방어사 金暄이 密城의 난을 평정하고, 또 삼별초를 막아 공이 있는 까닭으로, 올려서 金寧都護府로 하고, 김훤을 발탁해 도호로 삼아 진수하게 하였다. 충렬왕 34년(1308) 무신에 金州牧으로 올렸다."(『세종실록』 권150, 지리지 경상도 진주목 김해도호부)

9 "삽량주를 양주로 고치고 1주 1소경 12군 34현을 거느리게 했다."(『삼국사기』 권9 신라본기9 경덕왕 16년 12월)

지명이 계속 사용되었던 것을 알 수 있다.

문종대 '금관'이라는 지명은 고대국가의 의미가 내포되어 있었다고 생각된다. 이와 관련해 다음 기록이 참고된다.

- A. 朝鮮公 燾·雞林公 熙를 守太保로, 常安侯 琇·扶餘侯 㸂·金官侯 㸄·卞韓侯 愔을 守司徒로, 辰韓侯 愉를 守司空으로 삼았다.(『고려사』 권10, 선종 3년 2월)
- B. 雞林宮은 왕부 서쪽에, 夫餘宮은 유암산 동쪽에 있다. 또한 辰韓·朝鮮·常安·樂浪·卞韓·金冠 여섯 궁은 성 안에 나뉘어 위치하였는데, 모두 왕의 伯叔·昆弟의 거처였다.(『宣和奉使高麗圖經』 권6, 궁전2)

A는 선종대의 기록으로 왕의 동생들을 수태보, 수사도, 수사공 등으로 삼은 기록이다. 그런데 그들의 작위에 조선, 계림, 부여, 변한 등 고대 정치집단들과 함께 '금관'이 포함되어 있다. 또 인종대 사신으로 왔던 徐兢이 저술한 『선화봉사고려도경』에도 B와 같이 왕실 사람의 거처로 활용된 궁의 이름으로 진한, 조선, 낙랑, 변한과 함께 '금관'[10]이 확인된다. 이로 보아 적어도 문종에서 인종대까지 고려 왕실에서 고대국가와 관련된 지명들이 중요한 호칭으로 사용되고 있었고 그 중 '금관'이 포함된 것을 확인할 수 있다. 즉, 금관지주사는 이런 분위기 속에서 사용한 단어라고 생각된다.

다만 문종의 명에 의해 관인이었던 지금주사가 「가락국기」를 작성한 것은 아니었을 것으로 생각한다.[11] 만약 관인이었던 지금주사가 왕의

....
10 국명으로서 김해에 해당하는 '金官'과 다른 한자 '金冠'을 사용하고 있지만, 다른 궁들의 이름을 봤을 때 '金官'의 오기로 보는 것이 타당하다고 생각된다.
11 문종 11년 왕명으로 전대 왕들의 사당과 관련한 기사에서 가야가 확인되지 않는 점을 봤을 때, 국가 차원이 아닌 가계 내에서 수로왕릉과 사당에 대한 독자적으로 보호책을 강구했을 가능성

명을 받아 작성했다면, 「가락국태조릉숭선전비」에 보이는 것과 마찬가지로 '지금주사'라고 남겼을 가능성이 크다. 또한 기록이 없어 일연이 편찬자를 추가했다 하더라도, 왕의 명을 받아 편찬된 책이었던 만큼 당시 관명인 '지금주사'라고 남겼을 것이다. 이와 관련해 기존의 연구 성과가 참고되는데, 『삼국유사』 「가락국기」 왕대기와 『삼국유사』 왕력 간에 차이 및 『삼국유사』 「가락국기」에 피휘가 누락되어 있는(이영식 2002, 200-203; 2016, 234-243) 점이다. 때문에 「가락국기」는 왕의 명이 아닌 인주 이씨의 사적인 관심으로 편찬되었다고 생각된다. 이런 인주 이씨와의 관련성은 김부식[12]이 이자겸의 난 이후 편찬한 『삼국사기』에 「가락국기」를 참고하지 않은 이유가 아니었을까 생각한다.

3. 「가락국기」의 자료

「가락국기」는 편찬 시기를 생각하면 당시까지 남겨져 있던 자료들을 참고해 작성되었을 것이다. 『삼국유사』 「가락국기」에 일부 인용된 『開皇曆』 혹은 『開皇錄』과 『삼국사기』 김유신 열전에 참고했다고 전하는 『金庾信行錄』이 추측되는데, 아쉽게도 현재 그 내용은 거의 전하지 않는다. 다만 『개황력』은 내용 중 일부가 『삼국유사』 「가락국기」에 인용되어 있는데, '성은 김씨이니 대개 시조가 金卵에서 난 까닭에 김을 성으로 삼았다'[13]고 기록되어 있다. 이로 보아 『개황력』에 김수로왕 신화가 서술되어 있음을 추측할 수 있다.

....
　　이 높음을 들어 「가락국기」 편찬이 그 일환으로 행해졌을 것으로 본 견해가 있다(백승충 2000, 857-858).

12　『고려사』 권98, 열전11 제신 김부식전에 의하면 인종이 이자겸의 예를 감해주려 하자 김부식이 홀로 신하의 예법으로 대우해야 한다고 건의하거나 이자겸의 생일을 인수절로 정하는데 반대한 기록이 있다.

13　"姓金氏, 盖國世祖從金, □□而生, 故以金爲姓."(『삼국유사』 권2, 기이2, 가락국기)

『개황력』의 편찬 시기와 관련해서는 가락국 왕실 출신들이 신라 내 정치적 힘이 절정에 달하고 금관소경이 설치된 문무왕대 전후로 보는 견해가 있다(김태식 1993, 71-72; 백승충 1999, 117-118; 남재우 2005, 85-89). 가락국 출신의 정통성을 높이기 위해 편찬되었다는 것이다. 이외에도 몇 가지 이견들이 있다.[14] 이런 편찬 배경은 가락국뿐 아니라 다른 가야 세력들도 신라에 편입된 이후이므로 『개황력』을 편찬하면서 다른 가야 세력과 관련된 내용이 가락국을 높이는 서술에 포함되었을 가능성도 있다.

　　『김유신행록』의 경우 『삼국사기』에 김부식이 "유신의 玄孫 신라 집사랑 장청이 『행록』 10권을 지어 세상에 전해오는데, 몹시 꾸며낸 말이 많다"는 기록을 남겼다. 때문에 8세기 말 김유신계가 몰락하면서 자신들의 복권을 위해 김유신의 정통성을 강조하려고 金長淸이 편찬했을 것으로 보는 견해가 있다(남재우 2005; 주보돈 2007, 11). 편찬 배경을 보아 김유신의 정통성의 시작인 가락국 건국신화를 포함해, 가야와 관련한 신기하고 기이한 일들이 서술되었을 것이다.

　　인주 이씨의 집안 시조에 관한 관심과 다른 성씨와의 차별성을 두기 위해서라는 편찬 배경, 공식적으로 사라진 지명인 금관이 고대국가들과 함께 사용될 정도의 분위기를 생각한다면, 「가락국기」의 편찬자는 가락국을 부각하기 위해 참고한 사서들의 신화적인 부분을 포함해 작성했을 가능성이 크다. 그리고 당시 이자연이 감로사를 창건하고 아들 소현이 지광국사 해린의 제자가 되어 금산사 주지를 역임한 점, 손자 의천이 출가한 점 등[15]을 생각한다면, 그 과정에서 불교가 활용되었을 가능성도 있다. 일연은 이런 「가락국기」를 저본으로 『삼국유사』 「가락국기」를 작성했다.

14　나말여초 혼란한 시기 가야계 김씨들이 자신들의 정체성을 강조하기 위해 편찬했다고 보는 견해(정중환 1990, 43-44)와 '개황'을 581~600년까지 사용된 수나라 연호로 보고 가락국 멸망 이후인 신라 진평왕(579~632)대에 각 나라 역사서 편찬이 본격화되면서 함께 편찬되었다는 견해도 있고(三品彰英 1975), 8세기대 미추왕릉 사건 이후로 보는 견해도 있다(이영식 2002, 186-191; 2016, 225-229).

15　「금산사 혜덕왕사탑비」, 「법천사 지광국사현묘탑비」 참조.

III. 「가락국기」로 본 가락국의 형성

『삼국유사』「가락국기」는 크게 ①가락국의 건국(김수로 신화, 탈해 술법싸움, 허왕후 신화, 관제 정비, 수로왕과 허왕후 죽음), ②가락국의 멸망 후 제사(문무왕의 지시, 기이한 사건, 수로왕을 기리는 놀이), ③가락국의 흔적(김해 변천, 수로왕 능묘 전답 변천, 왕후사 창건과 폐사), ④가락국의 사적(명, 왕대기)으로 나눠볼 수 있다.

앞서 살펴본 것과 같이 「가락국기」는 일연에 의해 『삼국유사』에 인용되기 이전부터 윤색되었을 가능성이 있다. 이 중 난생담, 구지가 등의 고대 신화 요소를 제외한 현실적인 내용은 가락국 멸망 후 신화를 전승하는 과정에서 후손들이 신라의 신화를 인용해 정치적 목적에 맞게 변형했다는 견해가 있다(남재우 2005, 86-89). 다음으로 불교적인 윤색에 대해서는 『삼국유사』에서 일연이 일반적으로 주석을 달아 본인의 의견을 밝힌 점과 달리 「가락국기」에는 대부분 본문 내용에 불교적인 윤색이 들어가는 점을 들어 「가락국기」에 자체가 윤색되어 있었다고 보는 견해가 있다(이영식 2002, 175-183; 2016, 214-215). 즉, 「가락국기」는 기본적으로 원본이 된 「가락국기」의 내용을 살렸다는 것이다.

그렇다면 「가락국기」의 윤색 중 관명 등 신라에서 인용되었을 것으로 생각되는 부분과 신이성과 과장성, 불교와 관련된 내용 등을 배제한다면 가락국의 내부 사정을 알 수 있는 자료로 활용할 수 있을 것이며, 더불어 가야 사회에 대해서도 적지만 알 수 있으리라 생각한다.

1. 구간사회와 가락국

다음의 사료는 「가락국기」의 수로왕 신화의 시작 부분으로 구간이 먼저 등장하고 있다.

C. 개벽 이후로 이곳에는 아직 나라의 이름이 없었고 또한 군신의 칭호도 없었다. 이때에 我刀干·汝刀干·彼刀干·五刀干·留水干·留天干·神天干·五天干·神鬼干 등 九干이 있었다. 이는 추장으로 백성들을 통솔했으니 모두 100호 7만 5,000명이었다. 저마다 산과 들에 모여 살았고 우물을 파서 마시고 밭을 갈아먹었다.(『삼국유사』 권2, 기이2 가락국기)

D. 후한 세조 광무제 건무 18년 임인 3월 계욕일, 사는 북쪽 龜旨〈이것은 산봉우리를 일컫는 것으로 十朋이 엎드린 모양과도 같기 때문에 그렇게 말한 것이다〉에서 이상한 소리가 부르는 것이 있었다. 백성 2, 3백 명이 여기에 모였는데 사람의 소리 같기는 하지만 그 모습을 숨기고 소리만 내서 말하였다. "여기에 사람이 있느냐?" 구간 등이 말하였다. "우리들이 있습니다." 또 말하였다. "내가 있는 곳이 어디인가?" 대답하여 말하였다. "구지입니다." 또 말하였다. "皇天이 나에게 명하기를 이곳에 가서 나라를 새로 세우고 임금이 되라고 하여 이런 이유로 여기에 내려왔으니, 너희들이 모름지기 봉우리 꼭대기의 흙을 파내면서 '거북아, 거북아, 네 목을 내밀어라. 만약 내밀지 않으면 구워 먹겠다'라고 노래를 부르며 춤을 추면, 대왕을 맞이하여 (너희들은) 기뻐 춤추게 되리라." 구간들은 이 말을 따라 모두 기뻐하면서 노래하고 춤을 추었다.(『삼국유사』 권2, 기이2 가락국기)

E. 여러 사람은 모두 놀라고 기뻐하여 함께 백번 절하고 얼마 있다가 다시 싸서 안고 我刀干의 집으로 돌아와 책상 위에 놓아두고 그 무리는 각기 흩어졌다. 그 이튿날 아침에 무리가 다시 모여 합을 열어보니 여섯 개의 알은 어린아이로 변해 있었는데, 용모가 매우 빼어났다. …(중략)… 그달 보름에 왕위에 올랐다.(『삼국

유사』 권2, 기이2 가락국기)

　　가락국 즉 가야 사회로 나아가기 전 각각의 읍락이 산과 들을 중심으로 독립적인 생활권을 가지고 있었는데, 이들은 '○○干'이라 불리는 추장으로서 읍락민들을 통솔했다. 『삼국사기』에 '거서간'에 덧붙여 본래 진의 말로 '왕'을 뜻한다는 글과 함께 '귀인'을 부르는 칭호라고 기록[16]된 것에서 「가락국기」의 구간들은 강력한 정치적 지도자보다는 부족의 장으로서 존경받는 위치의 호칭이었던 것으로 생각된다. 즉 당시 김해 지역에는 여러 부족이 있었고, 각 부족마다 장으로 일정 역할을 수행하고 부족민들에게 존경받으며 귀하게 대접받던 대표자가 있었다.

　　그들은 제사장의 역할을 했던 것으로 생각되는데, 여럿이 모여 있었으나 하늘의 목소리에 구간이 대답하는 모습에서 이를 확인할 수 있다. 신라 초기 왕명인 거서간의 또 다른 명칭인 '차차웅'이 '무당'이라는 종교적 성격이라는 기록이[17] 참고된다. 하지만 구간이 제사장만의 성격이었던 것은 아니다. 사료 E는 하늘에서 내려온 왕을 옹립하는 구간의 정치적인 역할을 보여준다. 이와 관련해 사로국 왕을 옹립할 때 6부의 대표자들이 알천 언덕 위에 모여 의논했다는 기록[18]이 참고된다. 당시 신라의 6부

16　"시조의 성은 박씨이고 이름은 혁거세이다. 전한 孝宣帝 五鳳 원년 갑자 4월 병진〈혹은 정월 15일이라고도 한다〉에 왕위에 오르니, 이를 居西干이라 했다. …(중략)… 거서간은 辰人의 말로 왕을 가리킨다〈혹은 귀인을 부르는 칭호라고 한다〉."(『삼국사기』 권1, 신라본기1 혁거세거서간 원년 4월)

17　"南解居西干은 또한 次次雄이라고도 한다. …(중략)… 金大問이 이르기를 "차차웅은 방언에 무당을 이름이다. 세상 사람들이 무당으로서 귀신을 섬기고 제사를 받들므로 이를 외경하다가 마침내 높은 어른을 자충이라 하였다. 또는 尼師今이라고도 하였으니 잇금을 이른 말이다"라고 하였다."(『삼국유사』 권1, 기이1 남해왕)

18　"원년 임자(69년)〈古本에 이르기를 건호 원년(25년)이니 건원 3년(138년)이니 한 것들은 다 잘못이다〉 3월 초하룻날 6부의 조상들이 각각 자제들을 데리고 다 함께 알천 언덕 위에 모여 의논하기를 '우리들이 위로 백성들을 다스릴 만한 임금이 없어 백성들이 모두 방종하여 제멋대로 놀고 있으니 어찌 덕이 있는 사람을 찾아내어 그를 임금으로 삼아 나라를 창건하고 도읍을 정하지 않을 것이랴!' 하였다."(『삼국유사』 권1, 기이1 혁거세왕)

대표자들은 읍락을 관장하는 정치적인 성격과 함께 이후 거서간으로 이어질 무당이라는 종교적인 성격을 함께 가진 제정일치 사회의 지도자였다. 구간 또한 마찬가지로 제정일치 사회의 대표자였다고 생각된다(권주현 2004, 102-103).

사료 D·E에는 저마다 모여 살던 마을의 지도자 9명이 구간이라 불리며 함께 제사를 지내고 왕을 옹립하고 있다. 이 기록은 당시 재지 세력들이 성장하면서 자연스럽게 주변 지역에 관심을 가지고, 그 과정에서 인근에 있는 여러 읍락이 상호 간에 관계를 맺은 결과라 생각된다. 「가락국기」의 '九干'은 당시 김해의 인근 지역 개별 읍락 우두머리들이 맺고 있던 우호적인 관계를 상징하는 단어로 가야 지역에서 정치집단이 형성되어가는 과정이다(권주현 2004, 67). 독립적으로 성장한 읍락의 대표자들이 필요 때문에 만든 '협의체'였던 것이다. 그리고 이런 관계는 신라의 6부처럼 김해 외의 다른 지역에서도 각 지역의 특성에 맞게 형성되어 갔을 가능성이 크다.

당시 이 협의체들의 구심점은 공동제의행사(김태식 2002, 97-100)였을 가능성이 제기된다. 이전 시기부터 이루어지고 있었던 정기적인 제의를 함께 함으로써 협의체의 목적을 상기할 수 있고 단합을 확인할 수 있기 때문이다. 그 중 김해의 공동제의행사를 확인할 수 있는 사료가 D이다. 구지가는 하늘에서 내려오는 왕을 맞이하기 위한 노래이지만, 그 내용은 하늘에 원하는 것을 얻기 위해 바다의 생물인 거북을 위협하고 있다. 노래의 구조상 천강을 위한 노래는 아니다. 아마도 이 노래는 수로왕이 등장하기 이전부터 구간 읍락에서 굿을 위해 사용되던 제의용 노래였는데, 수로왕 등장을 위해 사용되면서 이런 오류가 나타났다고 생각된다. 이와 관련해 구지가가 원래 바다에 인접했던 고대 김해인들이 바다의 사신인 거북을 위협해 원하는 것을 얻고자 하는 의도로,[19] 해신을 향해 불

---

19 그 원형을 추측할 수 있는 것이 신라 성덕왕 때 노래 '해가'인데, 純貞公의 부인 수로가 임해정에

렀던 위협 주술가였다는 견해가 있다(이영식 2000, 10). 이와 관련해『삼국유사』의 수로부인조의 해가가 참고된다(이영식 2016, 409-410). 더불어 구지봉이 '굿하는 봉우리'를 뜻하는 말에서 음차했다는 견해(정중환 1991, 115)를 참고하면 구지에서 해신을 향한 제의가 주기적으로 행해졌을 가능성이 크다. 그리고 그 목적은 어로에서의 풍요와 항해자의 안전이었을 것이다(이영식 2000, 8). 현대에도 동해안을 비롯한 해안가와 제주도와 울릉도 같은 섬에서 마을굿이나 당제를 지내는 곳이 있는데, 대부분 이와 같은 이유이다. 지금보다 여러 기술이 발달하지 않았던 2000여 년 전 바다를 끼고 발전했던 김해 구간사회도 마찬가지였을 것이다.

이런 정기적인 제의 행사는 변한과 진한 각 지역에서, 지역의 특성에 맞는 무리들이 모여 공동의 목적을 위해 진행되었을 것이다.

> F. 해마다 5월이면 씨뿌리기를 마치고 귀신에게 제사를 지낸다. 떼를 지어 모여서 노래와 춤을 즐기며 술 마시고 노는데 밤낮을 가리지 않는다. 그들의 춤은 수십 명이 모두 일어나서 뒤를 따라가며 땅을 밟고 구부렸다 치켜들었다 하면서 손과 발로 서로 장단을 맞추는데, 그 가락과 율동은 (중국의) 鐸舞와 흡사하다. 10월에 농사일을 마치고 나서도 이렇게 한다.(『삼국지』권30, 위서30 동이전 한)

위 사료는 앞선 '구지가'와 마찬가지로 수십 명이 함께 추는 춤을 동반하는데,[20] 김해와 같은 바닷가뿐만 아니라, 농사와 관련한 공동제의

....
서 용에 의해 바다로 끌려가자 이를 구하기 위해 한 노인이 추천한 노래로 다음과 같다. "거북아, 거북아 수로를 내놓아라 / 남의 부녀를 빼앗아 간 죄가 얼마나 큰가 / 네가 만약 거역하고 내놓지 않으면 / 그물로 잡아 구워 먹으리라."(『삼국유사』권2, 기이2 수로부인)

20 "옛사람의 말에 여러 사람의 말은 쇠도 녹인다고 했으니, 이제 바다 속의 傍生인들 어찌 여러 사람의 입을 두려워하지 않겠습니까? 마땅히 경내의 백성을 모아 노래를 지어 부르면서 막대기로 언덕을 치면 부인을 볼 수 있을 것입니다."(『삼국유사』권2, 기이2 수로부인)

도 존재했음을 알 수 있다. 또한 이러한 공동제의가 목적에 부합하는 날짜에 함께 모여 이루어졌다는 것도 알 수 있다.

경남 일대에는 제정일치 사회로 추정되는 다양한 청동기시대 대규모 복합유적들이 확인되는데,[21] 그 중 진주 대평리, 평거3지구, 이곡리의 경우에는 각각 주거+분묘+의례+생산공간으로 구성된 개별 공간을 가지고 있어 참고된다. 이 중 진주 대평리의 경우 인근 상촌리, 진주 귀곡동 대촌, 내촌리, 사촌 본촌리, 산청 사월리 유적으로 이루어진 취락권역의 중심취락이었다는 견해(최샛별 2013, 71)가 참고된다. 즉 경남의 다양한 지역들에서 공동제의가 이루어졌을 가능성이 있는 것이다.

물론 당시 변·진한 사회에서 정기적인 제의만 진행되진 않았을 것이다. 이와 관련해 비록 김수로왕 등장 이후의 기록이긴 하지만, 「가락국기」의 파사석탑 관련 기사와 허황옥이 김해에 도착해 비단바지로 제를 지낸 기사[22]가 참고된다.

2. 가락국의 형성

「가락국기」에서 전하는 가락국의 건국[23]은 김해 지역에 통합된 정치집단이 형성되는 과정을 전하는 자료로 주목된다.[24] 구간들이 이제까지의 협력관계를 버리고 한 사람에게 그들이 가지고 있는 권력을 이양할

---

21 창원 현동유적, 진주 대평리, 진주 초전동 유적, 산청 매촌리 유적 등 다양한 유적들이 존재한다.
22 폐백의식으로 보기도 한다(권주현 2004, 189).
23 가락국의 건국 시기에 대해서는 기원전 2세기경으로 보는 견해(이병도 1981; 백승충 1995), 기원 전후로 보는 견해(이현혜 1984), 기원후 2세기로 보는 견해(천관우 1991; 김태식 1993), 3세기 후반으로 보는 견해(신경철 1998) 등이 있다.
24 이와 관련해 수로를 가락 최초의 군장이 아니라 가락이 소위 육가야의 맹주국으로서 두각을 나타내기 시작하였을 때의 군장이라 이해하기도 한다(이병도 1976, 315-316).

정도라면[25] 이전에 비할 수 없을 정도의 강력한 충격이 가야 사회에 있었음을 추측할 수 있다. 이 충격의 계기는 시기적으로 봤을 때 B.C 108년 한나라에 멸망한 위만조선을 비롯한 유민의 출현이었을 것이다.

이에 더불어 아래의 G~J는 기원 전후 한반도에서 발생한 전쟁 관련 기록으로, 위만조선의 멸망뿐 아니라 다양한 전쟁이 있었음을 보여준다. 그리고 사료 K~M은 한반도 남쪽에 조선의 유민을 포함해 계속된 이주민들의 유입이 있었을 가능성을 보여준다. 즉, 한반도 남부에 이주민에 의한 충격이 조선의 멸망 이후 계속 가해졌을 가능성이 있는 것이다.

G. (B.C 37) (주몽의 소문을) 사방에서 듣고 와서 복종하는 자가 많았다. 그 땅이 말갈부락에 잇닿아 있어 침입하여 훔쳐 피해를 입을까 두려워하여 마침내 그들을 물리치니, 말갈이 두려워 복종하고 감히 침범하지 못하였다. …(중략)… 松讓이 말하기를 "우리는 여러 대에 걸쳐 왕노릇을 하였다. 땅이 작아 두 주인을 받아들이기에는 부족하다. 그대는 도읍을 세운 지 날이 얼마 되지 않았으니 나의 밑에서 일하는 것이 어떠한가?" 하였다. 왕이 그 말을 분하게 여겨 그와 더불어 말다툼을 하고 또한 서로 활을 쏘아 재주를 겨루었는데, 송양이 대항할 수 없었다.(『삼국사기』 권13, 고구려본기1 동명성왕 즉위)

H. 건무 6년(30) 변경의 군을 줄였는데, 都尉도 이때 폐지되었다. 그 후부터 현에 있던 (토착민의) 渠帥로 모두 縣侯를 삼으니, 不耐·華麗·沃沮 등의 諸縣은 전부 侯國이 되었다. 이들 이적은 서로 침공하여 싸웠다.(『삼국지』 권30, 위서30 동이전 동옥저)

I. 17년(40) 가을 9월 화려·불내 2현 사람들이 함께 모의해 기병을 이끌고 북쪽 변경을 침범했다. 貊國 거수가 군사들로 曲河

---

[25] 이미 존재하고 있던 9촌 연합의 지배자인 9간이 합의해 이주민 계통의 수로왕을 추대했다는 견해가 있다(김태식 2002, 100).

서쪽을 막아 물리치게 했다. 왕이 기뻐하여 맥국과 우호를 맺었다.(『삼국사기』 권1, 신라본기1 유리이사금 17년 9월)

J. (건무) 23년(47) 겨울 고구려 蠶支落의 大加 戴升 등 만여 명이 낙랑에 투항하였다. 25년(49) 봄에 고구려가 右北平·漁陽·上谷·太原을 침입하여 노략질하는 것을 요동 태수 祭肜이 恩義와 信義로 초유 하니 모두 다시 항복하였다.(『후한서』 권85, 열전75 동이열전 고구려)

K. 조선 유민들이 산과 계곡 사이에 나뉘어 살아 육촌을 이루었다. …(중략)… 이것이 진한 육부가 되었다. …(중략)… 알을 깨뜨리니 어린아이가 나왔다. 이에 거두어서 길렀는데, 나이 십여 세가 되자 쑥쑥 커서 남들보다 일찍 성인의 모습을 갖추었다. 6부의 사람들이 그 탄생이 신비롭고 기이하다고 하여 떠받들었는데, 이때 이르러 임금으로 세운 것이다.(『삼국사기』 권1, 신라본기1 시조 혁거세거서간 즉위)

L. 왕망의 지황 연간(20~23)에, …(중략)… "우리는 漢나라 사람으로 이름은 戶來이다. 우리 1,500명은 材木을 벌채하다가 韓의 습격을 받아 포로가 되어 모두 머리를 깎이고 노예가 된 지 3년이나 되었다."(『삼국지』 권30, 위서30 동이전 한)

M. 14년(37) 고구려 왕 無恤이 낙랑을 습격해 멸망시켰다. 그 나라 사람 5천이 항복해 오니 육부에 나누어 살게 했다.(『삼국사기』 권1, 신라본기1 유리이사금 14년)

이런 충격들은 각 지역 재지 세력들의 변화를 가속화 했을 것이고, 그 과정에서 사료 K의 신라와 같이 다양한 정치집단이 형성되었을 것이다.[26] 김해 세력은 이주민 중 김수로 집단과 더불어 이 충격을 이기고자

---

[26] 이 정치집단들 중 일부가 『삼국지』 한조에 나오는 변한 12개국이라 생각된다.

했던 것이 아닌가 한다.

당시 이주민으로 인한 김해의 충격을 상정할 수 있는 것이 탈해 관련 기록이다.

N. 탈해가 바다를 따라 가락국에 왔다. …(중략)… 탈해가 말하기를 "그러면 술법으로 겨루어 보겠는가"라고 하니 왕이 좋다고 하였다. 잠깐 사이에 탈해가 변해서 매가 되니 왕은 변해서 독수리가 되었고, 또 탈해가 변해서 참새가 되니 왕은 변해서 새매가 되었다. 이때 조금도 시간이 걸리지 않았다. 탈해가 원래 모습으로 돌아오자 왕도 역시 전 모양이 되었다. 탈해가 이에 엎드려 항복하고 말하기를 "…(중략)… 내가 왕과 더불어 왕위를 다툼은 진실로 어렵습니다." 곧 왕에게 절을 하고 하직하고 나가서 이웃 교외의 나루에 이르러 중국에서 온 배가 와서 정박하는 수로로 해서 갔다. …(중략)… 탈해가 계림의 국경으로 달아나므로 수군은 모두 돌아왔다.(『삼국유사』 권2, 기이2 가락국기)

O. 가락국의 바다에 어떤 배가 와서 닿았다. 가락국의 수로왕이 신하 및 백성들과 더불어 북을 치고 환호하며 맞이해 장차 가락국에 머무르게 하려 했으나, 배가 급히 나는 듯이 달려 계림의 동쪽 하서지촌 아진포〈지금도 상서지와 하서지촌명이 있다〉에 이르렀다. …(중략)… (탈해가) 그곳을 찾으니 바로 瓠公의 집이었다. 이에 지략을 써서 몰래 숫돌과 숯을 그 집 곁에 묻어놓고 (다음날) 새벽 아침에 문 앞에 가서 "이 집은 조상 때부터 우리 집입니다"라고 말했다. 호공이 "그렇지 않다"고 하여 서로 다투었으나 시비를 가리지 못하였다. …(중략)… "우리는 본래 대장장이였는데 얼마 전 이웃 고을에 간 사이에 그 집을 다른 사람이 빼앗아 살고 있으니 청컨대 땅을 파서 조사하게 해 주십시오"라고 하였다.(『삼국유사』 권1, 기이1 탈해왕)

P. 처음에 금관국의 해변에 이르렀는데 금관 사람들은 이를 괴이하게 여겨 거두지 않았다.(『삼국사기』 권1, 신라본기1 탈해이사금 즉위)

위 사료들은 신라 탈해왕과 관련된 것으로 이주민이었던 탈해 집단이 그들이 가지고 있던 힘을 활용해, 정착할 땅을 찾아 전쟁을 걸었던 내용이다. 사료 O를 참고하자면, 그들이 가지고 있는 힘은 대장장이 집단으로 대변되는 철기였을 것이다. 하지만 사료 N의 탈해 집단과 가락국의 전투 결과를 볼 때 가락국은 이미 철기를 가지고 있었을 가능성이 크다(이영식 1994, 94). 다만 현재까지 김해 지역에서 이른 시기 제철 유적이 확인되지 않았기 때문에 주변 지역에서 생산된 철기를 수입했을 가능성도 상정할 필요가 있다. 인근 다호리 64호묘에서 출토된 철광석은 영남 지역 관련 자료 중 가장 이른 시기인 기원후 1세기로 추정되는데(이남규 2020, 21-23), 경남 지역의 철을 활용하고 있다(안홍좌 2016, 151).

N의 탈해와 수로왕의 전투 관련 기록은 크게 왕궁에서 벌어진 몇 차례의 도술싸움과 수로에서의 추격으로 나뉘어 기록되어 있다. 당시 두 집단의 전쟁이 육지에서의 몇 차례 전투 이후 바다에서의 전투로 진행되었기 때문으로 해석할 수 있다. 다만 사료 O에는 가락국에서 왕을 비롯한 사람들이 북을 치고 환호했다고 기록되어 있다.「가락국기」에 "신라의 것과는 많이 다르다"고 따로 기록된 이유이다. 하지만 오히려 북을 치고 환호한 부분을 전쟁으로 인한 함성 등의 소란으로 해석한다면 수로왕과 탈해 간의 전쟁 결과 계림으로 도망 온 「가락국기」의 기록과 부합한다. 이를 『삼국사기』에서는 P처럼 간략히 기록했다. 이주민들의 정착을 위한 치열한 전쟁은 가야 지역에서 다수 있었던 것으로 생각된다. 사료 O의 호공과 탈해의 다툼은 한차례 전쟁을 거친 탈해가 다른 집단과 다시 한 번 전쟁을 치르는 모습인데, 이처럼 이주민에 의한 전쟁이 한 차례로 끝나지 않았음을 보여준다.

김수로의 출신과 관련해서는 사료 K의 신라 육촌 기록을 참고해

B.C 108년 한나라에 멸망한 위만조선 계열의 유민과 관계가 있을 가능성이 상정된다(이영식 2000, 12-13; 남재우 2015, 18).[27] 물론 위만조선의 멸망과 김수로의 등장에는 시간적 차이가 100여 년이 있다. 그러나 혼란 속에서 살아남기 위해 김해 구간들이 김수로를 선택한 만큼 수로 집단이 처음 보는 세력은 아니었을 것이므로 서로를 알아갈 시간을 생각한다면 김수로는 위만조선 유이민계 출신으로 김해에 터를 잡았거나 혹은 김해와 거래하고 있었던 집단일 가능성이 있다. 이와 관련해 아래의 「가락국기」 내용이 참고된다.

> Q. 건무 24년 무신 7월 27일에 구간 등이 조회할 때 아뢰기를 "대왕이 강령하신 이래로 아직 좋은 배필을 얻지 못하셨으니 청컨대 신들의 집에 있는 처녀 중에서 가장 예쁜 사람을 골라서 궁중에 들여보내어 항려가 되게 하겠습니다"라고 하였다. 왕이 말하기를 "짐이 여기에 내려온 것은 하늘의 명령이니 짐에게 짝을 지어 王后로 삼게 하는 것도 역시 하늘의 명령일 것이니 경들은 염려 말라"라고 하였다. 유천간 등이 먼저 섬 위에서 횃불을 들자 배는 재빨리 육지 쪽으로 달려왔다.(『삼국유사』 권2, 기이2 가락국기)
>
> R. 가지고 온 금수능라와 의상필단·금은주옥과 구슬로 된 장신구들은 이루 기록할 수 없을 만큼 많았다. …(중략)… 그들이 타고 온 배를 돌려보내는 데 뱃사공이 모두 15명이니 이들에게 각각 쌀 10석과 베 30필씩을 주어 본국으로 돌아가게 하였다. …(중략)… 중국의 여러 가지 물건도 모두 수레에 싣고 천천히 대궐로 들어오니 이때 시간은 정오가 되려 하였다.(『삼국유사』 권2, 기

---

[27] 김태식은 구간과 같은 재지 세력의 한 사람인지, 아니면 당시에 다른 곳에서 온 이주민인지는 분명치 않다고 하면서도, 이주민이거나 혹은 이주민으로서의 명분을 아직 잃지 않은 집단으로 추측했다(1993, 36).

이2 가락국기)

　　허황옥을 비롯한 잉신들의 이름이 중국식이라는 점과 당시 허황옥이 가져온 물건들이 중국의 여러 물건이라는 점, 타고 온 배를 돌려보낼 때 뱃사공에게 물건을 주어 돌려보낸 점을 들어 당시 중국 계통 문물을 교역하던 모습이 윤색되었을 가능성이 있다(김태식 2002, 101-102).[28] 즉, 허황옥이 가져온 여러 화려한 사치품들은 당시 가락국의 수입품이었고, 이에 비해 돌아가는 배에 실어 보낸 쌀과 베는 중국에의 수출품으로, 당시 가락국의 교역 물품을 추측할 수 있는 자료라는 것이다.

　　그런데 김해에서 단순히 횃불을 드는 행위만으로 허황옥이 탄 배가 육지 쪽으로 온 사료 Q는 이전부터 김해 지역과 허황옥 세력 간 관계가 있었음을 보여준다. 그리고 같은 기록에서 김수로가 허황옥이 올 것을 이미 알고 있었다는 내용을 참고하면, 그들의 연결점이 김수로 세력이었을 가능성이 있다. 즉, 김수로 집단을 중심으로 허황옥 세력과 김해 세력 간의 관계가 성립되는 것이다. 이를 뒷받침할 고고학적 자료가 김해 지역에서 확인된다. 청동기시대 후기 야요이계 흔적이 확인된 김해 구산동 유적, 1세기경으로 파악되는 가야의 숲 3호묘와 구지로 31·40호묘에서 확인된 칠기가 그것이다. 각각 일본 야요이 집단 및 중국 문물을 가진 세력과의 교역이 있었음을 보여준다.

　　이런 상황은 가락국뿐 아니라 인근 지역에서도 진행되었다. 창원 다호리 1호분에서 출토된 중국제 성운경과 오수전을 비롯한 사천 늑도에서 확인된 반량전과 낙랑계 토기가 참고된다. 이런 유물의 출토는 가락국 외 가야 지역에서도 다양한 세력들과의 교류가 있었다고 볼 수 있으며, 좀 더 나아가 가야 지역 내 집단들 간의 교류도 상정할 수 있기 때문이다.

28　이외에도 김수로와 같은 조선계 유민이었을 가능성, 인도의 후예로 중국에 정착한 집단의 가능성, 위만조선의 후예로 서북한 지역에서 남하한 세력이었을 가능성, 일본에 갔다 온 가야 세력이었을 가능성 등도 제기되고 있다.

즉, 김해를 비롯한 가야 지역은 이주민들을 포함한 여러 세력과 교류하고 있었다. 「가락국기」 속 김수로의 등장은 이런 상황에서 김해 구간사회가 이주민 세력을 받아들이고 연합함으로써 한 단계 나아갔던 것을 전하고 있다. 하지만 이주민이었던 김수로 집단이 일방적으로 재지 세력을 흡수한 것은 아니었다.

S. 임시 궁궐을 짓고 들어가 살았는데, 단지 질박하고 검소하여 집의 이엉을 자르지 않았으며, 흙 계단은 3척이었다. …(중략)… 궁궐과 옥사는 농한기를 기다려 그해 10월에 시작하여 갑진년(44년) 2월에 완성하였다.(『삼국유사』 권2, 기이2 가락국기)

T. 어느 날 왕이 신하들에게 말하였다. "구간들은 모두 여러 관리의 으뜸인데, 그 직위와 명칭이 모두 小人·농부들의 칭호이고 고관 직위의 칭호가 아니다. 만약 외국에 전해진다면 반드시 웃음거리가 될 것이다." 마침내 아도를 我躬, 여도를 汝諧, 피도를 彼藏, 오방을 五常, 유수와 유천의 이름은 위 글자는 그대로 두고 아래 글자만 고쳐 留功·留德이라 하고 (신천)을 고쳐 神道, 오천을 고쳐 五能이라 했고, 신귀의 음은 바꾸지 않고 그 뜻을 고쳐 臣貴라 했다. 계림의 직제를 취해서 角干·阿叱干·級干의 차례를 두고, 그 아래의 관료는 주나라 법과 漢나라 제도를 가지고 나누어 정하니 이것은 이른바 옛것을 고쳐서 새것을 취하여 관직을 나누어 설치한 방법이었다.(『삼국유사』 권2, 기이2 가락국기)

궁궐은 왕의 권위를 가장 잘 보여주는 공간이다. 그런데 사료 S에서처럼 비록 급히 만든 임시 궁궐이라 하더라도 이엉을 자르지 않았을 정도로 신경 쓰지 않은 공간에 왕이 거주했다는 것은 당시 왕의 권력이 그만큼 강하지 못했다고도 해석될 수 있다. 더구나 제대로 된 궁궐은 농

한기를 기다려 완성한다.[29]

　　이런 생각을 뒷받침하는 기록이 『삼국지』 동이전 한조에서 확인된다. 3세기 기록이지만, 피지배계층이라 할 수 있는 하호 중에서도 낙랑과 대방에 가서 자신만의 인수와 의책을 받을 수 있을 정도의 자율성을 가진 사람들이 천여 명이나 있었으며, 그 외에도 의책을 빌려 입기도 했다고 기록되어 있다. 이는 당시 하호의 개인적인 활동들이 왕에 해당하는 신지 혹은 읍군에 의해 제재되지 않았다는 의미로 지도자의 권력을 가지지 못했다고 해석할 수도 있다.

　　이미 1세기경 사회 체제를 갖춰갔던 가락국의 당대 모습이라고는 생각되지 않는다. 다만 가야 지역의 여러 정치집단이 다양한 발전과정을 거쳐 시기를 달리하며 체제를 갖춰갔을 것을 상정한다면, 아직 계층의 분화가 완료되지 않았을 가야 사회의 모습에 대한 기록일 것이다.

　　이런 갖춰지지 않은 체제를 극복하기 위해 김수로는 이제까지 사회를 이끌어왔던 구간의 영향력을 적극적으로 사용했던 것으로 생각된다.[30] 구간이 모여 어린아이를 추대했다는 기술이 왕의 필요성을 느낀 지역민들이 이주민계의 사람들에 권위를 부여하는 과정에서 나타난 신화라는 견해가 참고된다(김태식 1998, 23; 남재우 2005, 83). 즉, 구간들은 김수로 집단에 단순히 흡수된 것이 아니라 협력관계자로 가락국의 건국에 적극적으로 협조했다. 이와 관련해 사료 T가 참고되는데, 구간 세력이 가락국에 통합되었던 흔적으로 이해하기도 한다(이영식 1994, 54).

　　이러한 이전 지도자들의 영향력을 활용한 변화는 해안가와 동부 가야 지역 정치집단의 공통적 특징으로 생각된다. 김해를 비롯해 금호강, 태화강, 형산강을 비롯한 경남 해안가 지역들에서는 송국리 문화에서 점토대토기 문화로의 변화가 단절적이지 않고 토착 집단의 거주지에 점토

29　성군의 덕을 나타내기 위한 윤색으로 해석해야 한다는 의견도 있다.
30　수로왕의 왕궁 공사가 구간으로 대표되는 각 읍락의 대표자들을 통한 동원이었으며, 조세 또한 구간에 의해 간접적으로 걷었을 가능성도 제기되었다(권주현 2004, 70-72).

대토기가 수용되고 있으며, 취락 입지와 경관이 그대로 유지되고 있는 경우가 많기 때문이다(이성주 2018, 91). 즉, 시기적인 차이는 있겠지만 대부분 가야 지역에서는 가락국과 마찬가지로 토착민 집단과 이주민 집단의 협력 관계를 바탕으로 변한 '국'이 건국되었다.

> U. 해처럼 둥근 황금알 여섯 개가 들어 있었다. …(중략)… 다시 모여 합을 열어보니 여섯 개의 알은 어린아이로 변해 있었는데, 용모가 매우 빼어났다. …(중략)… 나라를 대가락 또는 가야국이라 부르니, 바로 6가야 중 하나이다. 나머지 다섯 사람도 각각 다섯 가야의 임금이 되었다.(『삼국유사』권2, 기이2 가락국기)

위 기록과 오가야조 등은 이렇게 형성되었던 가야 사회들이 연맹을 맺었을 가능성을 보여준다. 물론 연구자 간에 여러 이견이 있다. 단일 연맹 혹은 지역연맹이 있었다는 견해와 특정 시기에 동맹 관계를 맺었었다는 견해, 연맹을 넘어서 지역 국가를 형성했다는 견해 등 다양한 의견을 제시하고 있다.[31] 그러나 가야 지역의 정치집단들이 모두 같은 이해관계를 가지고 있지 않은 상황에서 포상팔국과 같이 각 집단의 이해관계가 맞았을 때의 연합은 모르겠으나, 여러 나라가 참여한 연맹을 유지했을 것으로 생각되진 않는다. 이와 관련해 건국신화의 원형으로 생각되는 『삼국유사』魚山佛影에는 "옛날에 하늘에서 알이 바닷가에 내려와 사람이 되어 나라를 다스렸으니 곧 수로왕이다"라고 기록되어 있어 하나의 알만 확인된다. 그 때문에 여섯 개의 알은 신화가 재정리되었을 후대에 추가된 기록으로 보고 있다.[32] 즉, 건국신화의 6알은 가야 지역 정치집단 간의 동질성을 보여주는 표현 정도로 보는 것이 옳을 듯하다.

----

[31] 이외에 6알이 가락국의 용비어천가적인 성격이라는 견해도 있다.

[32] 「가락국기」중 수로왕을 중심으로 기재한 명에도 하나의 알이 나온 후 여섯 개의 알이 등장한다.

IV. 맺음말

　　이 글에서는 『삼국유사』의 「가락국기」를 활용해 가야 사회에서 國이 건국될 초기 모습을 복원하고자 노력했다. 우선 國이 건국되지 않았던 가야 사회는 제정일치 성격의 지도자가 존재했던 사회였다. 이후 점차 사회가 발전하면서 인근 읍락의 지도자들이 모여 제의라는 중요한 행사를 공동으로 주재할 정도로 가까운 관계를 맺었다는 점을 「가락국기」를 통해 확인했다. 이런 제의를 위한 노래와 춤은 지역마다 달랐을 가능성이 있지만, 그 기본 형식은 크게 다르지 않았을 것으로 생각한다. 이렇게 서서히 진행되던 가야 사회의 발전은 외부의 이주민이라는 충격을 통해 커다란 변화가 있었는데, 그 과정에서 김해 지역은 이미 관계를 맺고 있던 이주민 집단을 받아들여 권력을 이양함으로써 가락국을 건국하고 좀 더 적극적으로 적응해 갔다. 그리고 이런 토착민과 이주민 간 협력 관계 기반의 변화는 다른 가야 지역에서도 일어났을 것으로 생각된다.

　　『삼국유사』의 「가락국기」에서 가야사 연구에 많이 활용되는 부분은 가락국 건국과 관련된 기록으로 본고에서도 대체로 이 기록을 활용했다. 하지만 이외에도 왕후사의 창건 등을 비롯한 가야 불교 관련 기록, 가락국의 사적에 있는 멸망 기록과 왕대기 등을 활용한 연구 결과도 쌓여가는 중이다. 이런 연구가 계속된다면, 초기 가야 사회뿐 아니라 그 이후의 가야 사회에 대해서도 좀 더 입체적으로 접근할 수 있으리라 생각한다.

　　『삼국유사』의 「가락국기」는 가락국에 대한 기록이지만 가야인들이 남긴 기록이 적은 현재로서는 전반적인 가야 사회를 알아보는데 좋은 자료로 활용되고 있다. 다만 그 기록의 신빙성 때문에 가야사 연구의 '중요한' 자료로서는 활용되지 못하고 있다. 그러나 가야 내부 상황을 알 수 있는 자료가 빈약한 현 상황에서 「가락국기」만큼 중요한 자료도 없다고 생각된다. 비록 당대는 아니지만 가야인 중심으로 기록된 사료라는 점에서 불교적인 윤색과 신화적인 내용, 후대의 윤색을 어떻게 정리할 것인가에 대한 논의가 계속되는 가운데 「가락국기」를 좀 더 다양한 시각으로 활용해야 할 것이다.

참고문헌

三品彰英, 1975, 『三國遺事考證(上)』, 塙書房.
이병도, 1981, 「수로왕고」, 『한국고대사연구』, 박영사.
이기문, 1984, 「한국 고대제어 계통론」, 『한국사』23, 국사편찬위원회.
서경숙, 1986, 「「가락국기」의 역사적 성격」, 이화여자대학교 교육대학원 석사학위논문.
이기백, 1987, 「김대문와 김장청」, 『한국사 시민강좌』1.
정중환, 1990, 「가락국기의 문헌학적 고찰」, 『가야문화』3.
정중환, 1991, 「가락국기의 건국신화」, 『가야문화』4.
천관우, 1991, 『가야사연구』, 일조각.
김태식, 1993, 『가야연맹사』, 일조각.
이영식, 1994, 「구간사회와 가락국의 성립」, 『가야문화』7.
남재우, 1995, 「가야사의 연맹의 의미」, 『창원사학』2.
백승충, 1995, 『가야의 지역연맹사연구』, 부산대학교 대학원 박사학위논문.
권주현, 1998, 『가야문화사 연구』, 계명대학교 대학원 박사학위논문.
김태식, 1998, 「가락국기 소재 허왕후 설화의 성격」, 『한국사연구』102.
신경철, 1998, 「금관가야의 성립과 전개」, 『부산의 고분 문화』, 김해시.
박상란, 1999, 『신라·가야 건국 신화의 체계화 과정 연구』, 동국대학교 대학원 박사학위논문.
백승충, 1999, 「가야의 개국설화에 대한 검토」, 『역사와 현실』33.
백승충, 2000, 「가야의 정치구조 -'부체제' 논의와 관련하여-」, 『한국고대사연구』17.
백승충, 2000, 「통일기~나말여초의 가야사 인식」, 『한국고대사와 고고학』(학산 김정학 박사 송수기념논총), 학연문화사.
이영식, 2000, 「문헌으로 본 가락국사」, 『가야각국사의 재구성』(부산대학교 민족문화연구소 편), 혜안.
이형기, 2000, 「가야 지역연맹체의 구조와 그 성격」, 『국사관논총』88.
정중환, 2000, 『가라사연구』, 혜안.
백창기, 2001, 「가락국 초기 왕비족의 연구」, 성균관대학교 대학원 석사학위논문.
김태식, 2002, 『미완의 문명 7백년 가야사 1~3』, 푸른역사.

이영식, 2002, 「가락국기의 사서적 검토」, 『강좌 한국고대사』5.
백승옥, 2003, 『가야 각국사 연구』, 혜안.
권주현, 2004, 『가야인의 삶과 문화』, 혜안.
이문기, 2004, 「금관가야계의 시조 출자전승과 칭성의 변화」, 『신라문화제학술논문집』 25.
남재우, 2005, 「가야의 건국신화와 제의」, 『한국고대사연구』39.
이강래, 2006, 「『삼국사기』 열전의 자료 계통」, 『한국고대사연구』42.
주보돈, 2007, 「김유신의 정치지향 -연구의 활성화를 기대하며-」, 『신라사학보』11.
남재우, 2008, 「가락국의 건국신화와 제의」, 『역사와 경계』67.
윤석효, 2008, 『국내외 사서를 통해 본 가야사 탐구』, 한성대학교출판부.
서은숙, 2009, 「1~3세기 구야국의 형성과 정치적 성장」, 창원대학교 대학원 석사학위논문.
고민정, 2010, 「남강유역 청동기시대 후기 취락구조와 성격」, 『영남고고학』54.
김양훈, 2013, 「삼한시대 변한권역 철기생산의 추이」, 『역사와 세계』44.
여창현, 2013, 「소가야연맹체의 고고학적 연구」, 부산대학교 대학원 석사학위논문.
남재우, 2015, 「기록으로 본 가야문화의 성격」, 『구결연구』34.
연민수, 2015, 「변진시대 가락국의 성장과 외교」, 『한일관계사연구』51.
박양리, 2016, 「사서를 통해 본 가야·가야인식」, 『한국문학논총』73.
유우창, 2016, 「「가락국기」에 보이는 가라국」, 『지역과 역사』39.
이영식, 2016, 『가야제국사연구』, 생각과 종이.
조성숙, 2016, 「「가락국기」 신화의 전승에 나타난 생태적 관점과 의미」, 『민족문화』47.
김선욱, 2017, 「가락국 건국신화의 재인식 연구」, 인제대학교 대학원 석사학위논문.
왕산산, 2017, 「『삼국유사』 소재 「가락국기」의 역사 사실적 연구」, 공주대학교 대학원 석사학위논문.
이성주, 2018, 「국읍으로서의 봉황동유적」, 『김해 봉황동유적과 고대 동아시아』(심포지엄 발표자료집), 인제대학교 가야문화연구소·김해시.
남재우, 2019, 「문헌으로 본 가야사의 획기」, 『한국고대사연구』94.
장정태, 2019, 「일연의 가락국기를 중심으로 본 역사 인식」, 『한국사상과 문화』100.
백진재, 2020, 「5세기 말~6세기 중엽 가라국과 가야제국의 관계 -가라동맹의 성립과 구조에 대하여-」, 『한국고대사연구』97.
유우창, 2020, 「《가락국기》 편찬과 역사적 의미」, 『한국고대사탐구』36.
이남규, 2020, 「가야의 철 문화 -철기 및 제철 연구의 현황과 과제-」, 『가야의 철 생산과 유통』, 주류성.

「「가락국기」로 본 가락국의 형성」에 대한 토론문

김양훈 대성동고분박물관 연구원

지금까지 가야사 연구는 주로 『三國史記』, 『三國志』, 『日本書紀』 등을 활용하였다. 이 기록들은 후인 또는 외국인의 관점에서 편찬되었기 때문에 가야사 복원에 있어 많은 한계가 있음은 주지의 사실이다. 한편 『삼국유사』 「가락국기」도 연구자들이 활용을 주저하는데, 개략적이고 윤색과 과장이 심하기 때문이다. 이 같은 한계가 있음에도 안홍좌 선생님이 「가락국기」를 통해 가야사 복원을 시도한 점은 토론자로서 경의를 표한다.

본 발표는 「가락국기」를 검토하고, 주요 사서와 비교를 통해 가락국 건국기 즉, '國' 형성기 사회의 복원을 시도한 글이다. 이 글은 가락국 성립과 관련하여 몇 가지의 내용(구간의 성격, 가야 사회의 변화, 대외관계)을 살폈다. 토론자는 발표자의 논지와 관련하여 공감과 이견이 있지만, 이 자리에서는 몇 가지의 제 생각을 말씀드리면서 맡은 바를 다하고자 한다.

1. 발표자는 九干을 개별 집단의 종교적 지도자로 상정하고 있다. 이에 대하여 이견은 없지만, 九干이 존립한 시기는 어떻게 보는지 궁금하다.

2. 발표자는 김수로 집단을 『삼국사기』의 '신라육촌' 기사를 참고하여 위만조선 계열의 유이민일 가능성을 상정하였다. 토론자는 '신라육촌' 기사로 수로 집단 출자를 상정하는 것보다는 『삼국지』 한조도 고려해야 한다고 생각한다. 『삼국지』는 『삼국사기』보다 중국계, 조선계 유이민의 南走에 대해 비교적 많은 내용을 기술하였기 때문이다. 한편 수로 집단의

출자는 유이민의 남주로만 살펴볼 것이 아니라 중국 대륙과 한반도 정세 변동과 한반도 남부의 '國'의 등장과정을 통해서도 살펴보아야 할 것이다.

3. 발표자는「가락국기」의 궁궐 축조, 부역 동원과『삼국지』의 기록을 대비하여 수로왕의 정치적 입지에 대하여 의문을 제기하고,『삼국지』한조를 통해 가락국 건국기의 사회가 아직 계층 분화가 완료되지 못했고, 주수는 지도자의 권력에 머물고 있었을 것이라고 보고 있다. 이 점은 다른 기록이나 고고자료에서 볼 수 있는 가야의 성장을 도출하지 못하고, 건국 이후 가야 사회가 정체되었을 것이라는 오해의 소지를 낳을 수 있다.

1~3세기대 가야 사회를 논의하는데 활용하는『삼국지』한조는 당대의 사실을 기록한 점에서 사료적 가치가 높지만, 중국인의 시각에서 서술하였기 때문에 사료를 검토하는데 신중을 기할 필요가 있다. 특히 발표자께서 근거로 제시한 "주수의 읍락잡거", "하호의 한군현 방문" 기사는「가락국기」와 비교할 경우는『삼국지』의 중국인 시각을 제거하고 살펴볼 필요가 있다.

토론자가 발표문에서 진작 살펴보지 못하였거나 몰이해한 부분도 있습니다. 토론자가 놓친 부분은 이 자리에 참석하신 여러 선생님께서 가르침을 주시면 감사하겠습니다.

6

전기 가야의 대중국 교류
-중국 북방 지역과의 교류를 중심으로-

김일규 부산대학교 고고학과 강사

I. 머리말
II. 장송의례에서의 중국 북방의 문물
　1. 주·부곽식 목곽묘
　2. 석곽묘
　3. 殉葬
III. 부장 유물에서의 중국 북방 문물
　1. 동복
　2. 보요부 금동관
　3. 마구
　4. 무기와 무구
IV. 맺음말: 전기 가야의 대중국 교류의 범위와 성격

I. 머리말

고대부터 각 지역 사회는 자연환경의 차이와 문화 수준의 격차로 인해 해당 지역에서 산출되지 않거나 생산할 수 없는 문물을 다른 지역과의 교역을 통해 해결하여 왔다. 이러한 교역은 사람과 물자의 왕래를 조건으로 한다. 사람과 물자의 왕래, 즉 교류를 통한 문물의 교역에서는 물자뿐만 아니라 정치·사상·기술 등 문화적 요소도 함께 교류되어 해당 사회 발전을 촉진하였다. 따라서 각 사회는 더 높은 수준의 문화와 기술을 가진 지역과 교류하여 선진 문물을 받아들이고자 하였다(김일규 2019a).

가야의 대외교역과 교류에 관한 연구는 김해 대성동 고분군 발굴조사를 기점으로 이전과 이후로 구분할 수 있다. 그 이전의 연구는 주로 가야와 일본 열도 왜와의 교류에 초점이 맞추어져 왔다. 연구 범위는 가야의 도질토기, 마구, 무구와 일본 고분시대의 스에키, 마구, 무구 등과의 상관관계 및 이 기물들을 생산한 製陶 기술과 製鐵 기술을 일본 열도에 언제, 어떻게 전래하였고, 이것들이 倭 사회에 어떠한 영향을 끼쳤는가를 밝히는 데 주력하였다.

복천동 고분군의 발굴은 광개토왕의 경자년 남정이 가야 사회의 변혁은 물론 문물 상에도 큰 변화를 초래하였다는 패러다임을 형성하게 하였다. 일례를 들면 중국과 교류 과정에서 성립된 고구려의 마구와 무구가 가야의 그것에 직접적인 영향을 끼쳤다는 것이다. 이때까지는 여전히 가야와 중국의 직접적인 교류에 대한 고고학적 인식의 틀이 확보되지 않았다.

1990년부터 지금까지도 행해지고 있는 김해 대성동 고분군의 발굴이 가야사와 삼국시대 고고학에 끼친 영향은 재언할 필요가 없다. 김해 대성동 고분군에서는 중국의 중원과 북방, 일본과의 교류를 알 수 있는 외래 문물이 출토되어 전기 가야의 대외교류를 입증하고 있다. 대성동 고분군 발굴 이후 가야의 대외 교류 범위는 중국과의 직접 통교의 범위로 확대되었다. 가장 대표적인 연구는 慕容鮮卑의 공격을 받아 옥저로 피신한 부여 왕족의 일부가 낙동강 하구 유역으로 남하하면서 고대 국가로서의 가야가 시작되었다는 것이다(신경철 1992). 대성동 29호분으로 대표되는 주·부곽식 목곽묘와 도질토기, 순장, 동복, 보요부 금동관의 출토를 부여족 남하의 고고학적 증거자료로 제시하였다. 이는 단순한 교역이 아닌 집단의 이주에 의한 선진 문물의 직접 유입에 따른 결과로 해석한 것이다.

최근 김해 대성동고분박물관에 의한 대성동 고분군의 발굴조사는 그 이전보다 더 많은 성과를 내고 있다. 대성동 91호분을 비롯한 주 능선의 대형분에서 중국과의 교류를 나타내는 문물들이 많이 출토되었는데, 前燕(系)의 마구, 中原의 진식 대금구와 한경을 비롯하여 로만글라스 등이 대표적이다(沈載龍 2013).

이 글에서는 전기 가야 고분에서 출토된 중국 북방 지역과의 교류를 시사하는 문물을 장송의례와 부장 유물로 나누어 검토하여, 전기 가야의 대중국 교류의 대상과 범위 및 그 의의를 살펴보겠다.

II. 장송의례에서의 중국 북방의 문물

대성동 29호분이 조영될 무렵의 중국은 서진의 내부 분열이 시작된 시기이다. 이 무렵 중국 북방 지역의 내몽고 중부~요서 지역은 선비족이, 지금의 길림성 일대는 부여가 주 세력을 형성하고 있었다. 5호 16국시대가 되면 모용선비가 요서 지역에서 전연을 세우고 350년대에는 중원을 장악하기에 이른다. 전기 가야 시기의 중국 북방 특히 요서 지역은 모용선비가 세운 三燕(前燕, 後燕, 北燕)의 주 근거지였다.

대성동 고분군에서 출토된 북방 문물로는 장송의례와 부장 유물에

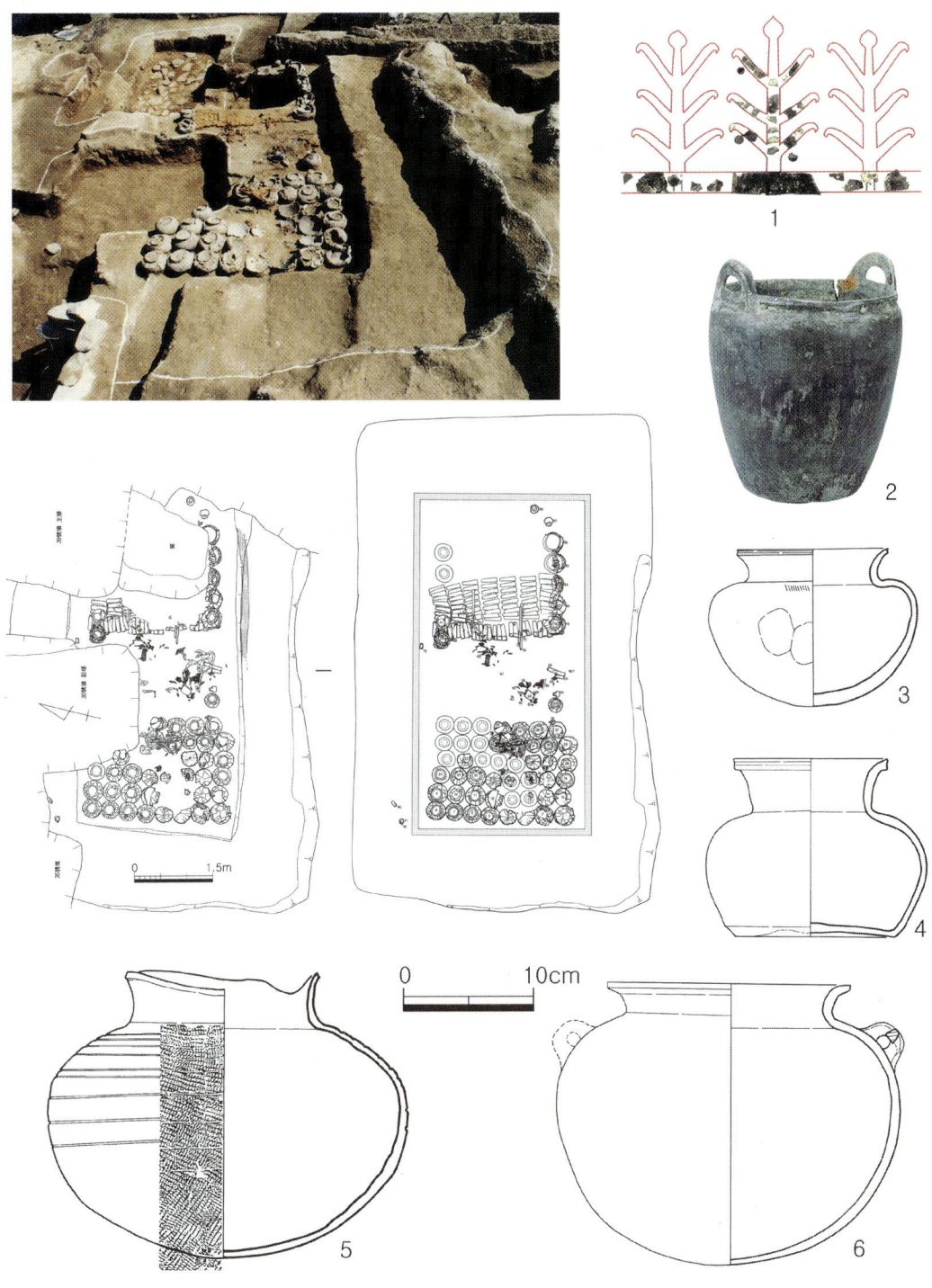

[그림 1] 대성동 29호분과 출토 유물(김일규 2018b)

서 모두 확인된다. 장송의례를 보면 葬具에서는 주·부곽식 목곽묘와 석곽묘가, 매장 의례에서는 순장이 있다. 부장 유물에서는 보요부 금동관, 동복, 마구, 무구 등의 유물이 있다.

1. 주·부곽식 목곽묘

시신을 안치한 주곽과 껴묻거리를 부장한 부장곽으로 나눈 구조의 목곽묘는 동주~서한대까지 중원에서 주로 유행한 형태이지만(劉振東 2015, 38-57 및 93-129), 3~4세기에 부여와 모용선비의 무대였던 중국 동북 지역의 무덤에서도 확인된다. 특히 부여의 무덤군으로 알려진 길림 帽兒山 고분군에서 발굴된 〈그림 2-1·2〉의 모아산 18호묘는 목곽의 한쪽에 칸을 질러 껴묻거리를 위한 부장 공간을 만든 동혈 주·부곽식 목곽묘[1]로 대성동 29호분과 꼭 같은 구조이다.[2]

주·부곽식 대형 목곽묘는 삼한시대의 목곽묘와는 다른 구조인데, 대성동 고분군에서 처음 등장하였다. 주·부곽식 대형 목곽묘는 김해 지역과 부산 복천동 고분군을 제외하면 동 시기의 전기 가야권역에서는 찾아보기 힘들다.

고대 사회에서 이데올로기의 최정점에 있는 무덤 등의 장송의례는 배타적이고, 보수성이 강하다. 그러므로 전기 가야의 수장급 무덤에 반영된 급격한 사상적 변화는 단순한 교류와 문물의 유입에 따른 결과로만 치부할 수 없다. 이는 북방 세력의 이입과 그에 따른 권력 구조의 재편을 통해 김해 대성동 고분군 집단을 중심축으로 하여 전기 가야가 성립한 것으로 해석할 수 있다(신경철 1995).

---

[1] 판재가 아닌 통나무나 각재로 제작한 목곽이다.
[2] 라마동 무덤의 전연의 목곽묘 중 일부 무덤(라마동 I M17, 동 I M5)에서도 발치 부분에 도기 등의 유물을 상자에 넣어 부장한 즉 부곽이 별도로 존재했을 가능성이 있다.

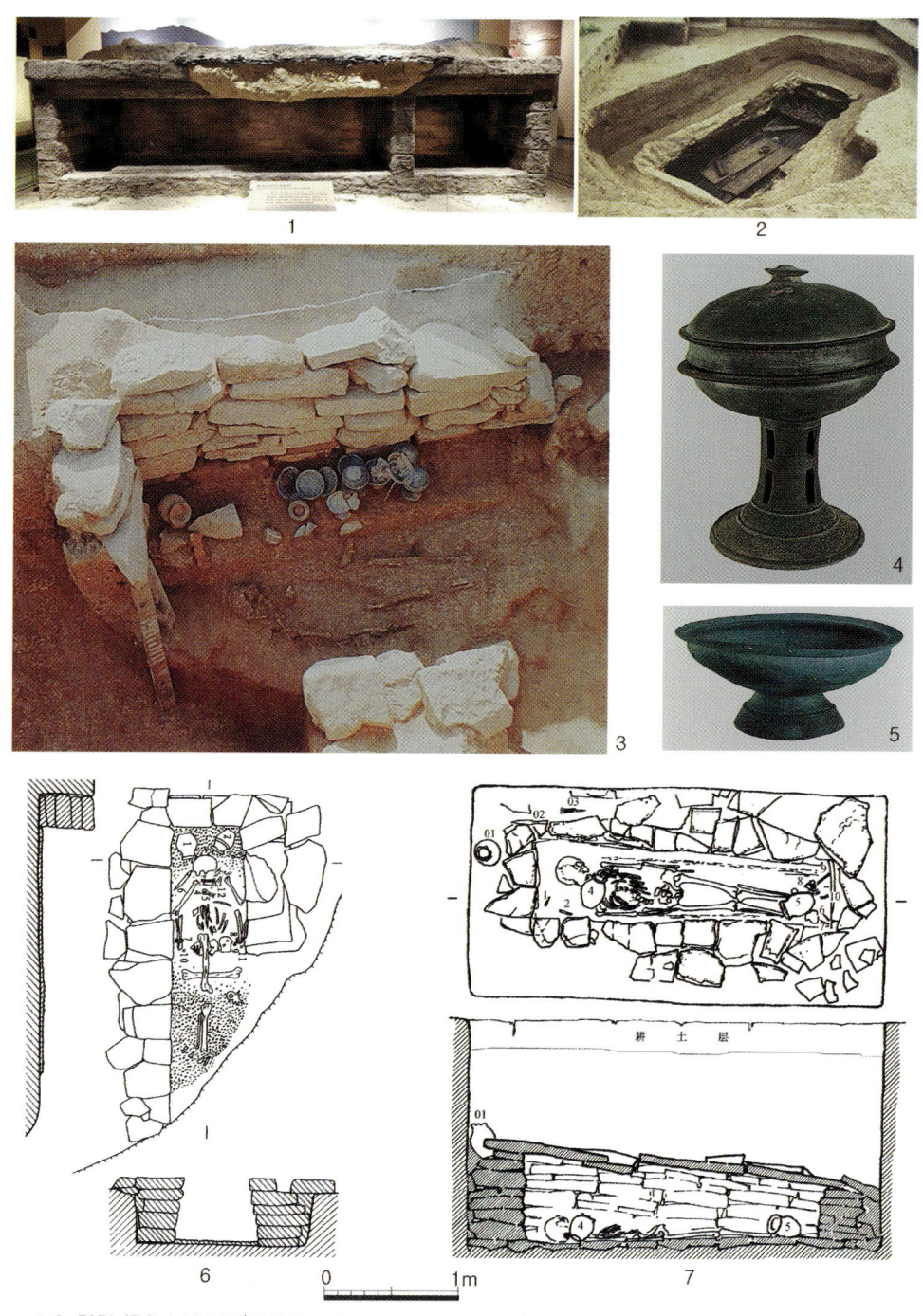

1,2: 길림 帽兒山18호묘(동철주부곽식목곽묘,1:2의 복원), 3~5: 대성동 35호 석곽묘와 출토 유물
6: 北票 大板營子95M2 석곽묘, 7: 北票 大板營子99M8 석곽묘.

[그림 2] 부여의 주·부곽식 목곽묘 및 모용선비의 석곽묘와 대성동 35호 석곽묘

2. 석곽묘

석곽묘는 주로 5세기대에 영남 지역에서 유행한 묘제인데, 가야에서는 복천동 21·22호분을 기점으로 수장계층의 무덤에 본격적으로 채용하였다. 전기 가야에서 석곽묘는 4세기 중엽에 대성동 35호분을 시점으로 하여 출현하였는데, 출토 유물로 볼 때 대성동 2호분과 같은 단계다. 〈그림 2-3〉의 대성동 35호분과 같이 판석형 할석을 평적하여 축조한 석곽묘는 삼한시대 및 4세기 전반의 전기 가야의 무덤에서는 찾아볼 수 없던 묘제이다.

대성동 35호분과 같은 석곽묘는 중국 동북 지방에서는 내몽고 동남부~요동에 걸친 지역에서 확인되는데(李鉉宇 2019), 모용선비가 요서 지역에 진입한 이후 채용한 묘제이다. 대성동 35호분은 벽석의 축조 형태로 볼 때 이현우가 분류의 B형 석곽묘에 해당하는 것으로 〈그림 2-6·7〉과 같이 대·소릉하 주변의 요서 지역에서 주로 분포한다(李鉉宇 2019). 이것으로 보아 대성동 35호분과 같은 석곽묘 역시 전연과의 교류 과정에서 전기 가야에 유입된 북방계 문물로 분류할 수 있다.

3. 殉葬

대성동 29호분에서 처음 시작된 순장은 대성동 고분군, 복천동 고분군 등의 전기 가야의 수장급 고분은 물론 지산동 고분군 등 후기 가야에서도 지속하였다.

중국에서의 순장은 신석기 중기인 앙소문화 만기부터 확인되는데 주로 夏商周時代에 유행한 장송의례였다. 戰國時代가 되면서 순장은 점차 감소하였는데, 진한시대를 거치면서 거의 사라지게 되었다.[3] 진시황릉

---
[3] 秦漢代 이후에는 약화되었지만, 아주 소멸한 것은 아니다. 삼국시대 東吳의 명장 陳武가 合肥之

과 서한의 황제·제후릉에서 출토된 다량의 도용은 순장을 대체하였음을 보여준다.

진한시대를 거치면서 중국 내지에서 거의 사라진 순장이 중국 동북 지방의 부여에서는 여전히 행해졌다고 문헌 기록은 말하고 있다. 『삼국지』 부여조에 "사람을 죽여 순장하는데 많게는 백여 명이다"라고 기재되어 있듯이 부여에서는 순장이 계속 행해졌음을 알 수 있다.[4] 그러나 지금까지 발굴 보고된 부여의 무덤에서는 순장의 여부가 분명치 않아, 고고학적 증거를 제시할 수 없다. 부여 무덤군으로 알려진 길림 帽兒山 고분군에서 대형 목곽묘들이 다수 발굴 조사되었는데, 정식 보고서가 간행되지 않아 단언할 수 없지만, 이 대형 목곽묘에서 순장의 여부를 알 수 있는 자료가 제시될 가능성을 조심스럽게 기대해본다.

1) 殉人

대성동 고분군에서는 29호분을 필두로 91호, 13호, 88호, 2호, 23호, 24호, 3호, 57호, 39호, 1호, 7호, 8호, 11호 등 대부분의 대형분에서 殉人이 확인되었다. 대성동 고분군에서 무덤 주인인 주 피장자 범위 외에서의 인골과 장신구 등의 출토로써 순장의 여부를 파악하고 있다. 대성동 고분군에서는 대체로 목곽 내에 순장자를 안치하였다. 그런데 91호분과 88호분은 〈그림 3-1·2〉에서 보듯이 목곽을 충전한 보강 범위에서도 순장자가 확인되었다. 이 두 무덤의 예를 고려하면 다른 대형분에도 목곽과 묘광 사이의 충전 범위에 순장자를 안치했을 개연성이 크다.

중국 상주시대의 순장과 비교하면, 목곽 내·외 殉人의 구별은 각각 무덤 주인과의 遠近 관계 또는 순장자의 계급 차이로 판단할 수 있다(張

戰에서 전사하자 孫權이 "命其愛妾殉葬"의 기록과 같이 특별한 상황에서는 순장이 여전히 행해졌는데, 淸 康熙12年(1674) "乙卯 禁八旗以奴僕殉葬"의 문헌에서 볼 수 있듯이 북방의 민족들에서는 淸代까지도 지속하였다(문헌 기록은 https://baike.baidu.com/ 참조).

[4] "… 殺人殉葬 多者百數 …". 『後漢書』 夫餘條 "… 殺人殉葬多以百數…".(『三國志』 卷30, 魏書東夷傳 夫餘)

學鋒 2009, 57-58). 목곽 내 무덤 주인의 주변에는 近臣 내지는 친연관계의 순인, 목곽 외부에는 시중 내지는 노예 신분의 순인으로 볼 수 있다.

2) 殉牲

대성동 88호분의 묘광 동쪽 장벽에 접하여 〈그림 3-3〉의 馬坑이 검출되었는데, 88호분 조영 시 행한 殉牲 내지는 犧牲의 흔적으로 볼 수 있다. 대성동 1호분에서도 목곽의 상부에서 순생한 소머리가 출토되었다. 대성동 고분군이 후대의 경작으로 인한 상부 삭평 및 도굴 등으로 심하게 교란된 것을 고려한다면 대형 목곽묘의 목곽 상부 내지는 봉토에 순생이 행해졌거나, 무덤 주변에 별도의 순생 또는 희생갱이 조성되었을 개연성은 크다.

한편 주·부곽식 목곽묘의 부곽에서 확인되는 유물 부장 양상 또한

1: 대성동 91호분과 목곽 내 순장
2: 대성동 88호분과 충전범위 내 순장
3: 대성동 88호분 주변 殉馬(馬犧牲)坑

[그림 3] 대성동 91호분, 88호분의 순장 양상 및 88호분 주변 殉馬(馬犧牲)坑

순생의 가능성을 고려할 수 있다. 부곽의 부장 양상을 살펴보면 토기와 철기 등의 유물을 부장한 범위 이외에 비어 있는 공간이 많이 있는데, 이곳에 순인 내지는 순생이 행해졌을 것으로 생각한다.

대성동 고분군에서 대형분 주변의 순생갱 또는 희생갱, 곽 상부와 봉토 혹은 부곽의 순생 여부 및 순생이 행해진 위치, 희생 동물의 종류 또한 순인의 위치와 마찬가지로 무덤 주인의 사회적 지위에 따라 각각 차별화하고 그것의 적용 또한 엄격하게 규정하였을 것이다.

순인과 마찬가지로 가축의 순생과 희생 또한 삼한시대 사회에서는 보이지 않던 습속으로, 순장과 함께 유입된 것으로 판단한다. 부여의 무덤에서는 말의 치아와 두개골이 출토되어 말의 殉牲이 행해졌음을 알 수 있다(華陽 2009). 모용선비와 삼연의 무덤에서는 소 등의 殉牲이 확인되며, 흉노 무덤에서도 양, 말, 소, 개의 순생이 확인된다. 중국 북방민족의 무덤에서 순생은 대체로 관곽과 묘광 사이의 충전 범위 내지는 발치 또는 머리맡에 별도의 순생 공간을 두거나, 관곽 상부에서 주로 확인된다. 따라서 대성동 고분군의 순인과 순생, 희생은 당시 중국 동북 지역의 부여와 모용선비의 매장 의례에서 직접적인 원류를 구할 수 있다.

대성동 고분군에서의 순장 출현 및 무덤 내에서 확인되는 殉人과 殉牲의 차이는 가야 사회의 계층구조 및 그것이 엄격하게 규정화되고 적용되었음을 방증한다. 이는 가야가 위계가 뚜렷한 정치체로서의 국가체제가 확립된 사회였음을 시사한다. 이러한 현상은 낙동강 하구 유역 삼한시대 사회의 내적 발전의 결과라기보다는 외적 영향에서 기인한 것으로 보는 것이 타당하다. 즉 해당 시기 중국의 혼란스러운 정치 상황에 따른 북방민족의 정치적 변혁과 그에 따른 집단의 이주가 낙동강 하구 유역에까지 영향을 미친 결과이며, 장송의례에서 확인된 상기한 현상은 그 부수적인 산물일 것이다.

III. 부장 유물에서의 중국 북방 문물

1. 동복

동복은 고대 유라시아 초원지대의 유목민족들이 사용한 대표적인 자비 용기이다. 중국 북방에서는 서주시대부터 그 사용이 확인되고 있다. 동복은 몽골 고원지대의 흉노식 동복에서 기원을 구하는데(潘玲 2015), 대부식 동복과 평저식 동복으로 양분한다(潘玲 2015; 이해련 2015). 김해 대성동 고분군과 양동리 고분군에서는 평저식 동복이 출토되었다. 평저식 동복은 몽골 고원지대를 비롯하여 오르도스고원에서 흑룡강성 동부에 이르기까지 중국 북방의 대부분 지역에서 출토되고 있다.

김해 대성동 29호분에서 출토된 평저식 동복은 상기한 흉노 및 탁발·모용선비의 영역은 물론 山西省과 陝西省, 한반도의 서북한 지역, 심지어 湖北省 鄂州의 東吳 유적에서도 출토되어 華夏의 중심부인 중원까지 전파되었음을 알 수 있다. 〈그림 4-7~10〉에서 보듯이 대성동 47호분

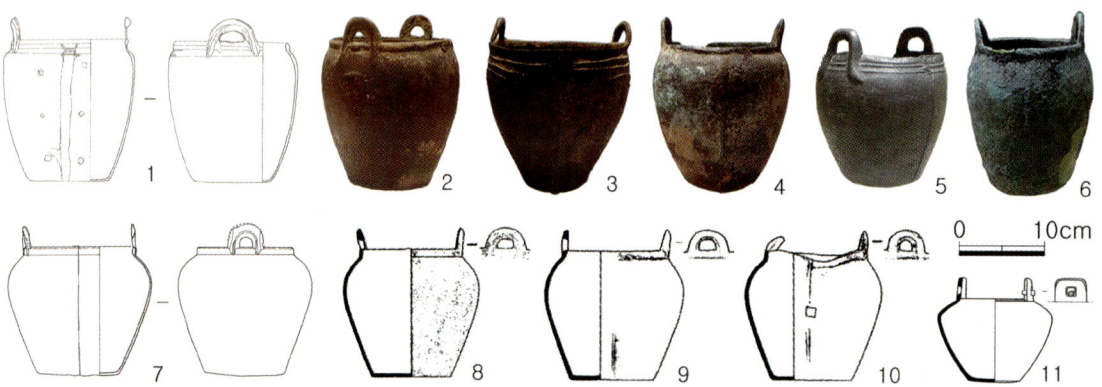

1:김해 대성동 29호분, 2:섬서성 神木市(섬서성박물관 소장), 3:鄂爾多斯청동기박물관 소장, 4:내몽고 烏蘭察布市, 5:黑龍江省 雙鴨山 有利南山城址, 6:吉林市 帽兒山 夫余 무덤군, 7:김해 대성동 47호분, 8:북표 라마동 ⅡM166, 9:북표 라마동 ⅡM125, 10:라마동 ⅡM43, 11:북표 풍소불묘

[그림 4] 대성동 출토 동복과 중국 북방 지역 출토 동복의 비교

에서 출토된 동복은 전연의 무덤군인 라마동 유적에서 출토된 동복과 비교하면 같은 거푸집으로 제작했다고 해도 무방할 정도로 똑같은 형식이다.

潘玲은 銅鍑이 출토된 라마동 유적의 무덤을 曹魏~十六國時代 前期를 전후한 무렵인 3세기 중엽~4세기 중엽으로 편년한다(2015, 20-25). 평저식 동복은 견부가 강조되고 동체 고 대비 최대경이 커지는 방향으로 형식 조열되는 것(潘玲 2015, 21)을 감안하면 415년의 조영 연대가 명확한 풍소불묘에서 출토된 동복과 대성동 47호분의 동복은 1~2단계의 형식 차이만 인정될 정도로 시간적 간격이 크지 않다(김일규 2018a). 한편, 田立坤은 라마동 유적의 무덤군을 모용선비 정권 하의 부여 유적, 즉 346년 전연이 부여를 멸망시킨 후 이주시킨 부여 유민의 무덤군으로 해석하기도 한다(田立坤 2003). 이러한 점들을 고려하면 대성동 47호분에서 출토된 형식의 동복이 유행한 중심연대는 전연이 성립된 시점(337년)을 전후한 4세기 전·중엽으로 편년할 수 있다. 대성동 47호분은 4세기 3/4분기로 편년하므로 이 형식의 동복이 유행한 시간대와 형식의 유사성도 이를 방증한다.

2. 보요부 금동관

대성동 29호분에서는 보요부 금동관도 출토되었다. 도굴의 피해로 파손, 결실 정도가 심하지만, 보고서에서는 떨잠이 장식된 樹枝狀의 步搖冠으로 복원하였다.

대성동 29호분에서 출토된 금동관과 같은 금제 장신구 역시 시·공적으로 선비의 영역에서 유행한 요소로 볼 수 있다. 물론 양한~육조시대의 중원 지역에서도 금제 장신구가 사용되었지만, 금제 관식은 찾아보기 힘들다.

동한 만기에 선비족이 남하하여 정착한 내몽고 중남부-산서성 북

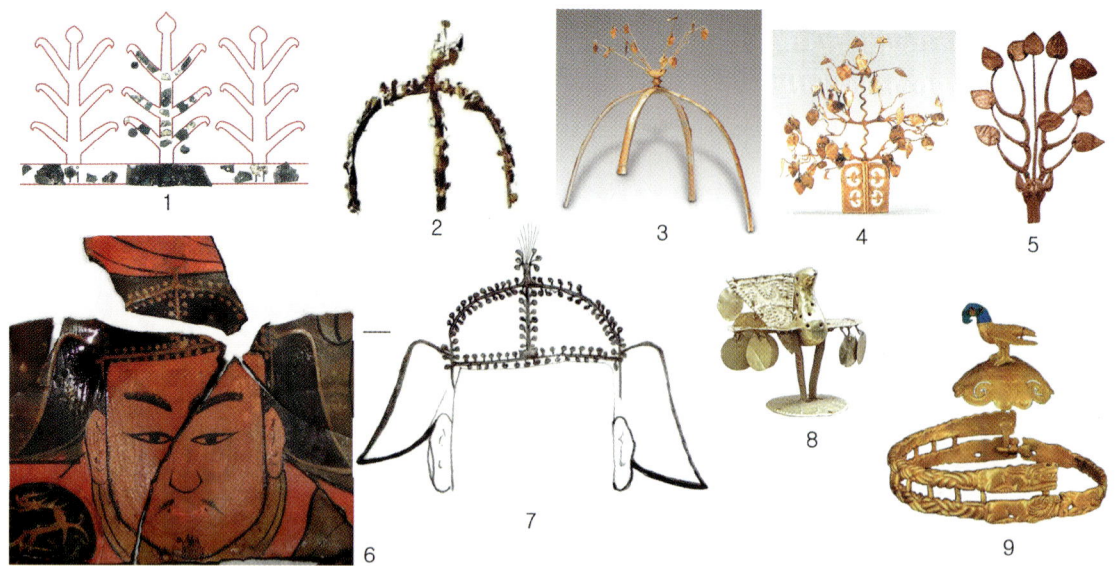

1:대성동 29호분, 2:朝陽 王墳山墓, 3:北票 馮素弗墓, 4:朝陽 舘草溝M2, 5:內蒙古 達爾罕茂明安聯合旗 前河子村, 6,7:山西省 大同沙岭北魏M7壁畵墓 8:內蒙古通遼市科左后旗鮮卑墓, 9:內蒙古 鄂尔多斯市 杭錦旗阿魯柴登 匈奴墓.

[그림 5] 대성동 29호 보요부 관 및 북방의 선비 보요 관식과 흉노 금관

부-하북성 서북부에 해당하는 代지역 및 조위대 이후 모용선비의 주요 근거지였던 내몽고 남동부-요서 지역에서는 보요관 장식과 보요부 이식 등을 포함한 금제 장신구의 출토 예가 많다(이송란 2011; 조윤재 2015; 김일규 2018a). 〈그림 5-8〉은 내몽고자치구 通遼市의 檀石槐 시기의 선비 무덤에서 출토된 금제 봉황 장식 보요이다. 〈그림 5-3〉은 전연 내지 후연묘로 편년하는 遼寧省 北票房身村晋墓 M2에서 출토된 보요 장식이며, 〈그림 5-2〉와 〈그림 5-3〉은 시기가 다소 떨어지지만, 각각 북연의 풍소불묘와 조양 왕분산묘에서 출토된 금제 보요관이다. 그리고 〈그림 5-6·7〉은 山西省 大同 沙岭北魏7號墓에서 출토된 칠기에 그려진 墓主夫婦인데, 頭髮의 형태에서 무덤 주인이 북위의 선비족이 명확하고, 머리에 보요관을 쓰고 있는 것이 뚜렷하게 표현되어 있다(王雁卿 2019).[5]

---

5   이 무덤에서는 太延元年(435년)에 歿하였다는 명문이 있는 칠기도 출토되었다.

A. 曾祖莫護跋 魏初率其諸部入居遼西 …… 時燕代多冠步搖冠 莫護跋見而好之 乃斂髮襲冠 諸部因呼之爲步搖 其後音訛 遂爲慕容焉.(『晉書』卷108, 慕容廆載記)

B. …… 見燕代少年多冠步搖冠 ……(『太平御覽』卷121, 十六国春秋·前燕錄)

위의 두 문헌 기사의 燕, 代는 상기한 중국 북방 지역에 해당하는 곳으로 당시 선비족의 주 활동무대였다. 모용선비의 "慕容"이라는 명칭이 步搖에서 파생했으며, 이 지역에서는 보요관이 유행하였다는 문헌 및 위에서 제시한 고고학 자료들로 볼 때 보요 장식의 계보에 대해서는[6] 차치하더라도, 당시 선비족 사회에서는 금(동)제 보요관을 비롯한 보요 장식이 유행하였다는 것을 방증한다.

따라서 대성동 29호분의 금제 보요관 또한 이러한 선비족의 보요 장식 문화에서 기원을 구하는 것이 타당하다.

3. 마구

1) 기승용 마구

대성동 고분군에서 출토된 북방(계) 문물 중에는 마구도 있다. 4세기 전반으로 편년하는 대성동 91호분과 복천동 38호분에서 출토된 재갈은 고구려를 제외하면 삼국시대 유적에서 출토된 마구 가운데 가장 고식에 해당한다. 대성동 91호분에서 출토된 재갈은 고삐 연결 장치인 인수가 U자형의 2조 선인 것과 1조 선인 것이 모두 확인된다. 이 중 전자는

---

[6] 이 지역의 보요부 장식 문화의 원류가 중원 지역인지, 중앙아시아-아프카니스탄의 틸랴테페(Tillya Tepe) 보요부 금관 등 다른 지역에 있는가에 대해서는 별지에서 다루고자 한다.

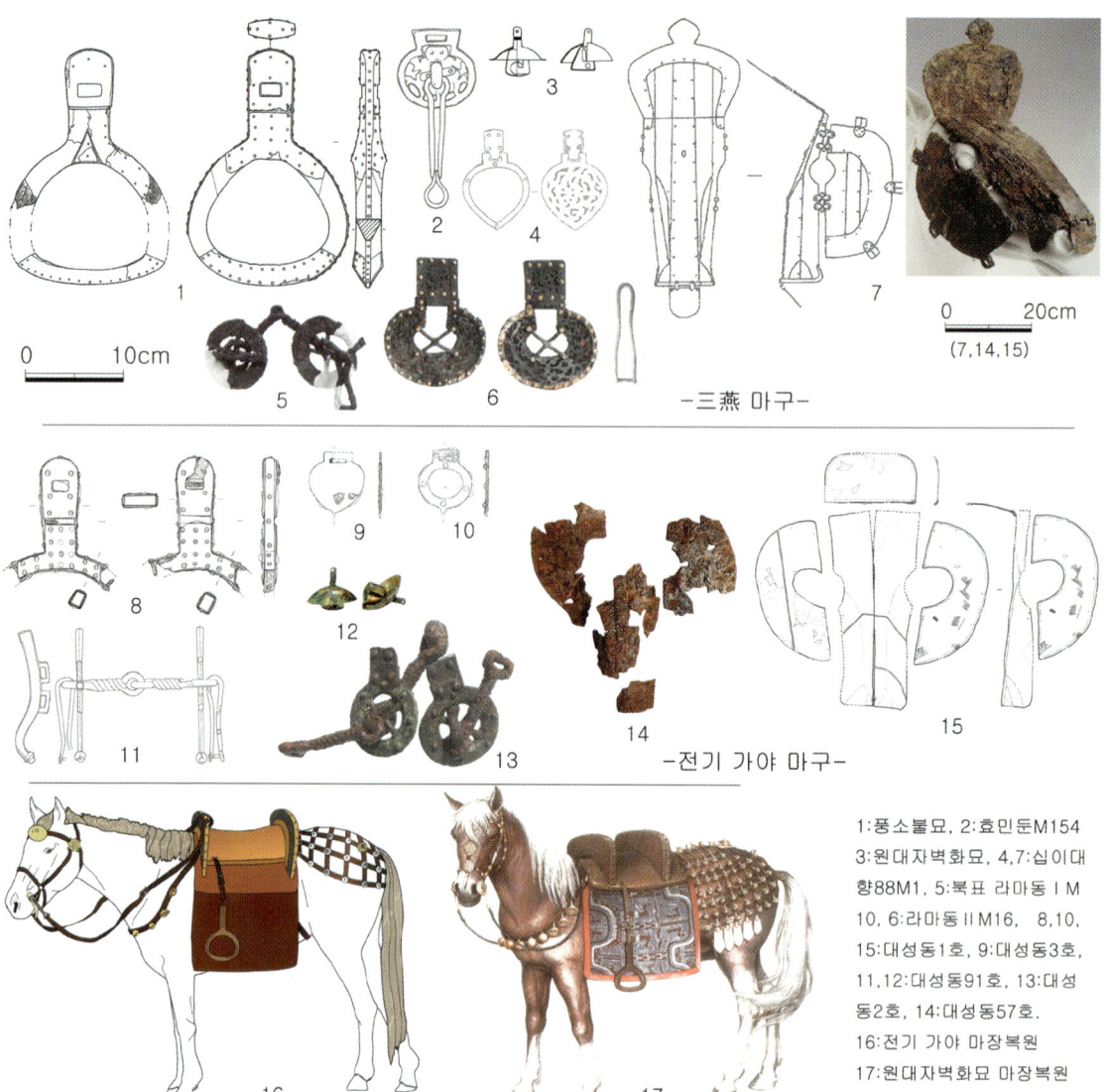

[그림 6] 三燕과 전기 가야의 마구 및 마장 복원도

전형적인 전연식 재갈이며,[7] 후자는 이조의 선을 꼬아 인수의 내환 및 삼각형의 인수 외환을 분리한 형태로 중국 북방의 재갈에서 확인되지 않는

---

7   중원과 중국 북방 지역에서 일찍부터 녹각제 재갈 멈치가 이용되었으므로, 이 또한 전연식 재갈의 속성으로 판단된다.

속성인 것에서 김해 지역에서 토착화한 전연계 마구로 구분할 수 있다.

한편 복천동 38호분에서 출토된 재갈의 인수는 瓢形으로 부여 마구에서 계보를 구하기도 한다(신경철 2017). 그런데 상기한 후자의 1조 선 인수를 가진 재갈은 토착화가 상당히 진행된 것으로 볼 때 91호분 이전 단계에 이미 북방식 마구가 유입되었을 개연성이 크다. 즉 신경철(2017)이 언급한 바와 같이 대성동 29호분 단계에 유입된 북방식 문물 중에는 마구도 포함되었을 것으로 해석할 수 있다.

재갈을 제외하고서도 대성동 91호분에서 출토된 마구는 표비, 蓮子房形 방울에 반구형 삿갓을 씌운 영부운주, 貝製 운주, 용문 투조 반구형 금동장식, 금동제 원형 당로, 가슴걸이 장식 방울 등의 전연 마구가 있다. 무덤이 도굴되어 완전한 마구의 조합을 알 수 없지만, 안교와 등자로 볼 수 있는 유물은 확인되지 않아 두 종류의 마구는 부장되지 않았을 개연성이 크다. 91호분 출토 마구는 인수가 장착된 표비, 복조식 후걸이, 방울이 장식된 가슴걸이, 원형 당로의 조합이 복원된다. 91호분 출토 마구 부속금구 중에는 내몽고 科左中旗 六家子鮮卑墓群M147, 동 M53에서 출토된 것과 같은 형식도 있어 그 원류가 전형적인 중국 북방 마구의 요소임을 알 수 있다(張柏忠 1989).[8]

4세기 3/4분기로 편년하는 대성동 2호분에서는 재갈에 장식성을 더한 〈그림 6-13〉의 X자형 환판비 및 표비가 출토되었다. 판비는 前燕 末~ 後燕 성립기의 마구로 편년하는[9] 〈그림 6-6〉의 북표 라마동ⅡM16 환판비와 유사하고, 표비의 표 입문 금구 역시 전연의 것과 유사한 형태이다. 그러므로 2호분 출토 마구도 북방식(전연) 마구에서 그 계보를 구할 수 있다. 2호분과 같은 단계인 대성동 68호분에서는 재갈, 등자, 안교가, 동 47호분에서는 등자가 출토되었는데, 등자는 모두 單鐙이다. 4세기

8　六家子鮮卑墓群은 보고문에서는 연대를 동한 만기~서진대의 선비족 무덤으로 편년하고 있다.
9　후연으로 편년하는 연구자도 있다(이현우 2018).

4/4분기로 편년하는 대성동 3호분에서는 〈그림 6-9〉의 심엽형 행엽이, 역시 같은 단계인 57호분에서는 원판비, 쌍등, 마주가 출토되었다. 5세기 1/4분기로 편년하는 대성동 1호분에서 출토된 〈그림 6-8〉의 쌍등은 〈그림 6-1〉의 북표 풍소불묘 출토품과 같은 유형으로 볼 수 있을 정도로 유사다. 이 마구들도 그 계보를 三燕에서 구할 수 있다.

전기 가야에서는 4세기 전반(2/4분기)부터 북방의 전연식 마구가 출토되었지만, 판비, 안교, 등자는 4세기 3/4분기에 확인된다. 전연에서도 판비와 고안교, 등자는 전연이 352년 후조를 멸하고 중원으로 진출한 시점에 채용하여 본격적으로 사용하였다.[10] 이처럼 전기 가야의 마구는 전연의 마구 변천과 같은 양상으로 전개되었는데, 이는 전기 가야가 중국 북방 세력의 三燕과 직접 교류하였다는 것을 방증한다.

2) 馬胄

각각 4세기 말과 5세기 극초로 편년하는 대성동 57호분과 대성동 1호분에서 馬胄가 출토되었다. 57호분에서 출토된 〈그림 6-14〉의 마주는 결손 부분이 많아 전체를 복원할 수 없지만, 상판을 연결한 鐵帶, 볼 가리개에 안공의 하반을 조성한 속성으로 볼 때 李尙律(2005, 2016) 분류의 상판 분리형이다. 대성동 1호분에서 출토된 〈그림 6-15〉의 마주도 상판이 분리되어있고, 안공의 절반은 상판에 나머지 절반은 볼 가리개에 형성되어 있는 상판 분리형이다. 이 외에도 5세기 초의 무덤인 김해 두곡 8호분 및 5세기 2/4분기로 편년하는 대성동 고분군 최후의 대형 목곽묘인 대성동 93호분에서도 상판 분리형의 마주가 출토되었.

대성동 고분군에서 출토된 상판 분리형 마구는 前燕 마주에서 계보를 구할 수 있다(김일규 2018a). 그렇지만 전연 마주와는 세부적인 속성의

---

10 삼연 馬裝 체계가 성립된 시점의 등자는 單鐙인데, 352년 이후로 편년하는 원대자벽화묘와 북표 북구M8에서 2점의 등자가 처음 출토하였다. 이처럼 삼연 마구에서 雙鐙은 전연 말~후연 성립(384년) 무렵에 일반화되었다(김일규 2019b).

차이가 뚜렷하다. 상판이 분리된 것과 안공 위치의 속성을 제외한 상판, 볼 가리개, 측판, 챙 등 세부 구조 및 개별 부위의 제작 방법에서도 차이가 뚜렷하다. 이는 전연 마주를 모방하여 가야에서 제작한 토착화된 것임을 의미한다. 따라서 전연 마주에 대한 정보는 대성동 57호분 이전 단계에 전기 가야에 유입되어 있었다고 볼 수 있다. 대성동 57호분에서 출토된 마주와 쌍등은 전기 가야가 삼연(전연, 후연)과의 교류를 통해 4세기 후반에는 鎧馬로 무장된 중장기병을 받아들였음을 예상할 수 있다. 대성동 고분군에서 출토된 전연계 마주의 존재는 전기 가야가 5세기 초엽까지도 중국 북방의 삼연과 교류를 지속하였음을 시사한다(김일규 2018a).[11]

4. 무기와 무구

대성동 고분군에서 출토된 무기류 중 뼈로 만든 화살촉인 골촉과 이것을 모방한 골촉형 철촉은 중국 북방 지역에서 널리 사용한 무기이다. 중국 북방 지역에서 골촉은 明靑代까지도 제작, 사용하였다.

이외에도 철제 비늘갑옷인 유동식 찰갑과 종장판주도 대표적인 북방(계) 유물로 분류할 수 있다. 소찰제 갑주는 흑해 연안에서 기원한 것으로 서한 조기에 메탈로드를 통해 중원에 유입되어 유행한 방어구이지만, 동한대에 북방 지역에 전파되어 유동식 구조 등으로 구조 개량을 거친 형식이 전기 가야에 유입된 것으로 판단하는데, 대성동 13호분, 18호분, 복천동 38호분 등에서 출토된 찰갑과 종장판주가 해당한다.

....
11 대성동 1호분 출토 쌍등의 형태와 세부 속성은 북연의 풍소불묘 출토 등자와 아주 유사하다.

IV. 맺음말: 전기 가야의 대중국 교류의 범위와 성격

대성동 고분군에서는 북방 문물만 출토된 것은 아니다. 중국의 중원과 화남 지역을 원향으로 하는 유물의 출토 예도 확인되어, 전기 가야가 중국 북방은 물론 중원과 화남 지역과도 교류하였음을 알 수 있다.

대성동 29호분이 조영되면서부터 낙동강 하구 유역에서는 이전의 와질토기와 다른 도질토기를 부장하기 시작하였다. 도질토기와 이를 소성한 登窯는 중국 장강 유역의 龍窯와 硬陶 製陶技法에서 기원한 것이다(김일규 2018a). 이외에도 각각 3세기 후반과 4세기 전반으로 편년하는 양동리 462호분과 복천동 80호분에서 출토된 금박유리구슬도 화남 지역에서 유입된 문물이다. 실크로드를 통해 중국에 유입된 금박 기술은 육조시대에 남경을 중심으로 크게 유행하였는데, 육조의 도성인 남경은 당시 금박 생산의 중심지였다(김일규 2019a). 도질토기와 등요 및 금박유리구슬은 전기 가야가 중국 화남 지역과도 직간접적으로 교류하였음을 방증한다.[12]

4세기 3/4분기로 편년하는 대성동 70호분과 88호분에서 출토된 진식 대금구 및 2호분, 70호분, 23호분에서 출토된 한경은 대표적 중원의 문물로 중원 지역과의 교류를 시사한다. 당시 5胡에 점령당한 중국 화북 지역의 정세를 고려하면, 이 유물들은 한화 정책을 표방하고 동진과 친화적이던 전연이 후조를 멸하고 중원 지역에 진출한 352년 이후에 전연을 통해 전기 가야에 유입되었을 가능성이 크다.

전기 가야 고분에서 출토된 중국 문물은 서진 말 북방 민족이 남하하면서 야기된 동아시아의 정세 변동이 낙동강 하구 유역에도 직접 반영된 것으로 볼 있다. 대성동 고분군에서 대형 목곽묘가 조영된 전 기간에

---

[12] 해상교류 루트는 지금으로서는 장강 하구-산동반도-묘도 열도-요동반도 동안-한반도 서남해안의 연안 루트를 이용하였을 것으로 본다.

걸쳐서 출토되는 중국 북방의 문물은 전기 가야가 이 기간 내내 중국 북방 지역과 교류를 계속하였다는 직접적인 증거이다. 3세기 말엽 전기 가야가 성립될 무렵의 낙동강 하구 유역은 중국의 북방에서 화남 지역에 이르기까지 여러 지역과의 교류 양상이 확인된다. 이후 4세기 중엽이 되면 전기 가야의 대중국 교류의 주 대상은 모용선비의 전연이 되는데, 이후 후연을 거쳐 북연이 멸망할 때까지 지속하였다. 이처럼 전기 가야는 상호작용의 기반에서 중국 북방의 三燕을 중심으로 하여 화남 지역과도 관계망을 형성하였음을 알 수 있다.

전기 가야는 중국과 단순한 물자의 교역에 그치지 않고, 기술, 문화, 사상 등 제 분야에 걸쳐 교류하였는데, 전기 가야의 대중국 교류 문물은 다음과 같이 세 유형으로 분류할 수 있다.

첫째, 단순 교역에 의한 상품의 전래이다. 보요관, 동복, 진식 대금구, 한경, 로만글라스, 금박유리구슬 등과 같이 상품의 형태로 유입된 것으로, 이 유물들은 위세품으로 볼 수 있는 상징성이 강한 것이다. 이 문물의 유입은 연속적이지 않고 단타에 그친 경우가 대부분이다.

둘째, 기술의 유입에 따른 제품의 생산이다. 도질토기, 소찰제 갑주, 골촉형 철촉, 마구, 마주 등이 해당한다. 기술의 전파는 반드시 기술을 가진 인적 구성원의 이주를 필요조건으로 하므로(김일규, 2018a), 기술을 가진 장인집단 내지는 이러한 기술자를 대동한 세력이 김해 지역에 들어와 제품을 직접 제작하고, 이후 토착화 과정을 거쳐 주변으로 파급하고 후대에 계승되었을 것이다.

셋째, 사상(문화)의 유입과 변화이다. 이것은 장송의례에 따른 장구와 매장 프로세스 등과 같은 이데올로기의 유입이라고 할 수 있다. 주·부곽식 목곽묘, 석곽묘, 殉葬, 犧牲 습속이 해당한다. 특히 이러한 사상적 변화는 3세기 말엽부터 주·부곽식 목곽묘와 함께 돌출하는 현상으로 그 이전과 비교하면 획을 그을 수 있다.

4세기대에 발전을 이루던 전기 가야는 광개토왕의 경자년(400) 남정에 의한 타격에 더하여 436년 북연의 멸망으로 인해 중국 동북 지역-한반도 남부-일본 열도를 잇는 교역망의 거점 역할을 상실하게 되었다. 이후 낙동강 하구 유역 중심의 전기 가야는 약화되고 5세기 중엽부터 주변의 제 가야로 세력이 분산되는 후기 가야가 전개되었다.

참고문헌

張柏忠, 1989, 「科左中旗六家子鮮卑墓群」, 『考古』第5期.
신경철, 1992, 「김해 예안리160호분에 대하여 -고분의 발생과 관련하여-」, 『가야고고학논총』1.
烏蘭察布盟中博物館, 1994, 「察右後旗三道灣墓地」, 『內蒙古文物考古文集』1.
신경철, 1995, 「김해 대성동·동래 복천동고분군의 점묘 -금관가야 이해의 일단-」, 『부대사학』19.
遼寧省文物考古研究所·朝陽市博物館, 1997, 「朝陽十二臺鄕磚廠88M1發掘簡報」, 『文物』第11期.
武家昌, 2003, 「遼寧北票市大板營子鮮卑墓的淸理」, 『考古』第5期.
田立坤, 2003, 「關于北票喇嘛洞三燕文化墓地的幾个問題」, 『遼海考古文集』.
李尙律, 2005, 「新馬胄考」, 『嶺南考古學』37.
국립중앙박물관, 2008, 『몽골 흉노무덤 자료집성』.
白榮金·萬欣·雲燕·俊濤·王爽·白雲燕·肖俊濤, 2008, 「遼寧北票喇嘛洞十六國墓葬出土鐵甲復原硏究」, 『文物』第3期.
張學鋒, 2009, 『中國墓葬史』, 廣陵書社.
華陽, 2009, 「從考古發現看夫餘的厚葬之風」, 『東北史地』6.
이송란, 2011, 「위진남북조시대 금단문당과 금보요관의 시원과 전개」, 『고문화』78.
沈載龍, 2013, 「中國系遺物로 본 金官加耶와 中國 東北地方」, 『中國 東北地域과 韓半島 南部의 交流』(第22回 嶺南考古學會 學術發表會 자료집), 영남고고학회.
萬欣, 2015, 「遼寧北票市喇嘛洞墓地ⅠM17鐵甲堆積室內淸理簡報」, 『2011년---2015년 遼西地區東晉十六國時期都城文化硏究學術硏討會』, 遼寧省文物考古硏究所·日本奈良文化財硏究所.
潘玲, 2015, 『中國北方晚期鍑硏究』, 科學出版社.
北票市文物管理所, 2015, 「遼寧省北票市金河石槨墓」, 『北方文物』1.
遼寧省博物館, 2015, 『北燕馮素弗墓』, 文物出版社.
劉振東, 2015, 『冥界的秩序』, 文物出版社.

이해련, 2015, 「몽골 출토 동복에 대한 검토」, 『博物館研究論集』21.
조윤재, 2015, 「고고자료를 통해 본 삼연과 고구려의 문화적 교류」, 『선사와 고대』43.
李尚律, 2016, 「古代東アジアと日本列島の馬具」, 『騎馬文化と古代のイノベーション』, KADOKAWA.
萬 欣, 2017, 「遼寧北票市大板營子墓地的勘探與發掘」, 『辽西地区东晋十六国时期都城文化研究』, 辽宁人民出版社.
신경철, 2017, 「가야·신라 초기마구의 성격과 의미」, 『古文化』90.
김일규, 2018a, 「금관가야고분 출토 외래유물의 성격과 의의」, 『호남고고학보』60.
김일규, 2018b, 「김해 대성동고분군 목곽묘의 변천과 특징」, 『가야고분군Ⅰ』(가야고분군 연구총서 제2권), 가야고분군 세계유산등재추진단.
이현우, 2018, 「中國 山東省 靑州 출토 馬具」, 『考古廣場』22.
김일규, 2019a, 「복천동고분군의 외래유물과 대외관계」, 『1600년 전 복천동 사람들』(특별기획전 도록), 복천박물관.
김일규, 2019b, 「三燕 馬具의 기원과 계통」, 『동북아 초기 역사시대 물질문화의 접촉과 변용』한국학중앙연구원 한국학기초연구 공동연구팀.
王雁卿, 2019, 「头安金步摇 摇曳在平城桃形」, 『文博山西』.
李鉉宇, 2019, 『早期慕容鮮卑及三燕時期墓葬的考古學研究』, 北京大學 博士研究生學位論文.

「전기 가야의 대 중국 교류」에 대한 토론문

이현우 부산대학교 고고학과 강사

전기 가야는 바닷길을 통해 중국과 활발히 교류하였으며, 4세기 2/4~3/4분기 중국계 유물이 김해 대성동 고분군에 집중 부장된다. 발표자는 전기 가야의 대중국 교류를 장송의례(주·부곽식 목곽묘, 석곽묘, 순장)와 부장 유물(보요부금동관, 동복, 마구, 무기와 무구) 방면으로 나누어 상세히 검토하고, 당시 전기 가야가 북방뿐만 아니라 중원, 화남 지역과도 관계망을 형성하였음을 밝혔다. 지금까지 전기 가야의 대중국 교류에 대한 연구가 모용선비의 삼연을 중심으로 전개되었다면 이번 발표에서는 그 시야를 중국 남방까지 넓혀 새로운 시각으로 접근하였다. 대중국 교류에 있어 많은 부분 발표자의 의견에 동의하는 바이지만 두 가지 질문을 통해 발표자의 의견을 구하고자 한다.

1. 발표자는 대성동 35호와 같이 판석형 할석을 평적하여 벽석을 축조한 석곽묘의 기원을 전연의 석곽묘에서 구하고 있으며, "전연과의 교류 과정에서 유입된 북방계 문물"로 파악하고 있다. 단곽식 혹은 주부곽 목곽묘를 주묘제로 사용하는 전기 가야 지역에 석곽묘라는 새로운 묘제가 출현하며, 5세기 2/4분기부터 석곽묘는 부산 복천동 고분군의 최상위 계층의 묘제로 채택된다. 묘제는 보수적 성격이 가장 강한 고고자료로, 당시 前燕의 권역 내에서도 족속에 따라 목관묘, 목곽묘, 석곽묘, 석실묘, 전실묘를 달리 사용한다. 전기 가야 지역에서 석곽묘라는 새로운 묘제의 출현을 전기 가야 지역에 들어온 전연인 혹 모용선비족과 관련지어 생각

할 수도 있을 것이다. 이에 대한 발표자의 의견을 듣고 싶다.

    2. 발표자는 전기 가야의 도질토기, 등요 그리고 금박유리구슬을 중국 화남 지역과의 직간접적인 교류의 산물로 파악하고 있다. 3세기 후반 吳의 북방에는 쯥이 있었고, 4세기 2/4분기~3/4분기에는 전연이 발해만을 비롯하여 산동에서 요동에 이르는 해상루트를 장악하고 있었다. 당시 용요제도기술, 금박유리구슬 등이 화남 지역에서 직접적으로 유입되었다면, 북쪽의 발해를 거치지 않고 장강 하류에서 출항하여 서해를 건너 한반도 남부의 서·남해안에 도달하는 바닷길을 상정해야 할 것이다. 이 원양항해 루트에 대한 발표자의 의견을 듣고 싶다.

7

「가락국기」로 본 首陵王廟의 조성과 그 성격

이현태 국립경주박물관 학예연구사

※ 이 글은 2020년 7월 11일 국립김해박물관과 (사)부경역사연구소가 공동으로 개최한 "가야의 기록, 「가락국기」를 이야기하다" 학술심포지엄에서 발표한 원고를 수정, 보완한 것으로, 『白山學報』第118號(2020년 12월 발간)에 게재하였음을 밝혀둔다.

I. 머리말
II. 殯宮의 성격
III. 首陵王廟의 의미와 성격
IV. 首陵王廟의 구조
V. 맺음말

I. 머리말

『三國遺事』卷2, 紀異2에는「駕洛國記」가 실려 있다. 一然은『삼국유사』의 條目을 설정하면서 國名이나 王名, 人物名, 事件名 등 해당 내용을 핵심적으로 보여줄 수 있는 용어를 제목으로 정하였는데, 이러한 원칙에 비추어보면「가락국기」처럼 原典의 명칭을 그대로 조목의 제목으로 정한 것은 오히려 예외적인 경우에 해당한다[李基白 1987(2004, 18-20); 李永植 2002, 147-149].「가락국기」라는 조목에는 "(고려) 문종조 太康 연간에 金官知州事였던 文人이 지은 것이다. 지금 간략하게 줄여 싣는다"는 註가 달려 있는데,[1] 撰者가 누구였는지는 의견이 분분하다. 金官知州事였던「가락국기」의 찬자로는 金良鎰, 金良鑑 등이 거론되고 있으나 누구라고 단정 짓기는 힘들다[丁仲煥 1990(2000, 340-342); 李永植 2002, 159-164]. 이와 달리 편찬 시기는 "今上이 나라를 다스린 지 31년이 되는 太康 2년 丙辰"이라는 구절[2]을 근거로 1076년으로 의견이 모아지고 있다[李丙燾 1963(1976, 323); 金和經 1989, 134; 丁仲煥 1990(2000, 339-340)].『三國史記』가 1145년에 편찬되었음을 고려하면『삼국유사』에 수록된「가락국기」는 비록 원형 그대로는 아니라고 하더라도『삼국사기』보다 오래된 史書로서의 의미를 가진다[三品彰英 1979, 315; 丁仲煥, 1990(2000, 336)].

일연이『삼국유사』를 편찬할 당시부터「가락국기」를 조목으로 설정하였는가에 대해서는 약간의 논란이 있는데,[3] 어느 쪽으로 이해하든「가락국기」가『삼국유사』에 수록되면서 가야사에 대한 관심이 커지고 이

1　"文廟朝大康年間, 金官知州事文人所撰也. 今略而載之."(『三國遺事』卷2, 紀異2 駕洛國記)

2　"逮今上御圖三十一載大康二年丙辰"(『三國遺事』卷2, 紀異2 駕洛國記)

3　李基白은「가락국기」가 일연 이후에 추가되어『삼국유사』에 실렸으리라고 주장하였는데[1987(2004, 19-20 및 26)], 이에 대한 비판이 제기되었다(김상현 2007, 69-71; 김두진 2014, 316 및 319-320).

해의 폭이 넓어졌음은 재언을 요하지 않는다. 「가락국기」에는 가락국의 역사와 관련한 다양한 내용이 수록되어 있는데, 『삼국유사』 권3, 塔像4에 수록된 「金官城婆娑石塔」條도 본래는 「가락국기」에 포함되었으나 분리하여 실었다는 견해가 있다(김두진 2014, 320). 이를 수용한다면 원본 「가락국기」는 보다 방대한 내용으로 구성되었으리라고 추정된다.

하지만 「가락국기」는 설화적인 색채가 강할 뿐만 아니라 후대의 윤색이 더해지면서 사료적 신빙성에 대한 논란이 적지 않다. 이 때문에 「가락국기」는 가락국을 주제로 기술된 史書임에도 불구하고 가락국의 역사를 복원하는 데 적극적으로 활용되지 못하였다. 대체로 『삼국유사』에 실린 「가락국기」의 전반부는 수로왕의 건국과 치세, 중반부는 수로왕의 제사와 관련한 내용이 주를 이룬다. 중반부의 기사 가운데는 수로왕을 宗祧에 모셨다는 기사와 수로왕의 제사를 둘러싼 신라 말의 분쟁 기사가 특히 주목을 받았다.[4]

그런데 정작 「가락국기」에 실린 제사 관련 기사의 출발점이라 할 수 있는 수로왕의 陵·廟 조성과 그 성격에 대해서는 그다지 관심을 기울이지 않았다.[5] 「가락국기」에는 수로왕과 관련된 廟에 대한 기사가 적지 않게 실려 있음에도 불구하고 가락국 당대의 廟나 제사에 대한 심도 있는 논의는 이루어지지 않았던 것이다. 수로왕의 제사를 위해 조성된 廟가 어떤 성격을 띠고 또 어떻게 구성되어 있었느냐에 따라 가락국의 왕실 제사는 물론이거니와 가락국의 멸망 이후 수로왕과 관련된 제사를 이해하는 방향은 달라질 수밖에 없다. 이에 이 글에서는 「가락국기」에 실려 있는 수로왕의 廟와 연관된 기사에 주목하려고 한다.

우선 수로왕의 장례 과정에서 세웠다고 하는 殯宮의 성격을 검토하

4　수로왕을 宗祧에 모셨다는 기사와 관련한 그동안의 연구 쟁점은 박초롱 2017, 125-127이 참고된다. 신라 말 수로왕의 제사를 둘러싼 분쟁을 다룬 전론은 崔柄憲 1978; 金相敦 1996; 구산우 2008이 대표적이다.

5　李丙燾 1963(1976); 金泰植 1999를 제외하면 이렇다 할 논고는 없는 실정이다.

고, 首陵王廟와의 관계에 대해 짚어보려고 한다. 이어서 首陵王廟라는 명칭에 담긴 의미에 대해 살펴보고, 首陵王廟가 어떤 성격을 띠었는지 다룰 예정이다. 특히 首陵王廟에 모셔진 대상이 수로왕에 국한되지 않았음을 고려하여 首陵王廟의 성격이 시기에 따라 바뀌었을 가능성도 검토하고자 한다. 마지막으로는 首陵王廟의 구조에 대해 알아볼 것이다. 「가락국기」의 내용이 한정적인 까닭에 고려·조선시대의 기록 등 다양한 자료를 활용하여 논지를 전개하였음을 밝혀둔다.

이 글이 가락국의 廟制는 물론이고 왕실 조상 제사와 국가 제사를 연구하는 데 조금이나마 보탬이 되기를 기대한다.

II. 殯宮의 성격

허왕후와 수로왕이 세상을 떠나자 장례와 관련하여 「가락국기」에는 다음과 같은 기사가 실려 있다.

A. ① 靈帝 中平 6년 己巳(189) 3월 1일에 왕후가 돌아가시니[崩] 나이가 157세였다. 나라 사람들이 땅이 무너진 것과 같이 탄식하였고, 龜旨(峯) 동북쪽 언덕에 장사지냈다. …(중략)… ② 왕[元君]이 늘 홀아비의 외로움[鰥枕]을 읊조리면서 몹시 슬퍼하며 탄식하다가 (왕후가 돌아가신지) 10년이 지난 獻帝 立安 4년 己卯(199) 3월 23일에 돌아가시니[殂落] 나이가 158세였다. 나라 안의 사람들이 부모[天只]를 잃은 듯이 슬퍼하며 울부짖으니 왕후가 돌아가시던 날보다 심하였다. ③ 마침내 궁궐 동북쪽[艮方] 평지에 殯宮을 세웠는데, 높이가 1丈, 둘레가 300步였고 여기에 (왕을) 장

사지내고 首陵王廟라고 이름하였다.[6]

위의 사료에 따르면 189년 허왕후가 세상을 뜨자 구지봉 동북쪽 언덕에 장사지냈고(A-①), 199년 수로왕이 세상을 뜨자 궁궐 동북쪽 평지에 殯宮을 세우고 장사지냈다(A-③)고 한다. 종래에는 현재 수로왕릉이 있는 崇善殿 일대를 궁궐터로 추정하고 수로왕릉은 그 동북쪽인 동상동의 蓮華寺 안에 위치(그림 1 참조)하였으리라고 주장하기도 하였다[李丙燾 1963(1976, 326)]. 하지만 그동안의 고고학적 조사 결과 가락국의 궁궐은 사적 제2호로 지정된 김해 봉황동 유적 일대에 자리하였을 가능성이 높아지고 있음[7]을 고려하면, 현재 알려진 수로왕릉과 허왕후릉의 위치는 사료 A-①·③의 기술과 어긋나지 않는다. 그러므로 수로왕릉과 허왕후릉은 현재로서는 그동안 알려진 위치(그림 1 참조) 그대로 인정하는 것이 타당하다고 생각한다.[8] 이렇듯 사료 A-①·③은 수로왕릉 및 허왕후릉의 위치 비정과 관련해 사료적 가치가 높은데, 그보다 더 흥미로운 것은 수로왕의 장례와 관련해 언급된 殯宮과 首陵王廟의 존재이다.

수로왕이 세상을 뜨자 궁궐 동북쪽 평지에 殯宮을 세웠다고 한다(A-③). 殯宮은 사전적으로 崩御한 임금의 관을 葬送, 즉 葬地로 보낼 때까지 안치하는 건물을 뜻한다(諸橋轍次 1986b, 762). 그런데 사료 A-③을

---

6 "靈帝中平六年己巳三月一日后崩, 壽一百五十七. 國人如嘆坤崩, 葬於龜旨東北塢. …(중략)… 元君乃每歌鰥枕, 悲嘆良多, 隔二五歲, 以獻帝立安四年己卯三月二十三日而殂落, 壽一百五十八歲矣. 國中之人若亡天只悲慟, 甚於后崩之日. 遂於闕之艮方平地, 造立殯宮, 高一丈周三百步而葬之, 號首陵王廟也."(『三國遺事』 卷2, 紀異2 駕洛國記)

7 김해 봉황동 일대에서 확인된 건물지 등을 가락국의 궁궐과 관련지을 수 있는지는 향후의 고고학적 조사 결과를 기다려야겠지만, 지금까지의 조사 결과 봉황동 일원에 國邑이 형성되고 이후 鳳凰土城이 축조되는 등 가락국의 중심지로 기능하였다는 점에 대해서는 여러 연구자들이 공감대를 형성하고 있다(전옥연 2013; 이성주 2018; 민경선·김다빈 2018). 한편 이영식은 "2003년의 발굴조사에서 봉황대 동북쪽의 바깥에 둘러 쌓은 토성의 일부가 확인되었기 때문에, 수로왕의 궁궐이 봉황대에 자리잡고 있었음이 확실해졌"다고 하였다(2009, 55).

8 이병도를 제외한 다른 연구자들도 수로왕릉과 허왕후릉의 위치를 현재 알려진 것과 동일하게 이해하고 있다(金泰植 1998, 27; 1999, 37; 이영식 2009, 51-55 및 61-64).

[그림 1] 수로왕릉과 허왕후릉의 위치

살펴보면 殯宮에서 수로왕을 다른 곳으로 옮겨 장사지냈다는 구절이 없을 뿐만 아니라, 殯宮이 사당이나 殯所라면 굳이 높이를 명기할 필요가 없음에도 불구하고 1丈이라는 높이를 기술하였다는 점에서 殯宮은 수로왕릉의 封墳을 가리킨다는 견해(金泰植 1999, 39)도 있다.[9] 殯宮의 성격을 규명하려면 동 시기의 용례가 어떠했는지 살펴볼 필요가 있는데, 사료 A-③을 제외하면 고구려, 백제, 신라는 물론이고 고려까지 범주를 넓히더라도 사료상 확인되는 殯宮의 용례는 많지 않다.

> B-1. 봄 정월 乙亥 초하루 戊子에 (允恭)天皇이 돌아가셨다[崩]. 이 때 나이는 젊었다[若干]. 이에 신라 왕은 천황이 이미 돌아가셨다는 소식을 듣고 놀라 얼굴빛이 바뀌었고, 배 80척과 각종 樂人 80명을 보내 貢物을 진상하였다. 이들은 對馬(島)에 정박하며 큰 소리로 울었고 筑紫에 도착하여 또 다시 큰 소리로 울었다. 배가 難波津에 도착하자 모두 素服을 입었다. 빠짐없이 공물을 받들고 또 여러 악기를 연주하며 難波에서 서울[京]에 이를 때까지 소리 내어 슬피 울거나 혹은 춤추며 노래를 불렀는데, 마침내 殯宮에 참배하였다.[10]
>
> B-2. 重熙 14년 丙戌(1046) 5월 경진 초하루 18일 丁酉에 靖宗 容惠大王께서 병으로 자리에 누웠다가 궁궐[大內]에서 돌아가셨다[薨]. 이에 宣德殿에 빈소를 차렸다가 6월에 周陵에 장사지

---

[9] 李丙燾 1963(1976, 334)에서도 사료 A-③의 '높이 1丈'을 봉분의 높이로 파악하였으나 殯宮의 성격에 대해서는 언급하지 않았는데, 『삼국유사』를 역주하면서 殯宮은 陵墓를 의미한다고 하였다(李丙燾 2000, 290). 최근 이장웅도 "殯宮은 원래 시체를 입관한 후 그 棺을 發靷할 때까지 안치하는 궁전을 가리키지만, 여기서는 그곳에서 다른 곳으로 옮겨 장사지냈다는 말이 없기 때문에 그대로 무덤으로 보아야 할 듯하다"고 하였다(2019, 264).

[10] "春正月乙亥朔戊子, 天皇崩, 時年若干. 於是, 新羅王聞天皇旣崩, 而驚愁之, 貢上調船八十艘, 及種種樂人八十. 是泊對馬而大哭, 到筑紫亦大哭. 泊于難波津, 則皆素服之. 悉捧御調, 且張種種樂器, 自難波至于京, 或哭泣, 或儛歌. 遂參會於殯宮也."(『日本書紀』卷13, 雄朝津間稚子宿禰天皇 允恭天皇 42年)

내니, 禮에 맞게 하였다. 鸞翣은 장차 나부끼려 하고, 느릅나무 상여는 움직이기 시작하였다. 殯宮을 떠나자마자 바로 저승[玄宅]으로 향하니, 銘旌[明旐]은 차가운 바람에 날리고 붉은 깃발은 푸른 하늘[空碧]에서 춤추었다.[11]

사료 B-1에는 435년 允恭天皇의 죽음을 애도하기 위해 보낸 신라 조문단이 殯宮에 참배하였다는 내용이 담겨 있다. 이때의 殯宮은 'もがりのみや', 즉 殯殿의 의미로 이해하는 것이 일반적이다(坂本太郎 외 校注 1967, 448; 小島憲之 외 校注·譯 1996, 128). 사료 B-2는 1046년 고려 제10대 왕인 靖宗이 승하하자 李靈幹이 지은 靖宗 哀册文으로, 정종의 운구 행렬이 궁궐을 떠나 周陵에 묻힐 때까지의 과정이 비교적 상세하게 전한다. 이를 살펴보면 殯宮은 정종이 묻힐 周陵과는 별개로 宣德殿에 마련된 殯殿임이 분명하게 드러난다. 사료 B-1·2 외에도 『일본서기』 등 일본 측 사료에 등장하는 殯宮은 대부분 殯殿의 의미로 사용되었다[和田萃 1969(1995, 10-19)]. 이러한 殯宮의 용례에 비추어 사료 A-③의 殯宮도 수로왕의 殯殿으로 해석하는 것이 합리적일 듯하다.

사료 A-③의 殯宮을 이와 같이 이해한다면 수로왕의 시신은 매장되기 전 한동안 殯殿에 안치되었음을 알 수 있다. 하지만 이 기사의 사료적 가치가 그리 높지 않다고 보기도 하는데(權五榮 2000, 12), 사료 A에서 수로왕의 나이 등은 그의 영웅적인 면모를 뒷받침하기 위해 윤색되었을 가능성이 있지만 殯宮은 수로왕의 업적이나 神異함과는 무관하므로 윤색의 가능성은 상대적으로 높지 않다고 생각된다. 따라서 사료 A-③의 殯宮은 고구려와 백제, 신라와 마찬가지로 가락국에서도 殯葬이 시행

---

[11] "維重熙十四年, 歲次丙戌, 五月朔庚辰, 十八日丁酉, 靖宗容惠大王寢疾, 薨于大內. 仍殯于宣德殿, 粵以六月, 葬于周陵, 禮也. 鸞翣將飛, 楡輴肇輾. 才抛殯宮, 直指玄宅, 明旐颺於冷飈, 丹旒舞于空碧."(『東人之文四六』 卷5, 靖王哀册)

되었음을 뒷받침한다고 여겨도 좋을 것이다.¹² 다만 사료 A만으로는 殯의 기간이 어느 정도였는지 분명치 않다. 「武寧王 誌石」과 「武寧王妃 誌石」에 의하면 무령왕 부부는 붕어한 날로부터 약 27개월 뒤에 안장되는데, 이 기간 동안 殯殿에 모셔져 있었으리라고 이해된다(金英心 1992, 150-155). 가야가 고구려·백제처럼 삼년상을 치렀는지는 알 수 없지만, 수로왕이 묻혔을 木棺墓는 축조 기간이 積石冢이나 塼築墓보다 짧기 때문에 수로왕이 殯宮에 모셔진 기간은 무령왕 부부만큼 길지 않았을 가능성도 있다. 이와 관련해 일본 천황은 殯의 기간이 평균 1년 8개월이지만(五來重 1992, 18) 짧은 경우 2개월도 있었음[和田萃 1969(1995, 18)]이 참고되며, 향후 김해 지역 木棺墓의 축조 기간이 밝혀진다면 수로왕을 殯宮에 모신 기간을 상정할 수 있는 단초가 마련되지 않을까 한다.

한편, 殯宮은 수로왕의 殯殿임에도 불구하고 사료 A-③에는 여기에 수로왕을 장사지냈다고 기술되어 있다. 지금까지는 사료 A-③을 殯宮을 세우고 殯宮에서 수로왕을 장사지낸 것으로 해석해 왔고,[13] 이러한 해석은 앞서 언급한 것처럼 殯宮이 수로왕의 능(봉분)을 가리킨다는 불필요한 오해를 불러일으키기도 하였다. 그런데 사료 A-③을 면밀하게 살펴보면 조금 달리 해석할 수 있는 여지가 있는데, '높이가 1丈, 둘레가 300步'라는 구절이 바로 그것이다. 「가락국기」가 편찬된 고려시대에는 약 31cm가 기준척으로 사용되었고 1丈=10尺, 1步=6尺이라는 연구 성과(李宗峯

---

12 최근 남무희도 사료 A-③을 근거로 가야에서 殯葬을 실시하였을 가능성을 언급하였다(2018, 98).

13 참고로 『삼국유사』의 주요 역주본에는 사료 A-③이 다음과 같이 번역되어 있다. "드디어 대궐의 東北 平地에 殯宮(陵墓)을 지어 높이 一丈, 周圍 三百步로써 장사지내니 首陵王廟라 하였다."(李丙燾 2000, 290); "대궐 동북쪽 평지에 빈궁(殯宮)을 세우니 높이가 한 길이며 둘레가 300보(步)인데 거기에 장사지내고 이름을 수릉왕묘(首陵王廟)라고 했다."(이민수 譯 1994, 219); "마침내 대궐의 동북방[艮方] 평지에 높이가 1장이고 둘레가 300보인 빈궁(殯宮)을 세워 장사지내고 수릉왕묘(首陵王廟)라고 칭하였다."(姜仁求 外 2002, 269-270); "드디어 대궐의 동북방 평지에 빈궁을 차렸다. 높이가 한 발이요 둘레가 300보이니 거기에 장사지내고 수릉왕묘라 불렀다."(문경현 2015, 287)

2001, 31-32 및 77-86)를 참조하면, 1丈은 3.1m, 300步는 558m로 환산된다.[14] 1丈은 殯宮(殯殿)의 높이로 볼 수 있지만, 300步를 殯宮(殯殿)의 둘레라고 하기에는 그 규모가 지나치게 크다. 실존 여부에 다소 의문이 들기는 하지만 「가락국기」에 전하는 수로왕대 羅城의 둘레가 1,500步라는 점과 비교하면 더욱 그러하다.

이런 측면에서 殯宮의 둘레가 300步라는 구절은 「가락국기」 찬자의 착오에서 생겨난 착종의 결과이며, 1丈은 殯宮의 높이, 300步는 陵域의 전체 둘레를 지칭하는 것으로 생각하고 싶다.[15] 이렇게 보면 殯宮이 아니라 둘레 300步의 공간 안에 수로왕을 장사지낸 것이 되므로, 이제 殯宮을 무리하게 수로왕릉으로 해석할 이유는 없어진 셈이다. 아마도 수로왕의 殯宮과 능의 거리가 가까웠기 때문에 「가락국기」 찬자가 殯宮의 높이와 陵域의 규모를 기술하는 과정에서 양자를 혼용한 것이 아닌가 추정된다. 서울 석촌동 고분 주변에서 발굴된 竪穴 유구 등이 殯殿일 가능성이 거론되고 있음(權五榮 2000, 16-19; 이장웅 2019, 237-244)은 물론이고, 葬地가 아니라 궁의 근방에 殯殿을 설치했던 고대 일본에서도 드물기는 하지만 建王皇子와 草壁皇子처럼 葬地 인근에 殯殿이 설치된 사례[和田萃 1969(1995, 19)]가 있다는 점을 감안하면 수로왕릉 인근에 그의 殯宮을 설치하는 것이 충분히 가능하였으리라고 생각된다. 더욱이 수로왕의 殯宮이 설치되었을 수로왕릉 인근은 궁궐(봉황동 유적)에서도 멀지 않았기 때문에(그림 1 참조), 喪葬儀禮를 거행하기에 어려움이 없었을 것이다.

이에 사료 A-③은 수로왕이 죽자 궁궐 동북쪽에 높이가 1丈(3.1m)

----

14 李丙燾는 1丈은 1.98m이고 60步는 71.28m로 환산한 것으로 미루어 300步는 356.4m로 이해한 듯하다[1963(1976, 326 및 334)]. 金泰植은 1丈은 2.4m, 300步는 540m로 환산하였다(1999, 40). 기준척을 무엇으로 하느냐에 따라 1丈과 300步의 환산 결과는 이처럼 달라질 수 있는데, 양자가 적용한 기준척 자체에 문제가 있다고 판단되어 두 견해 모두 따르지 않기로 한다.

15 李丙燾와 金泰植이 높이 1丈을 수로왕릉의 봉분과 연결시켜 이해한 부분은 동의하기 어렵지만, 300步를 수로왕릉의 陵域 둘레로 파악한 것[李丙燾 1963(1976, 330-334); 金泰植 1999, 39-40]에 대해서는 필자도 의견을 같이한다.

인 殯宮을 세워서 수로왕의 시신을 임시로 안치하였다가 인근에 수로왕을 장사지내고, 이후 陵域을 둘레가 300步(558m)인 공간으로 조성한 것으로 이해하고자 한다. 다만 수로왕릉을 축조할 당시에 능역의 규모를 300보로 설정하였다고 보기는 힘들며, 후대에 300보로 설정된 능역의 공간을 「가락국기」의 찬자가 마치 당대의 상황인 것처럼 기술한 것으로 여겨진다. 따라서 수로왕의 장례 과정은 붕어 → 殯宮 설치(높이 1丈) → 시신을 殯宮에 임시 안치 → 왕릉 축조를 위한 준비 및 굴착 → 시신 매장 → 왕릉 축조 순으로 진행되었고, 이보다 후대에 능역의 조성(둘레 300步)이 이루어졌다고 할 수 있다.

III. 首陵王廟의 의미와 성격

앞서 제시한 사료 A-③에 따르면 둘레 300步의 공간을 首陵王廟라고 불렀다고 한다. 그렇다면 그 공간을 왜 首陵王廟라고 불렀고, 首陵王廟의 성격은 무엇이었을까. 그동안 이에 대해 구체적으로 다룬 연구는 없었는데, 먼저 首陵王廟라는 명칭의 의미부터 살펴보도록 하겠다.

「가락국기」에 의하면 구지봉에 있던 6개의 알이 변하여 童子가 되었을 때 "처음 나타난 까닭에 이름을 首露라고 하고, 혹은 首陵이라고도 하였다〈首陵은 돌아가신 뒤의 諡號이다〉"[16]고 한다. 이로 보아 首露를 首陵으로 부르기도 하였는데, 「가락국기」의 찬자는 細註를 통해 首陵은 수로왕의 시호라고 하였다. 하지만 우리나라에서 廟號와 尊號를 포함한 시호[17] 가운데 ○祖·○宗이 아닌 ○陵인 경우는 찾기 힘들다. 아울러 전통적으

---

16 "過浹辰, 翌日平明, 衆庶復相聚集開合, 而六卵化爲童子, 容皃甚偉. …(중략)… 始現故諱首露, 或云首陵〈首陵是崩後諡也〉."(『三國遺事』卷2, 紀異2 駕洛國記)

17 시호의 범주는 任敏赫 2004, 7-14 참조.

로 시호를 정하는 원칙과 시호의 의미 등이 담긴 『史記正義』「諡法解」에서 시호에 사용된다고 언급한 91자를 비롯해[18] 「諡法解」에는 없지만 춘추전국시대 제후의 시호에 사용된 10자[19]까지 범위를 확대하더라도 '首'자는 여기에 포함되지 않는다. 나아가 백제는 東城王 이후, 신라는 무열왕 이후부터 각각 시호를 사용하기 시작하였으리란 지적(金正喜 『阮堂全集』 卷1, 「眞興二碑攷」; 金哲埈 1952, 97; 梁起錫 1980, 16; 朴洪甲 2001, 377-379; 박윤선 2018, 144-146)을 염두에 둔다면, 6세기 이전 가락국에서 시호를 사용하였을 가능성은 희박하며 나아가 신라나 고려에서 수로왕에게 시호를 내렸다고 보기도 쉽지 않다. 이를 감안하면 首陵은 시호가 아니라 陵號일 가능성이 높으며,[20] '首陵王廟'라는 용어에는 수로왕의 능호가 포함되었음을 알 수 있다.

   그리고 '廟'는 사당의 의미를 가진 글자로 잘 알려져 있다. 이 점에서 '首陵王廟'는 首陵이라는 수로왕의 능호에 더해 수로왕의 사당이라는 의미가 복합된 명칭이라고 할 수 있다.[21] 「가락국기」에 보이는 '廟' 가운데 일부가 '陵과 廟'의 의미로 받아들여지는 것[李丙燾 1963(1976, 333); 金泰植 1999, 40]도 실은 그 때문이라 생각된다. '廟'에 모셔진 대상이 시종일

----

18 「諡法解」의 飜譯文 및 시호와 관련된 각종 자료가 이민홍 2005에 수록되어 있어서 크게 참고된다.

19 '代, 閔, 鄂, 寧, 鄭, 出, 獻, 惠, 和, 僖'자가 여기에 해당한다(이강재 2009, 30).

20 姜仁求 外 2002, 259에서는 '首陵'을 "시호라기보다는 廟號 또는 陵號라고 해야 할 것"이라고 하였다. 한편, 현재 수로왕릉의 陵號는 納陵인데, 문헌자료에서 納陵이 처음 확인되는 것은 1530년에 편찬된 『新增東國輿地勝覽』 卷32, 金海都護府 陵墓條이다. 1469년에 편찬된 『慶尙道續撰地理志』나 1439년 경상도관찰사 李宣이 수로왕릉의 정비를 요청하는 장계에서 納陵이 보이지 않는 것으로 볼 때 納陵이란 陵號가 제정된 것은 1469~1530년 사이로 추정된다. 조선 전기 수로왕릉의 보수과정 및 추이와 관련해서는 金泰植 1999, 51-61 참조.

21 金泰植은 사료 A-③의 '號首陵王廟也'를 '首露王廟라고 이름하였다'고 번역하면서 首露王廟의 "廟는 사당만으로 이루어진 독립 건물을 의미하는 것이 아니라 앞의 殯宮과 마찬가지로 墓를 포함하는 祭祀區域을 가리키고 있으며, 중점은 오히려 墓 자체에 놓여 있다"고 판단하였다 (1999, 36 및 40). 首陵王廟가 수로왕의 능과 제사 구역을 가리킨다는 점은 필자도 동의하지만, 殯宮의 해석에 대해서는 이미 본문에서 언급한 바와 같이 견해를 달리한다. 한편, 姜仁求 外 2002, 268에서도 首陵王廟는 수로왕의 능과 廟를 가리킨다고 하였다.

관 수로왕뿐이었는지는 뒤에서 詳論하겠지만 「가락국기」에 기술된 '廟'는 사실상 首陵王廟를 가리킨다고 보아도 무방하다.

이처럼 首陵王廟가 수로왕의 능과 사당을 포함한 복합적 개념을 가졌다는 것은 능과 사당이 별도의 공간이 아니라 동일한 공간 내에 자리하였을 가능성을 떠올리게 한다. 이와 관련해 다음의 사료가 주목된다.

C-1. 또 도적 무리가 있어 (首陵王)廟 안에 金玉이 많다고 하자 와서 훔치려고 하였다. 처음에 이들이 왔을 때 몸에 甲冑를 입고 張弓에 화살을 끼운 용사 한 사람이 있었는데, 廟에서 나와 사방에서 비 오듯이 화살을 쏘니 7, 8명이 죽고 도적 무리가 급하게 달아났다. 며칠 뒤 (도적 무리가) 다시 오니 길이가 30여 尺이 되고 눈빛이 번개와 같은 큰 구렁이가 있어 廟房에서 나와 8, 9명을 물어 죽이니, 겨우 죽음을 면한 사람들도 모두 엎어져 넘어지면서 흩어졌다. 그러므로 陵園의 안팎에는 반드시 神物이 있어 그것을 보호한다는 것을 알게 되었다.[22]

C-2. 建安 4년 己卯(199)에 (수로왕릉을) 처음 만든 이래 今上이 나라를 다스린 지 31년이 되는 太康 2년 丙辰(1076)까지 무릇 878년에 이르는데, 좋은 땅에 (봉분을) 쌓았는바 이지러지지 않고 무너지지 않았으며, 좋은 나무를 심었는바 마르지 않고 썩지 않았다. 하물며 수많은 蘊玉의 편이 죽 널려 있는바 또한 부러지는 지경에 이르지 않았다. 이것으로 본다면 辛替否가 말하기를, "옛날부터 지금까지 어찌 망하지 않은 나라와 파괴되지 않은 무덤[墳]이 있겠는가?"라고 하였는데, 다만 이 가락국이 옛날 일찍이 망한 것은 替否의 말이 맞지만 首露廟가 허물

----
22 "又有賊徒, 謂廟中多有金玉, 將來盜焉. 初之來也, 有躬擐甲冑, 張弓挾矢, 猛士一人, 從廟中出, 四面雨射, 中殺七八人, 賊徒奔走. 數日再來, 有大蟒長三十餘尺, 眼光如電, 自廟房出, 咬殺八九人, 粗得完免者, 皆僵仆而散. 故知陵園表裏, 必有神物護之."(『三國遺事』卷2, 紀異2 駕洛國記)

어지지 않은 점은 替否의 말이 족히 믿을 것이 못된다.[23]

사료 C-1은 도적 무리가 首陵王廟에 金玉이 많다는 소문을 듣고 침입하였다가 변을 당하였다는 내용을 담고 있다. 특히 도적 무리가 재차 廟에 침입했을 때 큰 구렁이가 廟房에서 나와 그들을 물어 죽였고, 이 때문에 陵園 안팎에 神物이 있어서 廟를 보호한다는 것을 알게 되었다고 한다. 구렁이는 민간에서 집안의 살림이나 복을 보살피고 지켜주는 업신으로 상징되는 동물로 대단히 영험하게 여겨왔다(천진기 2003, 255-257 및 269-272; 김순재 2017, 157-160). 이런 구렁이를 등장시킨 점이나 구렁이가 도적 8, 9명을 물어 죽였다는 부분은 首陵王廟의 신성성을 강조하기 위해 다소의 과장과 윤색을 가한 것으로 보인다. 그렇지만 공간적인 부분에 대한 기술은 과장이나 윤색의 정도가 상대적으로 덜하지 않을까 한다.

이를 고려하면 陵園의 안팎에 있던 神物인 큰 구렁이가 廟房에서 나왔다는 대목은 陵園과 廟房 사이의 거리가 가까웠고 나아가 양자가 동일한 공간에 위치하였음을 시사하는 것이 아닌가 한다.[24] 사료 C-1과 거의 동일한 기사가 『新增東國輿地勝覽』에 실려 있는데, 흥미로운 것은 C-1에서 '廟'로 표기된 부분이 『신증동국여지승람』에는 '陵'이나 '塚'으로 표기되어 있다는 사실이다.[25] 이는 「가락국기」와 『신증동국여지승람』 가운데 어느 한쪽의 착오라기보다는 표기가 다른 두 계통(廟 / 陵·塚)의 자료가 각각 전승되고 있었고, 나아가 수로왕의 능과 廟가 지근거리에 있

----

23 "自建安四年己卯始造, 逮今上御圖三十一載, 太康二年丙辰, 凡八百七十八年, 所封美土, 不騫不崩. 所植佳木, 不枯不朽. 況所排列萬蘊玉之片片 亦不頹坼. 由是觀之, 辛替否曰, 自古迄今, 豈有不亡之國. 不破之墳, 唯此駕洛國之昔曾亡, 則替否之言有徵矣, 首露廟之不毀, 則替否之言, 未足信也."(『三國遺事』卷2, 紀異2 駕洛國記)

24 李丙燾 1963(1976, 333)에서는 사료 C-1의 廟가 陵園 자체를 가리키며, '陵園의 안팎'에서 안은 墳墓, 밖은 神廟를 말하는 것으로 파악하였다.

25 "後有群盜, 謂陵中必藏金銀寶器, 欲發塚, 有猛士被甲 從陵中出, 射之中殺八人, 盜驚走. 數日復來, 有蟒長三十餘尺. 眼光如電, 自陵傍而出, 咬殺九人, 賊皆僵仆而走."(『新增東國輿地勝覽』卷32, 金海都護府 陵墓)

었음을 뒷받침한다.

수로왕의 능과 廟가 동일한 공간에 위치하였음은 「가락국기」의 다른 부분을 통해서도 확인이 가능하다. 사료 C-2에서 1076년까지 수로왕릉의 봉분이 온전하였으며 심은 나무도 그대로였다는 구절은 수로왕릉이 신성한 곳임을 부각하기 위한 의례적 표현일 가능성이 높다(白承忠 2000, 858). 이를 염두에 두더라도 '파괴되지 않은 무덤[墳]'과 '首露廟가 허물어지지 않은 점'이 대구를 이루는 것은 매우 흥미롭다. 문맥상 首露廟는 廟뿐만 아니라 능까지 포함된 개념으로 사용되었음을 알 수 있는데, 수로왕의 능과 廟가 동일한 공간에 위치하지 않았다면 「가락국기」의 찬자는 首露廟가 아니라 首露陵으로 기술하였을 법하다. 하지만 「가락국기」의 찬자가 '墳'과 대구를 이루는 부분을 '廟'라고 기술하였다는 것은 아무래도 수로왕의 능과 廟가 한 공간에 위치하였음을 前提하였다고 밖에 이해할 수 없지 않을까 한다.

이상에서 살펴본 것처럼 首陵王廟의 공간 내에 수로왕의 능과 廟가 위치하였다면, 이제 관심은 首陵王廟에서 廟가 어떤 성격을 지녔는지로 모아진다. 「가락국기」에는 首陵王廟의 성격을 짐작케 하는 기사가 다음과 같이 전한다.

> D-1. ① 마침내 대궐 동북쪽[艮方] 평지에 殯宮을 세웠는데, 높이가 1丈, 둘레가 300步였고 여기에 (수로왕을) 장사지내고 **首陵王廟**라고 이름하였다. ② (수로왕의) 대를 이은 居登王부터 9대손 仇衡(王)까지의 제사는 이 廟에서 지냈으며, 모름지기 매년 음력 정월 3일과 7일, 음력 5월 5일, 음력 8월 5일과 15일에 풍성하면서 짜임새가 있는[豊潔] 제사는 서로 이어져 끊이지 않았다.[26]

---

26 "遂於闕之艮方平地, 造立殯宮, 高一丈周三百步而葬之, 號首陵王廟也. 自嗣子居登王洎九代孫仇

D-2. ① 居登王이 즉위한 己卯年(199)에 便房을 설치한 이래로 仇衡王 말기에 이르기까지 330년 동안 廟에 제사지내는 것[享廟禮曲]은 오랫동안 어긴 적이 없었으나, ② 仇衡王이 왕위를 잃고 나라를 떠나고 나서 龍朔 元年 辛酉(661)에 이르기까지 60년 사이에는 이 廟에 제사지내는 것을 간혹 빠뜨리기도 하였다. ③ 아름답구나! 文武王〈法敏王의 諡號이다〉이시여. 먼저 조상을 받들어 모시니 효성스럽고도 또 효성스럽구나! 끊어진 제사를 이어서 다시 시행하였구나![27]

사료 D-1에 의하면 가락국의 제2대 왕인 거등왕부터 마지막 왕인 구형왕까지의 제사를 首陵王廟에서 지냈다고 한다. 首陵王廟에서 거등왕~구형왕의 제사를 지냈다는 것은 이들이 首陵王廟에 모셔져 있었음을 알려준다. 그렇다면 首陵王廟에는 수로왕을 비롯해 가락국의 역대 국왕이 모셔져 있었고, 해마다 다섯 차례의 제사를 지낸 것으로 이해할 수 있다.[28] 특히 구형왕이 首陵王廟에 모셔져 있었다는 것은 가락국의 멸망 이후에도 首陵王廟가 유지되고 제사지낼 수 있었음을 의미한다.[29]

....
衡之享是廟, 須以每歲孟春三之日·七之日·仲夏重五之日·仲秋初五之日·十五之日, 豊潔之奠相繼不絶."(『三國遺事』卷2, 紀異2 駕洛國記)

[27] "自居登王卽位己卯年置便房, 降及仇衡朝末, 三百三十載之中, 享廟禮曲, 永無違者, 其乃仇衝失位去國, 逮龍朔元年辛酉, 六十年之間, 享是廟禮或闕如也. 美矣哉, 文武王〈法敏王諡也〉. 先奉尊祖, 孝乎惟孝. 繼泯絶之祀, 復行之也."(『三國遺事』卷2, 紀異2 駕洛國記)

[28] 「가락국기」에는 거등왕부터 구형왕대까지 首陵王廟에서 제사를 지냈다는 구절이 두 군데나 기술되어 있다(D-1-②, D-2-①). 따라서 首陵王廟에 가락국의 역대 국왕을 모셨다는 부분이 윤색되었을 가능성은 높지 않다고 생각된다. 그렇다면 「가락국기」에 수록된 王系를 있는 그대로 신뢰할 수 있느냐는 문제가 남는데, 왕마다 재위 기간은 물론이고 사망 연월일까지 기록한 것은 후대의 改撰일 수 있으므로 향후 이에 대한 논의가 필요하다고 여겨진다. 여기서는 「가락국기」에 전하는 가락국의 왕계가 맞느냐는 문제보다는 일단 윤색 또는 개찬의 가능성이 낮은 수로왕 이래의 역대 국왕이 首陵王廟에 모셔진 점에 주목하였다.

[29] 사료 D-2에 의하면 가락국이 신라에 복속된 이후 문무왕이 즉위할 무렵까지 廟에 제사지내는 것을 간혹 빠뜨리기도 하였으나, 문무왕에 의해 끊어진 제사를 이어서 다시 시행하였다고 한다. 이것이 首陵王廟의 제사가 가락국의 멸망 이후 어느 시점부터 완전히 중단되었다가 재개되었다

그런데 首陵王廟의 성격을 논의함에 있어서 간과해서 안 되는 부분은 바로 시조인 수로왕을 모신 데서 首陵王廟의 조성이 시작되었다는 사실이다. 이와 관련해 신라에서 중국식 禮制인 종묘제를 수용하기에 앞서 始祖廟와 神宮 제사라는 고유의 제사 제도가 존재하였다는 점이 참고된다. 사실 시조묘 제사는 고구려·백제·신라에서 공통적으로 확인되는데(崔光植 1989), 首陵王廟의 조성이 수로왕의 붕어에서 비롯된 만큼 首陵王廟도 처음에는 시조 수로왕을 모신 시조묘의 성격을 띠었으리라고 여겨진다. 하지만 사료 D-1·2에 나타나 있듯이 首陵王廟는 어느 시점부터 수로왕만이 아닌 가락국의 역대 국왕을 제사지내는 등 시조묘에서 성격이 바뀐 것으로 보인다.[30]

한편, 首陵王廟가 처음부터 가락국의 역대 국왕을 모시는 것을 염두에 두고 조성되었는지는 앞으로 면밀한 검토가 필요하겠지만, 결과적으로 그렇게 운영이 되었다는 점은 주목할 만하다. 왜냐하면 시조묘로 출발한 首陵王廟에 가락국의 역대 국왕이 모셔졌고 해마다 정기적으로 제사를 지냈다는 사실은 가락국 고유의 제사 습속이 존재하였을 가능성을 짐작케 하기 때문이다. 이를 단적으로 보여주는 것이 바로 祭日이다.

사료 D-1-②에 따르면 首陵王廟의 祭日은 음력 정월 3일·7일, 5월 5일, 8월 5일·15일이었다. 반면에 後漢 이래 중국 종묘의 祭日은 1·4·7·10월인 四季의 孟月과 臘日(동지 뒤 세 번째 戌日)이고(金子修一 1982, 201), 신라 五廟의 祭日은 정월 2일·5일, 5월 5일, 7월 상순, 8월 1일·15일이었다.[31] 신라 종묘의 祭日이 중국 종묘의 祭日과 다른 것은 신

는 의미인지 아니면 간혹 빠뜨리기도 했던 제사를 기존처럼 1년에 다섯 차례 지낼 수 있도록 하였다는 의미인지는 분명하지 않다(李賢泰 2006, 251). '廟에 제사지내는 것을 간혹 빠뜨리기도 하였다'는 구절을 고려하면 후자가 보다 사실에 가깝다고 여겨진다.

30 현재로서 그 시점을 추정할만한 직접적인 자료는 없어서 수릉왕묘의 성격이 변화된 시점을 구체적으로 제시하기는 곤란하다.

31 "一年, 六祭五廟, 謂正月二日·五日, 五月五日, 七月上旬, 八月一日·十五日."(『三國史記』卷 32, 雜志1 祭祀 新羅)

라의 五廟制가 전통적 원시 종교의 기반 위에 성립되었음을 뒷받침한다고 하는데(徐永大 1985, 30), 이를 고려하면 首陵王廟의 祭日이 중국이나 신라와 다른 것은 가락국의 고유한 제사 습속이 존재하였음을 말해준다고 할 수 있다. 아울러 首陵王廟가 시조묘에서 가락국의 역대 국왕을 모시고 제사지내는 일종의 종묘처럼 성격이 바뀐 것 역시 고구려·백제·신라에서는 찾아보기 어려운 가락국의 고유한 제사 습속의 한 단면으로 이해할 수 있으리라 생각한다.

지금까지 살펴본 것처럼 首陵王廟는 수로왕의 능호인 首陵과 사당이란 뜻을 가진 廟가 복합된 용어로, 수로왕의 능과 廟가 가까이에 위치하였음을 시사한다. 首陵王廟는 가락국의 시조인 수로왕을 모신 데서 비롯되었으므로 시조묘로 조성되었지만, 어느 시점부터 가락국의 역대 국왕을 모시기 시작하였을 뿐만 아니라 해마다 다섯 차례 정해진 날짜에 제사를 지냈다는 점에서 일종의 종묘처럼 성격이 바뀐 것으로 보인다. 이는 삼국과는 다른 가락국의 고유한 제사 습속의 일면을 보여주는 것으로 이해된다.

IV. 首陵王廟의 구조

시조묘로 출발한 首陵王廟에 어느 시점부터 가락국의 역대 국왕이 모셔지기 시작하였고 매년 정해진 날짜에 제사를 지내는 등 일종의 종묘처럼 성격이 바뀌었음은 앞서 논의한 바와 같다. 그렇다면 이를 위해 首陵王廟는 어떤 구조로 이루어져 있었을까. 首陵王廟의 구조와 관련해서는 앞서 제시한 사료 D-2-①이 주목된다. 이에 따르면 居登王이 즉위한 199년에 便房을 설치한 이래로 仇衡王 말기까지 首陵王廟에 제사지내는 것을 어긴 적이 없었다고 한다. 사료 D-2-①은 수로왕의 제사와 관련한 내용이 담긴 문무왕의 조서와 그 후속 조치에 뒤이어 기술되어 있으므로, 여기에 언급된 제사는 기본적으로 수로왕을 염두에 두었을 가능성이 높다.

사료 D-2-①에서 무엇보다 관심을 끄는 것은 居登王 즉위년에 설치하였다는 便房이다. 便房을 설치한 이래 가락국이 멸망할 때까지 廟의 제사가 이어졌다고 한 것으로 미루어 便房의 설치는 首陵王廟의 제사와 밀접하게 연관되었던 것 같다. 그리고 便房의 설치 시점이 首陵王廟의 조성이 시작된 시기와 일치하므로, 便房은 首陵王廟를 구성한 부속 시설임은 분명해 보인다. 구체적인 근거를 제시하지는 않았지만 便房을 '제사 집기를 보관하고 음식을 마련하는 작은 건물'로 추정한 견해도 있는데(金泰植 1999, 40), 便房의 용도는 과연 무엇이었을까.

삼국~고려시대의 문헌자료에서 便房의 용례는 보이지 않고, 明器 등을 부장하기 위해 무덤의 석실 앞에 만든 방을 便房으로 지칭한 기사[32]가 『세종실록』을 비롯해 조선왕조실록에 여러 차례 등장한다. 便房이 어떤 제도냐는 질문에 대해 安鼎福은 『漢書』 및 『家禮』의 기록과 國葬의 사례 등을 참고하여 널[柩]을 안치하는 正壙 바깥쪽에 연이어 退壙이 위치하고 여기에 明器類[明器之屬]를 놓아두니 이것이 곧 便房의 뜻이라고 답하였다.[33] 이렇듯 조선시대에는 便房이 대체로 退壙의 의미로 인식되었다. 물론 宣祖가 別殿의 便房에서 의관 許浚 등을 불러 鍼灸 치료를 받았다는 데서[34] 알 수 있듯이 '편안하게 쉬는 방'(諸橋轍次 1986a, 774)이라는 사전적 의미의 용례도 일부 확인된다. 하지만 '편안하게 쉬는 방'이라는 의

---

32 "遂加門倚石一於門扉之外〈倚石內面滿塗油灰彌之, 當鑰處斷鑿, 使之吻合〉, 於倚石外, 以石作便房, 藏明器."(『世宗實錄』卷113, 世宗 28年 7月 19日 乙酉)

33 "問. 便房是何義. 或云玄纁置柩傍, 柩傍卽便房, 是言爲信. 而便房之制如何. 答. 便房之名, 見于漢書, 霍光死, 賜便房一具, 服虔註, 藏中便坐也. 盖有正殿則有便殿, 便是安逸之義. 凡壙中安柩處如正房, 安神座處如便房. …(중략)… 家禮便房, 在實土及半之後, 則贈後姑不納實, 待便房成而納其中, 似可矣. 嘗觀國葬, 正壙外連穿一壙, 名之曰退壙. 明器之屬, 皆置此中, 卽便房之意也."(安鼎福, 『順菴集』卷7, 「答鄭士成〈晩器〉喪禮問目 丙戌」)

34 "辰時, 上御別殿便房, 引醫官許浚, 李延祿, 李公沂, 朴春茂, 金榮國, 鄭希生等, 受鍼灸."(『宣祖實錄』卷62, 宣祖 28年 4月 13日 乙卯)

미의 便房은 사료 D-2에 보이는 便房의 용도와는 다소 거리가 느껴진다.

　　사료 D-2에 보이는 便房의 의미를 알아보기 위해 便房에 대한 안정복의 설명을 다시 보기로 하자. 그는 便房이란 명칭은 霍光이 죽자 便房 1具를 하사하였다는 『漢書』의 기록에서 찾아지며, 여기에는 便房이 묘구덩이[藏] 속의 便坐를 일컫는다는 服虔의 주석이 달려 있다고 하였다.[35] 그러면서 대개 正殿이 있으면 便殿이 있으니, '便'자는 安逸하다는 뜻이라고 자신의 의견을 덧붙였다. 즉, 便房은 服虔의 주석을 인용하여 便坐와 동일한 의미이며, 便殿과 치환된다고 설명한 것이다. 그렇다면 便殿이 어떤 의미인지 궁금해지는데, 다음의 사료가 관심을 끈다.

E. ① 무릇 祖宗廟는 86개 郡·國에 총 167곳이 있었다. ② 그리고 京師에는 高祖부터 宣帝까지, 그리고 太上皇과 悼皇考의 陵 옆에 廟를 세웠는데, 합치면 176곳이었다. ③ 또 園 안에는 각각 寢과 便殿이 있었다. ④ 날마다 寢에서 제사지내고 달마다 廟에서 제사지내고 계절[時]마다 便殿에서 제사지냈다. 寢은 하루에 4회 上食하고 廟는 1년에 25회 제사지내며 便殿은 1년에 4회 제사지냈다. ⑤ 또 달마다 1회 衣冠을 바꾸었다.[36]

　　사료 E는 前漢 元帝 때 陵園과 거기서 이루어진 제사의 내용이 담겨 있는데, 능 옆에 廟와 園이 자리하였음을 알려준다. 특히 園 안에 寢과 便殿이 있다고 한 점이 흥미롭다. 寢은 원래 종묘에 있었으나 秦始皇이 종묘에서 분리시켜 陵墓 근처에 세우기 시작하였고, 그 기원은 戰國 시기로 거슬러 올라간다고 한다[楊寬(장인성·임대희 옮김) 2005, 29-33 및 51-56].

35　해당 기사는 『漢書』 卷68, 霍光·金日磾傳38에 실려 있다.

36　"凡祖宗廟在郡國六十八, 合百六十七所. 而京師自高祖下至宣帝, 與太上皇·悼皇考各自居陵旁立廟, 并爲百七十六. 又園中各有寢·便殿. 日祭於寢, 月祭於廟, 時祭於便殿. 寢日四上食, 廟歲二十五祠, 便殿歲四祠. 又月一游衣冠."(『漢書』 卷73, 韋賢傳43 子 玄成)

이 제도는 前漢으로 이어져 더욱 강화되는데, 종묘의 廟와 寢이 분리되어 능 가까이에 조성되었음은 사료 E에 기술된 바와 같다. 이처럼 능묘 가까이에 廟를 세우는 陵旁立廟 제도는 능묘와 종묘의 결합으로 이어졌고, 그 바탕에는 조정의 기능이 커지고 종묘의 지위가 약화되는 시대적 상황이 자리한다[楊寬(장인성·임대희 옮김) 2005, 33-43 및 61-64]. 지면상 중국의 陵寢 제도에 대해 더 소개할 여유는 없는데, 사료 E에서 우리의 논의와 관련하여 便殿이 주목된다.

사료 E-②·③을 살펴보면 園과 廟는 별도의 단위처럼 여겨지며,[37] 便殿은 寢과 함께 園에 소속되어 있었다. 아울러 便殿에서는 1년에 4회, 즉 계절마다 제사를 지냈다고 한다(E-④). 일반적으로 漢代의 寢은 능묘의 정상이나 옆에 조성하였고, 便殿은 正寢 옆에 설치한 別殿으로 지하 묘실의 便房과 마찬가지로 墓主의 영혼이 遊樂하는 곳으로 알려져 있다[楊寬(장인성·임대희 옮김) 2005, 65-66]. 이와 같은 便殿의 祭日과 능묘에서의 위치는 首陵王廟와 사료 D-2의 便房을 이해하는 데 여러 가지 시사점을 준다.

먼저 便殿에서는 廟·寢과 달리 계절마다 제사를 지냈다고 하는데(E-④), 首陵王廟의 祭日은 음력 정월 3일·7일, 5월 5일, 8월 5일·15일이었다(D-1-②). 물론 前漢의 便殿이 1년 4祭였던 데 반해, 首陵王廟는 1년 5祭였다는 데서 차이는 있다. 하지만 음력 정월이 봄, 음력 5월은 여름, 음력 8월은 가을에 해당한다는 점을 고려하면, 겨울 제사가 없기는 하지만 首陵王廟의 祭日도 계절성을 띠므로 祭日에서는 便殿 제사와 비슷한 면이 있다. 다음으로 사료 D-2에 기술된 便房의 위치는 단언하기는 어렵지만 首陵王廟의 廟가 수로왕의 陵域 내에 위치하였고 便房은 廟의 부속 시설이었음은 앞서 언급한 바와 같은데, 便殿이 陵園 내에 자리한 것(E-

---

37 前漢에서 廟, 寢園, 食官마다 令, 長, 丞 등의 관리가 배치된 것도 園과 廟가 별도의 단위로 설정되었음을 뒷받침한다는 견해(金龍燦 2018, 240)가 있어 참고된다.

③)과 다르지 않다.

이상에서의 논의를 종합하면 사료 D-2의 便房은 기존의 견해처럼 '제사 집기를 보관하고 음식을 마련하는 작은 건물', 다시 말해 祭禮를 위한 부속 건물이 아니라 오히려 제례를 위한 중심 공간으로 이해하는 것이 타당하다고 생각한다. 便房의 설치를 계기로 330년 동안 首陵王廟의 제사가 이어졌다는 점(D-2-①)도 그러한 추정을 뒷받침한다. 이처럼 便房이 首陵王廟의 중심적인 제례 공간이었다면, 廟房[38](C-1)과의 관계에 대한 검토가 필요할 듯싶다.

사료 C-1에 의하면 '廟 안[廟中]'에 金玉이 많다고 하자 도적 무리가 廟에 침입하였다고 한다. 처음 침입했을 때는 몸에 갑주를 입고 활을 든 용사 한 사람이 廟에서 나왔고, 재차 침입했을 때는 구렁이가 廟房에서 나와 도적 무리를 각각 물리쳤다고 한다. 여기서 金玉이 많다는 '廟 안'과 용사가 나온 廟, 구렁이가 나온 廟房은 동일한 공간을 가리키는 것으로 보이며, 이곳이 首陵王廟 내에 위치함은 의심의 여지가 없다.

廟房의 성격과 관련해서는 金玉이 많다는 소문 때문에 도적이 침입하였음을 염두에 둘 필요가 있다. 이 점을 고려하면 廟房을 便房과 동일시하기는 힘들다. 왜냐하면 앞서도 언급하였듯이 便房은 正寢 옆의 別殿이자 지하 묘실의 便房과 마찬가지로 墓主의 영혼이 遊樂하는 공간이어서 金玉과 같은 귀중품이 보관되어 있었을 가능성이 낮기 때문이다. 반면에 종묘나 능원에 마련된 正寢은 배향 대상의 영혼이 일상생활을 영위하는 장소로 인식되어서 神座, 床, 几, 匣匱, 衣冠은 물론이고 각종 생활용구가 갖추어져 있었는데[楊寬(장인성·임대희 옮김) 2005, 31 및 66], 이를 감안하면 金玉이 보관되었을 법한 곳으로는 便房보다 오히려 正寢을 떠올리게 된다. 그렇다면 사료 C-1의 廟房은 便房과는 대비되는 正寢의 기능

---

38 『삼국유사』의 판본에 따라 廟房은 廟旁 또는 廟傍으로 판각되어 있는데(姜仁求 外 2002, 269; 李永植 2002, 171 참조), 廟旁이나 廟傍의 판각이 맞다면 사료 C-1의 廟房을 능역 내의 건물로 보기는 어렵다. 여기서는 일단 廟房으로 판각되었음을 전제로 논의를 진행하였다.

[그림 2] 首陵王廟의 모식도

을 가졌으리라고 생각된다. 혹여 사료 C-1의 廟房 부분이 廟旁 내지 廟傍으로 판각된 것이 맞아서 廟房으로 읽을 수 없다고 하더라도 金玉이 보관되어 있었던 '廟 안'의 공간, 즉 正寢의 역할을 했던 건물의 존재는 충분히 상정이 가능하며, 正寢 옆의 別殿인 便房의 존재를 염두에 둔다면 더욱 그러하다. 다시 말해 首陵王廟 내에는 便房과는 별개로 金玉과 같은 귀중품이 보관되어 있었던 건물이 존재하였던 것이다. 다만 수로왕을 장사지낼 당시의 墓制가 목관묘임을 염두에 둔다면 廟房이나 便房을 봉분 상부나 지하에 설치하는 것은 불가능하였고, 자연스레 그 위치는 능의 곁에서 찾을 수밖에 없을 듯하다. 이처럼 首陵王廟는 〈그림 2〉와 같이 적어도 正寢의 역할을 한 廟房과 그 곁에 위치한 別殿인 便房으로 이루어져 있었음을 알 수 있다.

그런데 수로왕의 능역 둘레가 300步(558m)에 이르렀다는 앞서의 논의를 염두에 둔다면 수로왕릉과 正寢-別殿 등이 차지하는 면적이 너무 적은 것이 아닌가 한다. 이와 관련해 수로왕의 능역을 넓게 조성한 까닭을 조금 다른 측면에서 생각할 여지도 있지 않을까 한다. 여기서 주목되는 것이 삼국시대 이래로 新王의 즉위는 殯殿에서 이루어지는 경우가 많았다는 사실이다(채미하 2013, 15-20). 가락국의 경우 이를 뒷받침할만한 직접적인 자료가 있는 것은 아니지만, 가락국의 궁궐로 유력하게 거론되고 있는 김해 봉황동 유적은 구릉이 많은 면적을 차지한다. 이를 고려하면 新王의 즉위식을 비롯해 각종 의례를 거행할 공간이 마땅치 않음은 부인하기 어려운데,[39] 이 점에서 평지에 위치한 넓은 면적의 首陵王廟

......

39 「가락국기」에 따르면 수로왕은 199년 3월 23일에 붕어하였고 거등왕은 이날 즉위하였다고 한다. 물론 이 부분을 어디까지 신뢰할 수 있을지는 더 검토가 필요하겠지만, 거등왕의 즉위가 수로왕이 殯宮에 모셔져 있을 때 이루어졌다면 殯宮에서 즉위하였을 가능성이 높다고 하겠다. 한편 「가락국기」의 수로왕 신화는 가락국의 왕이 즉위할 때 거행되던 의례를 건국신화로 정착시킨

[그림 3] 수로왕릉과 수로왕·허왕후의 위패가 모셔진 崇善殿 전경

에 주목하게 된다. 더욱이 중국 西周시대에 冊命儀禮가 종묘에서 시행된 사실[우홍(김병준 옮김) 2001, 232-235]은 首陵王廟에 속한 넓은 평지를 이해하는 데 시사하는 바 크다. 여기서는 수로왕의 殯殿이 수로왕릉 인근에 있었고 首陵王廟가 가락국에서 일종의 종묘로 기능한 점, 나아가 봉황동 유적에서 의례를 거행할 공간이 부족하다는 점에서 首陵王廟의 넓은 평지가 각종 의례 공간으로 활용되었을 가능성이 있다는 점을 제시해 두고자 한다.

요컨대 수로왕의 능역 내에 위치한 廟房과 便房 등이 유기적으로

....
것이며, 首陵王廟의 정월 제사는 豫祝祭적 성격을 띨 뿐만 아니라 가락국에서 新王은 豫祝祭 때 즉위의례가 거행되었으리라는 견해도 있다(金和經 1989, 134-137). 흥미로운 주장이기는 하나, 선뜻 따르기에는 주저되는 면이 있는 것이 사실이다.

기능하면서 首陵王廟에는 가락국의 역대 국왕을 모셔질 수 있었고,[40] 나아가 매년 정기적으로 다섯 차례의 제사를 지내는 등 일종의 가락국 종묘로 자리매김할 수 있었던 것으로 보인다.

V. 맺음말

지금까지 「가락국기」에 실려 있는 首陵王廟와 관련한 기사를 살펴보았다.

그 결과 수로왕의 陵域 내에는 수로왕릉과 正寢에 비견할만한 廟房, 그리고 廟房 곁에 자리한 便房 등이 있었음이 밝혀졌고, 이를 首陵王廟라고 부른 사실도 확인하였다. 首陵王廟의 조성이 수로왕의 붕어에서 비롯된 만큼 首陵王廟는 처음에 始祖廟의 성격을 띤 것으로 보인다. 하지만 거등왕부터 구형왕에 이르기까지의 제사를 首陵王廟에서 지냈다는 「가락국기」의 기사로 미루어 어느 시점부터 首陵王廟의 성격이 바뀐 것으로 이해하였다. 나아가 首陵王廟의 祭日이 중국이나 신라와 다른 점이나 역대 국왕을 모시고 제사지낸 점은 가락국 고유의 제사 습속의 한 단면을 보여주는 것으로 판단하였다.

부족한 자료를 바탕으로 논의를 전개하다 보니, 무리하게 논지를 펼치거나 억측한 부분도 적지 않을 것이다. 또 사료를 자의적으로 해석한 면도 있으리라 생각한다. 이 점은 널리 양해를 바란다. 사료의 부족이라

---

[40] 현재 수로왕의 능역 내에는 崇善殿과 崇安殿, 安香閣, 神道碑閣, 典祀廳 등이 배치되어 있다. 그 가운데 崇善殿에는 수로왕과 허왕후의 위패가, 崇安殿에는 거등왕~구형왕과 그 왕비의 위패가 각각 모셔져 있다. 이는 비록 원형 그대로의 모습은 아니라고 할지라도 수로왕의 능역 내에 '廟'가 위치할 뿐만 아니라 가락국의 역대 국왕이 모셔져 있다는 점에서 首陵王廟의 명맥은 지금도 이어지고 있다고 하겠다.

는 위험성을 무릅쓰고 「가락국기」에 실린 首陵王廟의 성격과 구조에 대해 살펴본 것은 「가락국기」의 사료적 가치를 탐색하고 활용 가능성을 모색해 보기 위해서였다. 그 목적을 충분히 달성하였는지는 자신할 수 없지만, 「가락국기」를 이용한 전론이라는 점에서 의미를 찾고 싶다. 이 글이 향후 「가락국기」 연구가 활성화 되는데 미력이나마 도움이 되었으면 하는 바람이다.

참고문헌

安鼎福, 『順菴集』卷7, 「答鄭士成〈晩器〉喪禮問目 丙戌」.
金正喜, 『阮堂全集』卷1, 「眞興二碑攷」.
金哲埈, 1952, 「新羅 上代社會의 Dual Organization(下)」, 『歷史學報』2.
李丙燾, 1963, 「首露王陵考」, 『大東文化研究』1 (1976, 『韓國古代史研究』, 朴英社에 재수록).
坂本太郎 외 校注, 1967, 『日本書紀』(上·下), 岩波書店.
和田萃, 1969, 「殯の基礎的考察」, 『史林』52-5 (1995, 『日本古代の儀禮と祭祀·信仰(上)』, 塙書房에 재수록).
崔柄憲, 1978, 「新羅末 金海地方의 豪族勢力」, 『韓國史論』4.
三品彰英, 1979, 『三國遺事考証(中)』, 塙書房.
梁起錫, 1980, 「熊津時代의 百濟支配層研究 -王權强化政策과 關聯하여-」, 『史學志』14.
金子修一, 1982, 「中國-郊祀と宗廟と明堂及び封禪」, 『東アジア世界における日本古代史講座』9, 學生社.
徐永大, 1985, 「『三國史記』와 原始宗敎」, 『歷史學報』105.
諸橋轍次, 1986a, 『大漢和辭典』卷1 (修訂版), 大修館書店.
諸橋轍次, 1986b, 『大漢和辭典』卷6 (修訂版), 大修館書店.
李基白, 1987, 「三國遺事의 篇目構成」, 『佛敎와 諸科學』, 東國大學校出版部 (2004, 『韓國古典研究 -『三國遺事』와 『高麗史』兵志-』, 一潮閣에 재수록).
崔光植, 1989, 「三國의 始祖廟와 그 祭祀」, 『大丘史學』38.
丁仲煥, 1990, 「駕洛國記의 文獻學的 考察」, 『伽倻文化』3 (2000, 『加羅史研究』, 혜안에 재수록)
金英心, 1992, 「「武寧王 誌石」·「武寧王妃 誌石」」, 『譯註 韓國古代金石文Ⅰ(고구려·백제·낙랑 편)』, 駕洛國史蹟開發研究院.

이민수 譯, 1994, 『삼국유사』, 을유문화사.
金相鉉, 1996, 「新羅末 舊加耶圈의 金海 豪族勢力」, 『震檀學報』82.
小島憲之 외 校注·譯, 1996, 『日本書紀』1~3, 小學館.
金泰植, 1998, 「駕洛國記 所載 許王后 說話의 性格」, 『韓國史研究』102.
金泰植, 1999, 「金海 首露王陵과 許王后陵의 補修過程 檢討」, 『韓國史論』41·42.
金和經, 1999, 「首露王 神話의 研究」, 『震檀學報』67.
權五榮, 2000, 「고대 한국의 喪葬儀禮」, 『韓國古代史研究』20.
白承忠, 2000, 「통일기~나말여초의 가야사 인식」, 『韓國 古代史와 考古學』(鶴山 金廷鶴博士 頌壽紀念論叢), 學研文化社.
李丙燾, 2000, 『譯註 原文 三國遺事』(修正 重版), 明文堂.
朴洪甲, 2001, 「조선시대의 諡號制度」, 『韓國中世社會의 諸問題』(金潤坤教授停年紀念論叢), 韓國中世史學會.
우홍(김병준 옮김), 2001, 『순간과 영원: 중국고대의 미술과 건축』, 아카넷.
李宗峯, 2001, 『韓國中世度量衡制研究』, 혜안.
姜仁求 外, 2002, 『譯註 三國遺事』Ⅰ~Ⅳ, 以會文化社.
李永植, 2002, 「「駕洛國記」의 史書的 考察」, 『강좌 한국고대사』5.
천진기, 2003, 『한국동물민속론』, 민속원.
任敏赫, 2004, 「廟號의 禮制原理와 朝鮮의 受容」, 『國史館論叢』104.
楊寬(장인성·임대희 옮김), 2005, 『중국 역대 陵寢제도』, 서경.
이민홍, 2005, 『諡法』, 문자향.
李賢泰, 2006, 「新羅 中代 新金氏의 登場과 그 背景」, 『韓國古代史研究』42.
김상현, 2007, 「『삼국유사』의 연구현황 -편찬과 간행을 중심으로-」, 『일연과 삼국유사』(일연학연구원 편), 신서원.
구산우, 2008, 「신라말 고려초 김해 창원지역의 호족과 鳳林山門」, 『한국중세사연구』25.
이강재, 2009, 「고대 중국의 시호(諡號)와 단어의 다의적 특성」, 『中國語文學』54.
이영식, 2009, 『이야기로 떠나는 가야 역사기행』, 지식산업사.
전옥연, 2013, 「고고자료로 본 봉황동유적의 성격」, 『봉황동 유적』(인제대학교 가야문화연구소·김해시 편), 주류성.
채미하, 2013, 「한국 고대의 宮中儀禮 -卽位禮와 朝賀禮를 중심으로-」, 『사학연구』112.
김두진, 2014, 『삼국유사의 사학사적 연구』, 일조각.
문경현, 2015, 『역주 삼국유사』, 신라문화유산연구원.
김순재, 2017, 「업신의 용어 고찰」, 『語文研究』92.
박초롱, 2017, 「문무왕대 고구려·가야의 조상제사 재개 조치와 그 의미 -중국 二王後 제도와의 비교를 중심으로-」, 『韓國古代史研究』86.
金龍燦, 2018, 『秦·漢 帝國의 國家祭祀 研究 -古代 中國의 祭祀 體系 확립 과정-』, 서

울대학교 대학원 박사학위논문.

남무희, 2018, 『가락국기 평전』, 한국학술정보.

민경선·김다빈, 2018, 「금관가야 중심지로서의 봉황동 유적」, 『韓國考古學報』109.

박윤선, 2018, 「백제의 중국식 이름문화 수용 과정의 고찰 -백제왕과 왕족의 이름을 중심으로-」, 『百濟學報』25.

이성주, 2018, 「國邑으로서의 鳳凰洞遺蹟」, 『김해 봉황동유적과 고대 동아시아 -가야왕성을 탐구하다-』(인제대학교 가야문화연구소·김해시 편), 주류성.

이장웅, 2019, 「백제 武寧王과 王妃의 喪葬禮 -殯과 假埋葬을 중심으로-」, 『韓國古代史探究』33.

「「가락국기」로 본 首陵王廟의 조성과 그 성격」에 대한 토론문

권영오 대저중학교 교사

1. 발표문처럼 수릉왕묘에서 수로왕을 비롯해 가락국 역대 국왕들이 빠짐없이 모셔져 해마다 다섯 차례 제사를 지냈다고 한다면, 수릉왕묘에 배향되는 인물들에 대한 검증이 있어야 할 것이다. 이것은 「가락국기」에서 언급한 수로왕~구형왕의 왕계를 어떻게 해석할 것인가 하는 문제와 관련이 있다. 재위 연월일까지 기록(예를 들면 거등왕은 199년 3월 13일에 왕위에 올라 253년 9월 17일에 죽었다)은 후대의 개찬일 가능성이 높다(신라 하대 왕위계승과 가락국기의 왕대기 비교). 「가락국기」에서는 거등왕 즉위(199년)부터 便房을 두고 구형왕까지 제사가 이어졌다 하였지만, 기록을 따르기에는 회의적인 생각이 든다. 수로왕과 거등왕과의 관계를 어떻게 봐야할지 발표자의 견해를 듣고 싶다.

2. 발표문에서는 '首陵王廟'는 首陵이라는 수로왕의 陵號에 더해 수로왕의 사당, 수로왕의 빈소라는 의미가 복합된 명칭이라고 해석하였는데, 그럼 수릉왕묘의 가장 중요한 구성요소인 수로왕의 무덤(陵)을 만든 시점과 과정이 궁금하다. 수로왕의 무덤을 만들 당시 '崩御한 임금의 관을 葬送, 즉 葬地로 보낼 때까지 안치하는 건물'이라는 사전적 의미의 '殯宮'을 만들고, 여기에 (왕을) 장사지내고 '首陵王廟'라는 이름을 붙였을까?(「가락국기」에는 991년 김해부 양전사 趙文善의 보고에 '首露陵王廟'라는 표현도 나온다) 이와 관련하여 금관가야의 수장급 무덤 중에서 '殯'으로 볼 수 있는 고고학적 자료가 발굴된 것이 있는지도 알고 싶다.

3. 발표자는 질지왕이 갑작스레 허황후의 명복을 빌기 위해 사찰을 창건한 것은 다소 의아하게 느껴진다고 하면서, 이는 질지왕대에 가락국의 왕실 제사 체계가 전반적으로 정비되었으며 그 일환으로 허황후를 위한 황후사(왕후사?)가 건립되고 거등왕 이래의 역대 왕이 首陵王廟에 모셔진 것으로 이해하고 있다.

> "제8대 질지왕 2년 임진(452)에 이르러 처음으로 그곳에 절을 두었다. 또 왕후사를 세웠는데(又創王后寺) 지금까지도 복을 빌고 있으며 아울러 남쪽 왜국을 진압시켰는데 그 사실이 「본국 본기」에 자세히 보인다."(『삼국유사』권3, 금관성 파사석탑)

『삼국유사』 금관성 파사석탑조에 의하면 질지왕은 갑작스레 왕후사를 창건한 것이 아니며, 질지왕 2년에 처음 절을 두었고, 또 왕후사를 창간하였다. 왕후사는 허황옥 왕후의 명복을 빌기 위한 것도 있지만, 남쪽 왜국을 진압하려는 목적도 있었다. 이는 수로왕과 허왕후가 결혼했던 곳(대궐 아래로부터 서남쪽 60보 가량 되는 곳의 산 변두리)에 세워진 왕후사가 신라의 감은사처럼 군사적 혹은 호국적 기능을 하였음을 설명해주는 사료가 아닐까 한다.

4. "며칠 뒤 (도적 무리가) 다시 오니 길이가 30여 尺이 되고 눈빛이 번개와 같은 큰 구렁이가 있어 廟房에서 나와 8, 9명을 물어 죽이니, 겨우 죽음을 면한 사람들도 모두 엎어져 넘어지면서 흩어졌다"(발표문의 「가락국기」 해석).

발표자는 위 사료의 강조 부분을 이병도의 해석에 따라 '廟房'으로 보고, 이를 偏旁과 대비되는 正寢의 기능을 가진 것으로 추정하였다. 그렇지만 이는 발표자가 지나치게 정침의 존재를 염두에 둔 해석이 아닌가 한다. 正德本, 만송문고본, 파른본 등에서는 모두 '廟旁'으로 판각되어 있고, 여러 주석서들도 '사당 곁(이재호)', '사당 집 옆(리상호)', '능묘 옆(한국정신문화연구원)', '사당 옆(최광식·박대재)' '廟의 곁(『三國遺事考証』中)'으로 해석하고 있다. 발표문에서도 "廟旁이나 廟傍의 판각이 맞다면 능역 내의 건물로 보는 것은 불가능하다"라고 하였듯이, 이 부분은 발표문의 논지 전개를 위해서도 보완해야 할 점이 있을 것 같다. 발표자의 견해를 듣고 싶다.

5. 발표문과 직접 관계는 없지만, 가야사 전공자 선생님께 묻고 싶은 기초적인 질문이다. 「가락국기」에 등장하는 인물들의 수명 문제를 어떻게 해석하는지 알고 싶다.

① 수로왕(42~199) 수명 158세. 재위 158년.

② 허황후 (33~189) 수명 157세.

③-1: 허황후 도래 건무 24년 무신(48), 따라온 잉신 신보(申輔)·조광(趙匡), 그들의 아내 모정(慕貞)·모량(慕良).

③-2: 잉신 천부경 신보와 종정감 조광 등은 가락국에 온지 30년(78) 만에 각자 두 딸을 낳았는데 부부가 1, 2년이 지나 모두 세상을 떠났다.

③-3: 거등왕(재위 199~253). 왕비는 천부경 신보의 딸 모정(慕貞)이며 태자 마품을 낳았다.

③-4: 마품왕(재위 253~291). 왕비는 종정감 조광의 손녀 호구(好仇)이며, 태자 거질미를 낳았다.

참고

신라 하대의 왕위계승(권영오, 『신라하대 정치사연구』에 의함)

	王名	재위 기간	前王과의 관계	즉위형태
37	宣德王 金良相	780~785	姑從兄弟	찬탈
38	元聖王 金敬信	785~798	弟(母系?)	찬탈
39	昭聖王 金俊邕	798~800	孫	태자계승
40	哀莊王 金淸明	800~809	子	태자계승
41	憲德王 金彦昇	809~826	叔父	찬탈
42	興德王 金秀宗	826~836	同母弟	副君계승
43	僖康王 金悌隆	836~838	堂姪	金明에 의해 옹립
44	閔哀王 金明	838~839	妻男·再從兄弟	찬탈
45	神武王 金祐徵	839~839	再從兄弟	찬탈
46	文聖王 金慶膺	839~857	子	태자계승
47	憲安王 金誼靖	857~861	叔父	유조
48	景文王 金膺廉	861~875	女壻·堂姪	유조
49	憲康王 金晸	875~886	子	태자계승
50	定康王 金晃	886~887	同母弟	?
51	眞聖王 金曼	887~897	同母弟(女弟)	유조
52	孝恭王 金嶢	897~912	姪男·헌강왕 서자	태자 계승
53	神德王 朴景暉	912~917	妹夫	국인추대
54	景明王 朴昇英	917~924	子	태자계승
55	景哀王 朴魏膺	924~927	同母弟	?
56	敬順王 金傅	927~935	姨從兄弟·헌강왕 외손	견훤에 의해 옹립

「가락국기」에 따른 가락국의 왕위계승

	왕명	재위 기간	전왕과의 관계	비고
1	首露王	42~199		재위 158년
2	居登王	199~253	太子	재위 39년? 55년의 오기
3	麻品王	253~291	太子	재위 39년
4	居叱彌王	291~346	太子	재위 59년
5	伊尸品王	346~407	王子	재위 62년
6	坐知王	407~421	王子	재위 15년
7	吹希王	421~451	子	재위 31년
8	銍知王	451~492	王子	재위 42년
9	鉗知王	492~521	王子	재위 30년
10	仇衡王	521~562?	王子	재위 42년?

8

가야불교와 파사석탑

조원영 합천박물관 관장

※ 이 글은 2020년 7월 11일 국립김해박물관과 (사)부경역사연구소가 공동으로 개최한 "가야의 기록, 「가락국기」를 이야기하다" 학술심포지엄에서 발표한 원고를 수정, 보완한 것으로, 『지역과 역사』 제48호(2021년 4월 발간)에 게재하였음을 밝혀둔다.

I. 머리말
II. 가야불교를 보는 관점
   1. 가야국명 및 수로왕과 불교와의 관계
   2. 전승 자료를 통해 본 가야불교
   3. 전래된 불교의 성격
III.「금관성파사석탑」조 분석
   1. 아유타국과 허왕후의 정체
   2.「금관성파사석탑」조에 나타난 가야불교 전래 시기
IV. 파사석탑의 양식과 조성 시기
V. 맺음말

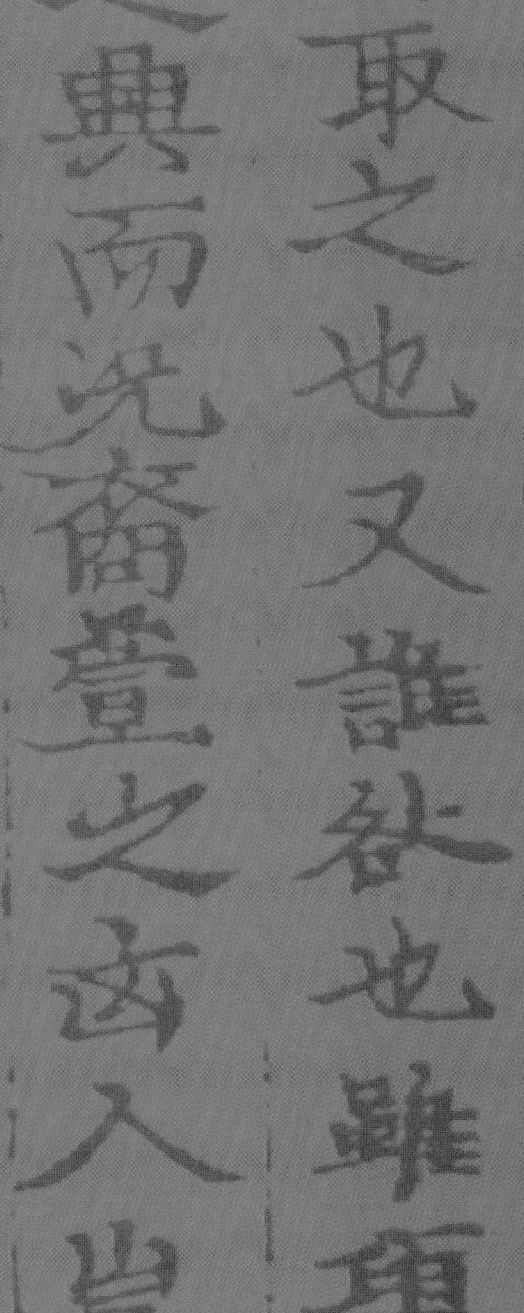

I. 머리말

2019년 12월 3일부터 2020년 3월 1일까지 국립중앙박물관 기획전시실에서는『加耶本性』특별전이 열렸다. 전시실에는 수로왕비릉 앞에 있던 婆娑石塔도 전시되었다. 이 석탑은 약 2000년 전 금관가야 시조 수로왕의 비인 허황옥이 서역 아유타국에서 싣고 왔다는 탑이다.『삼국유사』에는 이 탑의 석재에 대해서 "돌에 미세한 붉은 반점이 있고 그 질은 무르니 우리나라에서 나는 것이 아니다"라고 평하였는데, 실제로 과학적 분석을 진행한 결과 한반도 남부에 없는 암석이라는 게 밝혀졌다고 한다. 파사석탑의 재질은 엽납석을 함유한 석영질 사암이고 사암 균열 부위에 마그마 활동이 남긴 산화철 광물이 불규칙하게 포함된 것으로 확인되었으며, 향후 인도를 비롯해 남방 아시아의 해안 지역을 중심으로 분포하는 석재와 비교할 계획이라고 한다.

설화의 형태로 전하는 서역 아유타국에서 배에 싣고 왔다는 신비로운 이동의 과정이 암석의 재질 분석으로 인해 신빙성을 부여해줄 수도 있겠다는 생각이 든다. 그러나 파사석탑의 존재가 역사로 입증되기 위해서는 돌의 재질뿐만 아니라 여러 가지 해명해야 할 문제들이 많다. 더욱이 가야불교와 관련하여 파사석탑이 가야에 왔다는 것이 곧 가야에 불교가 전래되었다는 증거라는 주장도 해명이 필요하다.

삼국시대 불교 전래와 수용의 과정은『삼국사기』,『삼국유사』를 통해 확인할 수 있다. 고구려, 백제, 신라의 경우 비교적 기록이 잘 남아 있어 불교 전래의 시기나 전래한 나라에 대해 이견이 없는 편이다. 그러나 가야불교는 삼국의 경우와 달리 불교가 공식적으로 수용되었다는 기록이 없다. 사서에 전하는 자료는『삼국유사』의 단편적 자료뿐이며 그 외의 가야불교와 관련된 다른 자료는 모두가 전승설화이다. 그나마도 대부분은 김해 가락국에 집중되어 있어 가야의 불교 수용과 전개과정을 이해하기는 매우 어렵다.

『삼국유사』에는 마치 수로왕이 불교를 이해하고 있는 듯이 표현된 부분도 있고, 전승 자료에는 불교와 관련된 구체적인 인물, 즉 장유화상이라는 존재도 나오며 불교에 대한 이해도 높았다고 하는데, 만약 그것이 역사적 진실이라면 우리나라의 불교 전래가 후한 명제 때(기원후 58~75년) 전래된 중국보다도 빨랐고 전래 루트도 육로가 아닌 해로였다는 기존 우리들의 관념을 완전히 뒤집는 새로운 역사가 드러나게 되는 셈이다.

그러나 아쉽게도 수로왕 당시의 정황을 고려한다면 가야는 아직 불교를 받아들일 수 있는 사회가 아니었다. 삼국시대 불교가 각국에 수용될 수 있었던 것은 왕권 강화에 불교가 사상적 뒷받침을 했던 점이 가장 큰 이유라 할 수 있다. 즉 중앙집권적인 정치체제가 정비되면서 기존의 부족적 성격의 토착신앙을 대체할 새로운 사상체계가 필요하게 되었다. 또한 생산력의 발전에 따라 이전에 비해 분화되고 복잡해진 사회를 포괄하는 한 차원 높은 규범과 이를 뒷받침하는 지배이념이 요구되었다. 이러한 사회적 변화 속에서 새로운 사회 규범은 율령의 반포로, 지배이념의 변화는 보편종교로서의 불교 수용으로 나타났던 것이다. 이제 막 토착 주민들에게 지배자의 신성함을 강조함으로써 국가의 기틀을 닦기 시작한 수로왕대는 고등종교를 받아들일 여건이 성숙되어 있지 않았다. 동남아시아의 경우에도 인도에서 푸난(扶南)에 3세기 무렵 불교가 전래되었다는 점을 본다면 가야 건국 무렵부터 불교가 전래되었다는 것은 납득하기 어렵다. 다만 서역 아유타국에서 파사석탑 하나에 의지하여 거친 항해를 강행하여 낯선 이국땅에 찾아왔다는 허황옥에 대한 설화는 우리의 역사적 상상력을 확장시키기에 더없이 좋은 자료라 할 수 있다. 역사적 진실과는 무관하게 이러한 역사적 상상력을 통한 지역 콘텐츠 개발 사업 등을 추진하는 것은 역사의 진실을 밝히는 문제와는 별개라고 생각한다.

이 글에서는 지금까지 가야불교를 보는 여러 관점들을 검토해 보고, 『삼국유사』「金官城婆娑石塔」조를 통하여 아유타국과 허왕후 관련 주장 및 가야불교 전래 시기를 분석하고자 한다. 그리고 파사석탑의 양식과 그를 통해 조성 시기를 추정해 볼 것이다.

II. 가야불교를 보는 관점

1. 가야국명 및 수로왕과 불교와의 관계

　　가야불교와 관련하여 우선 흥미를 끄는 것은 가야라는 나라 이름 자체가 불교와 관련이 있다는 견해이다(고준환 1983; 하종갑 1986; 허명철 1987; 강길운 1988; 김병모 1988; 무함마드 깐수 1989; 이헌재 1990; 김영태 1991; 홍윤식 1992; 김시우 1993; 김영태 1993). 여러 연구자들에 의해 제기된 이 주장은 가야에 불교가 수용되었기 때문에 불교와 관련이 있는 나라 이름을 사용하였다는 것인데, 각각의 주장이 차이점은 있지만 가야 지역에 불교적인 용어인 '가야'가 나라 이름으로 쓰일 만큼 당대에 불교가 성행했다고 생각한다는 점에서는 공통점이 있다.

　　그런데 이러한 주장은 『삼국유사』권2, 기이2 가락국기(이하 「가락국기」라 함)에 기록되어 있는 허황옥의 출신지를 서역 아유타로 기록한 내용을 아무런 비판 없이 지금의 인도라고 전제하고 있다는 점에 문제가 있다. 「가락국기」에 기록된 내용이 당시의 사정을 그대로 반영하고 있다고 믿는 것인데, 이 기록은 오랜 세월을 거치면서 내용에 첨삭이 가해졌을 것이며 특히 허황옥의 출자 부분은 불교적으로 많이 미화되어 있다(김영화 1997, 10-13).

　　가야, 가라, 가락으로 불린 것은 불교적인 명칭이라기보다는 고대의 국어를 한자로 借字하는 데서 비롯된 것으로 한국어의 음운 변화에 의한 것으로 설명하는 것이 합리적이다(이병도 1976, 304-306; 김정학 1983,

1; 박창원 1987, 60-68). 따라서 가야라는 나라 이름 자체로 가야에 불교가 수용되었다는 사실을 설명하기에는 무리가 있다고 생각된다.

한편 가야에 불교가 수로왕대 전래되었다고 믿는 사람들은 「가락국기」와 『삼국유사』 권3, 塔像4 魚山佛影條에 수로왕이 불교를 접하고 그것을 이해하고 있는 내용이 기록되어 있다고 생각한다.

먼저 「가락국기」의 기록을 살펴보면 다음과 같다.

A. 2년 계묘 춘정월에 왕이 가로되 "내가 서울을 정하고자 한다" 하고 이에 假宮의 남쪽 신답평〈이 땅은 예전부터 한전이다. 새로 경작했기 때문에 신답평이라 한 것이다. 畓자는 속자이다〉에 가서 사방의 산악을 바라보고 좌우를 돌아보며 말하기를, "이 땅이 여뀌잎과 같이 협소하나 산천이 수이하여 가히 16나한이 머물 만하다. 하물며 1에서 3을 이루고 3에서 7을 이루어 7성이 머물 만하지 않겠는가. 강토를 개척하면 장차 좋을 것이다"라고 하였다. 주위 1천 5백보의 나성과 궁궐, 전당과 여러 관사, 무기고, 창고를 건축할 장소를 정한 다음에 환궁하였다.(『三國遺事』 卷2, 紀異2 駕洛國記)

이 기사는 수로왕이 도성터를 잡고 건물 배치를 계획하는 내용이다. 여기에 '16나한'과 '7성'이라는 용어가 등장한다. 16나한이라는 용어는 玄奘이 번역한 『法住記』에서 정형화된 형태로 나온다. 따라서 그 용어의 성립 시기는 현장의 번역 전후로 볼 수 있다. 이 용어의 성립 시기를 전제로 하면, 「가락국기」와 관련된 기록은 적어도 7세기 중반보다 더 올라가지는 않는다. 또한 7성은 『雜阿含經』의 『信佛功德經』에 처음 언급된 이후 7세기 현장에 의해 한역되었다. 이러한 사실을 고려한다면 「가락국기」에 이 용어가 사용되었기 때문에 수로왕이 불교를 잘 알고 있다는 주장은 타당하지 않다(황정일 2018, 29-30). 원래 「가락국기」는 고려 문종대 금관지주사 문인의 기록으로 이것을 일연이 『삼국유사』에 수록하였던 것이다. 즉 수로왕 설화가 형성된 시기와 그것을 기록한 시기는 상당한 차이가 있다는 것을 알 수 있다. 시기에 차이가 있다는 것은 각 시기별로 기록한 사람들의 의식의 차이, 관점의 차이가 있었다는 점도 고려해야 한다. 수로왕 설화는 형성된 후 형성 시기와 서술 시기의 차이에 따라, 또 기록하는 사람들의 관점에 따라 그 내용에 적절한 첨삭이 가해졌음을 짐작할 수 있다(김영화 1997, 16-17). 따라서 이 내용은 수로왕이 그 왕궁터를 정하면서 그곳을 16나한이나 7성이 머물 만한 곳이라고 말했다는 것을 사실로 자연스럽게 받아들일만큼 후대 가락국에는 불교가 성하였으며, 또 그러한 개국설화가 정착되었을 무렵의 가락국에는 불교 용어를 자연스럽게 사용할 정도로 불교가 일반화되었다고 생각해 볼 수 있다(김영태 1991, 15).

한편, 사료 A에서 '1에서 3을 이루고 3에서 7을 이루어'라는 내용은 지세를 감정하는 풍수설과 관련이 있다. 즉, 1은 五行의 水, 3은 木, 7은 火를 뜻하므로 水生木, 木生火의 吉地라는 뜻을 함축적으로 표현한 것이다(김용덕 1992, 215). 그런데 수로왕 당시에는 아직 풍수설이 정립되기 이전이므로 이 내용은 풍수설이 널리 퍼진 나말여초 시기에 첨가된 내용이 아닌가 추정된다. 따라서 이 기록도 수로왕이 직접 말한 것이라고 되어 있으나 사실은 불교와 풍수설을 이해한 시대의 기록자들에 의해 과장되고 미화된 내용이라고 볼 수 있다.

> B. 古記에 이르기를, 「萬魚寺는 옛날의 慈成山 또는 阿耶斯山인데 그 옆에 가라국이 있었다. 옛날에 天卵이 바닷가에 내려와 사람이 되어 나라를 다스렸으니 곧 수로왕이다. 이때 경내의 玉池에 있는 독룡과 만어산의 다섯 나찰녀가 서로 오가며 사귀었는데 때때로 뇌우를 내려 4년이 지나도록 곡식이 되지 않았다. 왕이 주술로서도 금하지 못하자 머리를 조아려 부처님을 청하여

설법한 뒤에야 나찰녀들이 5계를 받아 후환이 없어졌다. 그러므로 동해의 고기와 용들이 이 골짜기 속에 가득한 돌로 변하여 각각 쇠북과 경쇠 소리가 났다」고 했다〈이상은 古記이다〉. 또 살펴보면 대정 12년 경자(1180)는 명종 11년인데 처음으로 만어사를 세웠다. (『三國遺事』 卷3, 塔像4 魚山佛影)

위의 사료는 『삼국유사』 권3, 탑상4 어산불영조에 나오는 밀양 만어사 창건과 관련된 설화이다. 이 설화는 『觀佛三昧海經』의 내용을 무대만 가락국으로 바꾸어 거의 그대로 옮겨서 기록하고 있다. 이 설화가 수로왕 당시의 사실을 알려주는 것이라는 주장도 있지만(허명철 1987, 100-105), 불교 경전을 차용하여 설화 내용을 구성하였다는 점에서 가야 지역에 불교가 들어온 이후 불교와의 인연을 강조하기 위해 불교적 내용으로 윤색한 것으로 보는 편이 타당할 것이다. 더욱이 수로왕이 주술로써 금하지 못하던 일을 부처님의 힘을 빌려 해결했다는 내용으로 보아 건국 시조의 신성성보다도 오히려 부처님의 위신력이 더 강조되어 있으므로 지배자의 신성성을 적극적으로 강조해야 했을 수로왕 당시의 역사적 사실이라 하기에는 무리가 있다(조동일 1991, 95-97).

2. 전승 자료를 통해 본 가야불교

김해 지역에는 가야불교와 관련된 전승 자료가 전하고 있다. 전승 자료는 그 내용을 그대로 역사적 사실로 받아들이기는 어렵지만 그렇다고 전혀 근거 없이 기록된 것은 아닐 것이므로 이들 자료를 통해 역사적 사실에 접근하려는 노력은 필요하리라 본다. 다만 이들 자료를 기록된 내용 그대로 믿음으로써 역사적 진실을 제대로 파악하지 못하고 증명되지 않는 상상력을 동원하여 가야불교를 해석하려는 무모한 태도는 경계해야 할 것이다.

전승 자료로는 대체로 長遊和尙 관련 자료와 기타 사찰 창건 자료를 들 수 있다. 먼저 장유화상과 관련된 자료를 살펴보면 한 가지 특징적인 점을 발견할 수 있는데, 시간이 지나면서 설화의 내용이 점점 풍부해지고 구체화되는 현상이 나타난다는 것이다. 다음의 사료에서 잘 확인해 볼 수 있다.

C. 나머지 7왕자는 세속의 뜻을 끊고 보옥선을 따라 가야산으로 들어가 도를 공부하여 승선하였다.(金景穆 編, 1800, 『駕洛國三王事蹟考』 卷2, 首露王開國考)

D. 장유사는 허왕후의 아우 보옥선인이 자리 잡고 은거한 곳인데, 뒤에 질지왕이 절을 세워 장유사라 하였다.(『金海金氏世譜』 김해유적; 이능화 1918, 63)

E. 능지에 의하면 화상의 성은 허씨이며 이름은 보옥이니 아유타국왕의 아들이다. …(중략)… 탑이 바람을 진압하였고 수십 명의 잉신남녀 등 일행을 감호한 이는 곧 화상이니 태후의 아우이다. 화상은 왕후의 친족이지만 부귀를 뜬 구름 같이 보고 티끌 세상을 초연하여 불모산으로 들어가 장유하여 나오지 않았으므로 세상에서 장유화상이라 하였다. 만년에 가락의 7왕자와 함께 방장산으로 들어가 부처가 되게 하였으니, 지금의 하동군 칠불암이 그 터이다. 질지왕에 이르러 장유암을 세우고 화상의 진영을 칠성각에 모셨다고 한다.(「長遊和尙紀蹟碑」; 『金海邑誌』 碑板 長遊和尙紀蹟碑)

이 전승 자료의 원형은 확인할 수 없으나 1차 사료인 『삼국유사』에서는 전혀 나타나지 않는 7왕자의 존재가 등장하며 이들을 인도하는 존재가 보인다. C의 '보옥선'이라는 인물이 바로 그에 해당하는데, D에서는 보옥선인이라는 이름으로 나오며 허왕후의 아우라고 출신이 기록되어 있다. E에서는 보다 구체적으로 허왕후의 아우이자 아유타국왕의 아들이며 아유타국에서 떠나온 일행을 보살폈으며 만년에 가락 7왕자를 도와 부처가 되게 하였다는 행적까지 기록되어 있다. 처음 설화 원형에서는 불교와 아무런 관계가 없고 오히려 도교적 성격을 가진 보옥선이 차츰 불교적인 색채를 띠면서 아유타국에서 온 허왕후의 동생 장유화상으로 변화하였음을 알 수 있다.

장유화상과 불교와의 관계는 다음의 비문에서 더욱 잘 드러난다.

> F. 산은 김해부의 남쪽 40리에 있고 절은 봉우리를 돌아 숲이 우거진 곳에 있으니, 곧 수로왕이 세운 터이다. …(중략)… 뒤에 분부하여 세 군데에 절을 세우게 하였으니 흥국·진국·신국의 세 절인데, 모두 '국'자를 넣어서 길이 국가의 복을 비는 장소로 삼게 하였다. 신국사는 세자를 위해 세웠으니 산의 서쪽 비탈에 있었고, 진국사는 왕후를 위해 세웠는데 산의 동쪽 골짜기에 있었으며, 흥국사는 왕 스스로를 위해 세워졌으니 …(중략)… 중수할 때 허물어진 담장 밑에서 기와 하나가 나왔는데 그 뒷면에 '건강 원년 갑신 3월 남색' 등의 글자가 있었으며, 또한 장유화상이 서역에서 불법을 받들고 오매 왕이 도를 존중하고 숭불하였던 것을 역시 징험할 수가 있다.(僧 證元 撰, 1708, 「明月寺事蹟碑文」; 『金海邑誌』 碑板 明月寺事蹟碑文)

수로왕이 세 군데에 절을 세웠으며 장유화상이 서역에서 불교를 전하여 수로왕이 숭불하였다는 내용이다. 즉 불교는 허왕후가 가야로 올 때 전해졌으며 처음 불교를 전한 사람이 장유화상이라고 하여 가야불교가 처음 전래된 시기와 전래자까지 정확히 기록하였다. 또 그것을 증명할 수 있도록 '건강 원년(144) 갑신 3월'이라는 명문 기와도 발견되었다고 기록하고 있다.

또 다음과 같이 기록도 주목된다.

G. 세상에 전하기를 가락왕비 허후가 천축국에서 올 때 그 오빠 장유화상도 함께 왔다고 한다. 천축은 본래 부처의 나라이다. 왕이 명하여 은하사와 명월사 등의 절을 세우게 하였다.(「서림사 대웅전 취운루 중수기」, 1812)

G에서도 허왕후와 함께 장유화상이 가야로 왔다고 하였는데, 장유화상이 허왕후의 오빠로 기록된 점만 다른 전승 자료와 차이가 있다.

이 두 전승 자료의 내용을 그대로 믿는다면 수로왕대에 이미 흥국사, 진국사, 신국사, 명월사, 은하사(서림사)가 창사되었다는 것인데, 그렇다면 수로왕대에 불교가 전래되었고 최초 전래자는 장유화상이었으며 불교의 교리를 전도하는 사찰이 세워졌다는 말이 된다. 그러나 이 전승 자료들의 내용은 『삼국유사』가 전하고 있는 내용 및 『新增東國輿地勝覽』의 기록과는 모순된다는 문제점을 안고 있다.

그것은 바로 불교 전래자인 장유화상이라는 인물의 존재와 서림사의 실제 창건 시기에 대한 점이다. 허왕후가 가야로 왔다는 사실을 전하는 가장 오래된 문헌자료는 「가락국기」인데, 여기에는 허왕후를 수행해 온 사람들에 대한 내용이 기록되어 있다.

H. 이외에 시종해 온 잉신 두 사람은 이름을 신보, 조광이라 했고, 그들의 아내 두 사람은 모정, 모량이며, 노비까지 합해서 20여 명이었다. 가지고 온 금수와 능라, 옷과 필단이며, 금은주옥과 경구의 장신구 등은 다 기록할 수 없었다. …(중략)… 8월 1일에 왕은 대궐로 돌아오는데, 왕후와 함께 수레를 타고 잉신 부처도 나란히 수레를 탔다. 중국의 각종 물품들도 모두 실려서 천천히

대궐로 들어오니 시각은 오정이 되려 했다. 왕후는 중궁에 거처하게 하고 잉신부처와 그들의 노비들에게는 비어 있는 두 집을 주어 나누어 들게 했다. 나머지 종자에게도 20 몇 간이나 되는 빈관 한 채를 주어서 사람 수를 보아 적당히 나누어 있게 하였다. … 잉신 천부경 신보와 종정감 조광 등은 가락국에 온 지 30년 만에 각각 두 딸을 낳았는데 부부가 1, 2년을 지나 모두 세상을 떠났다. 그 밖에 노비들은 온 지 7, 8년에 아직 자녀를 낳지 못하였으므로, 다만 고향을 그리워하는 슬픔을 품고 모두 고향을 생각하다가 죽었다.(『三國遺事』 卷2, 紀異2 駕洛國記)

사료 H의 어느 곳에도 허왕후가 남동생 또는 오빠와 함께 왔다는 내용은 보이지 않는다. 수행원의 대표인 신보와 조광에 대해서는 그들의 아내 이름과 得女 사실까지도 상세히 전하고 있을 정도인데, 허왕후의 형제가 함께 왔다면 기록하지 않을 이유가 없다. 또 다른 사료인 『삼국유사』 권3, 탑상4 금관성파사석탑(이하 「금관성파사석탑」이라 함)조에도 허왕후가 그녀의 형제와 함께 왔다는 기록은 없다. 이는 곧 일연 스님이 『삼국유사』를 찬술할 당시까지도 장유화상은 존재하지 않았던 인물임을 말해준다. 장유화상의 행적이 전하는 것은 지금까지 확인된 자료로는 모두 19~20세기에 한정되어 있다. 그러므로 장유화상은 조선 후기에 '長遊'라는 산 이름을 본떠서 가락국에 처음 불교를 전해준 승려로 장유화상을 창조했다고 보는 것이 타당하다고 생각된다.

이와 관련하여 이광수는 허왕후 신화는 18세기 들어 김해의 명월사를 비롯한 작은 사찰들의 사원 비즈니스 차원에서 신화 만들기에 적극 나서면서 또 한 번의 큰 확장을 경험하였는데, 이 경우 이전 시대보다 더 과감한 방법으로 사료 조작과 날조가 이루어졌다고 하면서 특히 주목한 것이 허왕후의 형제 장유화상이라는 인물의 창조라고 하였다. 그에 따르면 김병모의 주장 이후로 사람들 사이에서는 허왕후가 오빠와 함께 인도에서 왔다는 것은 물론이고, 수로왕과의 사이에서 열 아들을 낳고 그들이 가야산이나 지리산으로 들어갔다는 이야기가 마치 「가락국기」에 나오는 것처럼 이해하고, 그것이 기원 초기의 역사적 사실을 기록한 것이라고 생각하는 경향이 널리 퍼지게 되었다고 하였다(이광수 2017, 61-62).

한편, 서림사의 창건에 대해서는 『朝鮮寺刹史料』 西林寺條에 의하면 후한 건무 18년(수로왕 1)으로 되어 있고, 「서림사 대웅전 취운루 중수기」 현판에는 수로왕의 명으로 창건된 것으로 되어 있다. 그러나 「서림사 대웅전 취운루 중수기」 현판보다 앞서 1530년(중종 25) 간행된 『신증동국여지승람』의 김해 佛宇 및 古跡條에는 감로사, 금강사, 명월사, 왕후사 등의 절 이름은 기록되어 있지만 서림사는 보이지 않는다. 적어도 조선 중종대에 서림사는 존재하지 않았던 사찰인 것이다. 이것은 아마도 일제강점기 '朝鮮寺刹令'에 의해 30本山制가 실시되면서 각 寺庵이 本末寺法에 묶여 새로 정리될 때 서림사를 유서 깊은 사찰로 보이도록 창건 연대를 높이고자 가락국 초기에 창건된 것으로 기록하였던 것 같다.

지금까지 살펴본 전승 자료는 거의 모두 당시의 역사적 사실을 그대로 기록하고 있다기보다는 오랜 세월 전승되는 동안 그 내용에 첨삭이 가해지면서 불교적으로 윤색되었다는 것을 확인할 수 있으므로 그 내용을 그대로 역사적 사실로 믿을 수는 없다고 판단된다.

3. 전래된 불교의 성격

가야불교에 대한 문헌 자료가 워낙 한정되어 있으므로 전래된 불교의 성격에 대한 연구 성과는 극히 미미한 실정이다. 그렇지만 전래된 불교의 성격이 무엇인가를 파악한다는 것은 곧 가야불교의 전래 시기와도 밀접한 관련이 있으므로 살펴볼 필요가 있다.

가야에 전래된 불교의 성격에 대해서 김영태는 질지왕 때의 창사 및 그 창건 성격을 통하여 당시 불교의 신앙이 조상을 숭배하고 복을 기원하며 국가를 진호하고자 하는 측면이 있다고 주장하였다(1991, 56-57). 이에 반해 홍윤식은 초기의 가야불교는 개개인에 의한 수행을 중심으로 한 불교였고 傳法을 통한 교화활동을 목적으로 하지 않은 소승불교였기 때문에 그 사회적 수용이 더욱 늦어지게 되었다고 하였다(1992, 248-249). 전자는 「명월사 사적비문」에 나타나는 신국사, 진국사, 흥국사의 이름에 모두 '國'자를 넣어 길이 국가를 위해 복을 비는 도량으로 삼게 하였다는 내용에서 창건 이념이 드러난다고 보았으며, 조상 숭배 풍습과 조화된 명복을 비는 신앙과 국가의 번영과 안녕을 기원하는 국가불교적 사상을 엿볼 수 있다고 하였다. 가야불교의 성격에 대해서 국가불교적 경향이 있다는 김영태의 견해는 타당하다고 생각된다. 다만 국가불교라는 것은 인도 불교가 가지고 있는 성격이 아니라 중국 불교의 특징이라 할 수 있으므로 가야불교의 성격을 국가불교라고 규정짓는다면 인도에서 불교가 직접 전래된 것이 아니라 중국에서 수용된 불교를 받아들였다는 것을 인정해야 한다.

중국에 전래된 불교는 인도의 불교와 달리 국가 권력에 봉사하는 불교 교단과 불교 교리를 성립시켜 종교를 국가 권력에 봉사하도록 했다. 이를 불교사에서는 국가불교의 형성이라고 규정지었다. 국가불교가 형성된 배경은 고대 국가의 지배자가 자신의 권력을 유지하고 과시하기 위해서였다. 국가 권력이 불교를 정권 차원에서 이용하였던 사례로는 5호16국시대(316~439)에 국가의 운명, 예언, 전쟁의 승리, 민중 지배의 도구로서 불교의 주술적 기능을 이용하였던 것을 들 수 있는데, 주술을 행하기 위해서는 사찰을 건립하고 불상을 조성하여 대법회를 개최할 필요가 있었다. 북위시대의 운강석굴이나 용문석굴과 같은 대규모 석굴사원의 축조가 그 예이다. 또한 불상의 광배에 새겨진 願文에는 지배자와 그 일족의 영원한 번영을 기원하며, 집안의 7대 부모와 선조의 영혼을 追福하고 가문의 번영을 기원하고 있는데, 이는 조상 숭배와 지배자에 대한 복종을 일체화시키는 것이다[兼田武雄 저(장휘옥 역) 1992, 19-20].

가야불교와 관련된 문헌기록과 전승 자료에는 왕이 명령을 내려 사찰을 창건하였으며, 창건 이유는 선조에 대한 추복 및 국가의 번영과 안위를 기원하는 것이었다고 전한다. 이러한 내용은 개개인의 수행을 위주로 한 소승적 성격이라기보다는 권력과 밀착된 국가불교의 성격과 부합하는 것이다.

한편, 후자는 수로왕대에 이미 불교가 들어와 있었고 그 당시의 불교는 고유의 仙敎와 잘 부합하였는데, 그 불교가 소승적 수행인에 의한 불교였으므로 創寺를 통한 불교 문화는 일어나지 않았으며, 가야불교의 사회적 수용의 계기는 왕실의 권위를 회복하는 데 있었으므로 당시의 가야불교는 왕실불교의 성격을 지니는 것이라 추정하였다. 마치 가야로 전래된 불교가 소승불교인 듯한 뉘앙스를 주면서도 한편으로는 사회적으로 수용될 무렵에는 대승불교인 것처럼 표현하여 가야불교의 성격을 독자들에게 일목요연하게 설명하지 못하고 있다.

그러면 과연 가야에 전래된 불교는 소승불교였을까? 최치원이 찬한 「鳳巖寺 智證大師碑文」에는 "불교가 전래됨에 있어서 毘婆娑(小乘)가 먼저 전래하였으니 四郡이 四諦의 法輪을 몰았고, 摩訶衍(大乘)이 뒤에 이르러 온 나라에 一乘의 거울을 빛냈다"라고 하여 소승불교가 먼저 들어왔다는 내용이 기록되어 있다. 그러나 우리나라 불교학계에서는 이 구절을 최치원이 인식한 불교사의 전개과정일 뿐이며 비문의 미사여구로 볼 뿐 소승불교가 먼저 전래되었다는 것을 인정하지 않는다. 설령 가야불교가 홍윤식의 주장대로 수로왕 당시 소승적 수행 불교로 받아들였다 하더라도 가야 땅에 전래가 되었다면 소승불교이기 때문에 절을 세우지 않았고, 교화 활동을 하지 않았다고 설명하는 것은 문제가 있다. 소승불교 또한 敎團을 형성했고 재가자들에 대한 포교도 행해졌다. 따라서 이러한 주장은 소승불교가 널리 퍼져 있던 당시의 인도 사회를 제대로 이해하지 못했기 때문이라고 생각된다. 또 불교가 인도를 떠나 실크로드 도상의 여러 국가들과 중국으로 전파되었을 때는 소승, 대승의 승려 모두 활발한 傳法 활동을 통하여 그들의 교세를 확장해갔던 점도 감안해야 한다.

만약 수로왕대 장유화상이 불교를 전래했다는 것이 역사적 사실이라면 장유화상은 서역과 중국에서 활발하게 전교 활동을 벌였던 전법승들과 같은 태도를 견지했을 것이다. 그러나 문헌기록에 따르는 한 장유화상은 존재조차 하지 않았던 인물이며 전승 자료 속에서도 장유화상은 가야 사람들을 대상으로 전법 활동을 벌이는 모습은 보이지 않는다. 결국 질지왕대 왕후사를 창건한 시점에서 가야불교의 성격을 추정한다면 가야의 불교도 국왕을 비롯한 지배층이 중심이 되어 조상에 대한 추복과 국가의 발전이라는 현세이익을 추구하는 국가불교로서의 성격을 내포하고 있었다고 추측된다.

III. 「금관성파사석탑」조 분석

1. 아유타국과 허왕후의 정체

「가락국기」와 「금관성파사석탑」조에는 수로왕과 허왕후의 혼인과 관련된 기록이 있는데, 그 내용은 다음과 같다.

I. "저는 본래 아유타국의 공주인데, 성은 許氏고, 이름은 黃玉이며 나이는 16세입니다. 금년 5월 본국에 있을 때 父王이 황후와 더불어 말씀하기를 '어젯밤 꿈에 함께 황천상제를 뵈었는데, (상제의) 말씀이 가락국왕 首露는 하늘이 내려 보내어 왕위에 오르게 하였으니, 신성하다고 하는 것은 오직 이 사람을 두고 하는 말이라고 하였다. 또 새로 나라를 다스리나 아직 배필을 정하지 못하였으니 그대

들은 공주를 보내어 짝을 삼게 하라고 하였는데, 말을 마치자 하늘로 올라갔다. 잠이 깬 후에도 상제의 말이 아직 귀에 맴도니 너는 이제 곧 우리와 작별하고 그에게로 가라'고 하셨습니다."(『三國遺事』 卷2, 紀異2 駕洛國記)

J. 金官 虎溪寺의 婆娑石塔은 옛날 이 읍이 금관국일 때, 世祖 수로왕의 부인인 허황후 黃玉이 東漢 建武 24년 무신(48)에 서역 阿踰陁國에서 실어온 것이다. 처음에 공주가 부모의 명을 받들어 바다를 건너 장차 동쪽으로 가려다가 波神의 노여움을 만나 가지 못하고 돌아왔다. 부왕에게 아뢰니 부왕이 이 탑을 싣고 가라고 하였다.(『三國遺事』 卷3, 塔像4 金官城婆娑石塔)

사료 I·J에 등장하는 阿踰陁國은 다른 사료에서는 확인되지 않는 지명이다. 이러한 이유로 아유타국을 어떻게 파악해야 하는지에 대해서 다양한 의견이 제시되었다. 크게는 아유타국이라는 나라 이름을 불교적인 목적에서 인용하여 원래 사실을 윤색한 것으로 이해하는 견해와 실제로 존재한 사실로 파악한 견해, 인도와 관련 없는 다른 곳으로 보는 견해로 나누어진다.

아유타라는 이름은 힌두교의 서사시 『라마야나』에서 처음 나타난다. 『라마야나』에서는 아유타(아요디야)가 힌두교의 신 라마(Rama)가 태어난 곳으로 사라유(Sarayu) 강변에 위치한 고대 코살라(Kosala) 왕국의 수도로 등장한다(산토쉬 꾸말 굽타 2017, 16-18). 아유타국은 현장이 저술한 『大唐西域記』 제5에서도 확인된다. 여기서 허황옥과 관련된 내용은 확인되지 않는데, 이곳이 阿育王의 유적이 남은 都城이므로 불교가 전해진 신앙이 가락국 전설과 결부된 것으로 파악하는 견해가 있다(三品彰英 1979). 이러한 입장을 따르면서 『勝鬘經』의 주인공인 勝鬘夫人이 아유타국의 왕비였다는 점에 착안하여 허황옥을 아유타국 공주로 표현하였을 것으로 파악한 견해도 있다(정경희 1990). 이러한 견해와 유사하게 가락국 건국신화의 일부를 구성하는 허황옥과의 혼인담에 신성성을 강조하여 왕권의 정당성을 높이고자, 불교와 인연이 깊은 아유타국을 관련시킨 것으로 이해하기도 한다(백승충 2001).

한편, 아유타는 인도를 지칭하는 관념적인 용어이고 이것이 허황옥 신화에 삽입된 것이라는 견해도 있다. 즉 아유타는 힌두교 최고의 서사시인『라마야나』에 등장하는 사라유(Sarayu) 강가에 위치한 聖都 아요디야(Ayodhya)의 음차인데, 5세기 이전에는 실존하지 않은 신화 속의 도시로 사께따라는 고대 도시가『라마야나』의 저술로 인해 성도 아유디야로 개명된 지명일 뿐이며 신화 속 도시가 불경에 등장하여 이후 아유타는 인도와 동일시되는 의미로 알려지게 된다. 통일신라 이후에 불교의 일반화 속에서 불국토 관념이 강조되고, 인도와 관련지으려는 노력이 진행되면서 아유타가 곧 인도라는 관념이 만들어진다. 결국 이러한 모티프가 허황옥과 관련된 신화 속에 삽입되었다는 것이다. 5세기에 아유타라는 도시가 없었다는 것은 5세기 초 인도를 다녀온 법현이 남긴『불국기』에는 아요디야에 대한 언급이 없다는 점, 반면 7세기 중반에 인도를 다녀온 현장의『대당서역기』에는 아요디야의 음역어인 아유타라는 도시가 나오며 그 위치는 사께따와 동일하다는 점 등으로 증명하고자 하였다(이광수 2003, 186-188). 이에 대해 4세기에 역경된『佛說水沫所漂經』이나 5세기의『佛所行讚』에 이미 아유타의 異音인 阿迎闍나 阿輸闍가 나올 뿐만 아니라,『잡아함경』에는 두 도시가 동시에 나오므로 5세기에 아요디야라는 도시가 없었다는 주장은 틀렸다고 반박하는 견해도 있다(황정일 2018, 23-24).

이와 달리 아유타국은 실존했던 나라이며, 허황옥이 이곳으로부터 유입되어 왔다는 것을 사실로서 인정하고자 하는 연구도 있다. 먼저 아유타국을 일본에 있던 삼한삼국의 分國과 관련시켜 일본 九州 동북방에 있던 가락국의 분국으로 파악한 견해가 있다.『삼국유사』의 내용에 불교적인 윤색이 이루어진 것을 인정하면서도 허황옥이 가지고온 물건들을 볼 때 延烏郎·細烏女가 신라 왕에게 바친 것과 유사하다고 판단하여 가라본국에 대한 왜 소국의 종속 관계가 반영되어 있다는 것이다(김석형 1966). 또 기원전 3세기 무렵에 번성한 인도 중부 갠지스강 유역에 있던 아유디아(Ayudia)국을 아유타국과 관련시킨 견해도 있는데, 아유디아 왕가가 기원후 20년경에 쿠샨 왕조의 공격으로 붕괴되었으며, 허황옥의 항해 기간이 5월에 출발하여 7월에 도착한 것으로 되어 있으므로, 인도에서 출발하는 것은 무리이고 허황옥이 출발한 아유타국은 아유디아왕국이 이동하여 1세기 전에 태국 메남강변에 건국한 아유티아로 파악하였다(이종기, 1977).

한편 인도의 아요디아를 허황옥의 근원지로 동일하게 보면서도 태국의 아유티아국과 관련시키는 것을 부정한 견해도 나왔다. 허황옥의 시호가 普州太后인 점에 주목하여 아유디아에서 중국 四川省 普州(현재 안악현)로 집단적으로 이주한 許氏族 중 일부가 배를 타고 가락국으로 건너왔다고 파악한 것이다. 사천성 보주 일대는 前漢대에 서역을 통해 인도와 교류하였으며 西南夷가 漢과 자주 충돌했다는 점 등을 근거로 허씨족들이 이동했을 것이라는 근거로 삼았다(김병모 1994).

이에 반해 아유타국을 인도에서 찾는 것을 비판하고 발해 연안으로 파악한 연구도 있다. 수로왕 당시에 인도와의 장거리 항해는 가능성이 낮으며, 월별 평균 해류를 본다면, 황해에서 제주해협을 지나서 거제도를 통해 김해만까지는 쿠로시오 지류의 영향을 받는 해류를 타고 온 것이므로 허황옥 일행은 발해만 일대에서 출발한 세력으로 추정한 것이다(김인배 1989). 이 주장과 관련하여 「가락국기」에서 허황옥 관련 내용 중에 중국과 관련되는 내용이 많다는 점이 주목된다. 즉, 허황옥이 가지고 온 물품이 중국 계통 물건이며 수행한 인물들의 관직명이 중국 명칭이라는 점들이 그러하다. 이러한 내용을 감안한다면 허황옥으로 대표되는 이주집단은 중국의 선진 문물을 가지고 해상을 통해서 들어온 존재일 수 있다. 따라서 당시 김해 지역의 활발한 대외 교역을 생각해보면 아유타국에서 왔다는 허황옥은 樂浪에서 온 유이민 혹은 수시로 왕래한 상인 집단과 관련지을 수 있다는 견해도 있다(김태식 1998).

이처럼 여러 논의가 있지만, 아유타국과 허왕후의 정체가 무엇인지는 단언하기 어렵다. 가야사를 연구하는 입장에서 아유타국이 실제 역사상 있었던 국가였는가, 그렇다면 어느 지역에 있었던 국가였는가, 또 허왕후는 실제로 아유타국에서 온 것인가와 같은 논의가 가야의 전반적인 역사 전개에 대단히 중요한 의미가 있다고 보지는 않는다. 마치 서동과 선화공주 같은 흥미로운 혼인 설화로 보아도 큰 무리는 없을 것처럼 보인다. 그러나 이렇게 여러 연구자들의 논의가 진행되는 것은 가야에 과연 불교가 언제 전래되었는가, 정말 불교가 북방이 아니라 남방에서 먼저 전래되었는가 등 가야 지역, 더 나아가 우리나라 불교 전래의 역사와 연관이 있는 문제라고 믿기 때문이다. 그런 측면에서 아유타국과 허왕후의 정체에 대한 논의는 의미가 있다고 생각된다.

필자는 「가락국기」에 전해지는 설화가 처음 설화의 원형이 시간이 지나면서 불교적 윤색 과정을 거친 후에 사료로 기록되었다고 보는 입장이다. 이런 관점에서 다음 견해는 경청할 만하다.

> 수로가 바다 건너 온 여성과 결혼했다는 설화는 8세기 경 『개황록』이 편찬될 무렵 그 얼개가 형성되었을 것으로 본다. 처음에는 '아유타'라는 어휘는 없었을 것이고, 시간이 지난 후 '아유타'가 삽입된 것으로 보인다. 「가락국기」 편찬자 스스로 혹은 어떤 학자에 의해 '아유타'라는 불교적 세계관에서 매우 중요한 어떤 의미를 가진 그 세 음절의 어휘가 삽입된 것으로 보인다. 만약 인도를 의미하는 곳으로서 '아유타'가 민간에 널리 퍼져 있었다면, 즉 허왕후가 '아유타'라 불리는 불국토 인도에서 왔다는 설화가 민간에 널리 퍼져 있었다면, 그곳에 대한 뭔가의 기술이 좀 더 자세하게 있었을 것이다. 원래 「가락국기」에서는 허왕후가 단순히 아유타국에서 왔다고 되어 있을 뿐, 어떠한 규모로 어떻게 왔는지에 대한 아무런 언급이 없

다. 그런데 일연이 『삼국유사』를 편찬하면서 「가락국기」의 '아유타'에 '금관성파사석탑'조에는 '서역'이라는 글자가 추가되어 '서역 아유타국'에서 온 것으로 나타난다.

이렇게 '서역'이라는 어휘가 추가된 것은 처음 '아유타'라는 어휘를 삽입한 지식인과는 달리 당시의 많은 사람들이 아직 그 뜻을 몰랐을 것이고, 그래서 그에 대한 어떤 지식인이 해석을 한 것이 널리 알려졌거나 일연이 『삼국유사』를 편찬할 때 그 설명을 삽입한 것으로 추정한다.(이광수 2017, 47-55)

허왕후의 출자를 이미 불교가 일반화되어 있던 인도의 아유타국이라고 믿는다면 허왕후와 그녀를 수행한 사람들은 불교도였을 것이므로 충분히 가야에 불교가 전래되었을 가능성이 있다. 그러나 수로왕 당시와는 너무나 다른 시간대에 기록으로 남은 「가락국기」의 서술 내용은 상당히 다양한 윤색 과정을 거쳤다는 것을 생각해야 한다. 즉 가야에 불교가 전래된 시기이거나 또는 이후 『개황록』이 편찬될 무렵, 그렇지 않으면 신라 말 고려 초에 허왕후의 출자가 불교적으로 윤색되었을 가능성이 크다.

그러나 「가락국기」에는 불교적으로 윤색되지 않은 부분도 실려 있다. 즉 허왕후의 이름이 허황옥이고 그녀를 수행해 온 대신들의 이름이 申輔, 趙匡 등 중국식 이름이라는 점, 일행의 관직이 泉府卿, 宗正監, 司農卿과 같은 중국식 명칭이라는 점, 그리고 허왕후는 배에 각종 비단(錦繡綾羅)과 의복(衣裳疋段), 금·은·주옥과 각종 구슬과 보배로운 기물 등의 물건을 싣고 왔는데, 이것을 漢肆雜物 즉, '중국 점포의 여러 물건'이라고 표현하고 있다. 또한 짐을 싣고 왔던 배의 선원 15인에게 각기 쌀과 포목 등을 주어 돌려보냈다는 기록을 통하여 이 배가 인도 혹은 태국에 존재했을지도 모르는 아유타국에서 바로 가야 지역으로 항해한 배가 아니었으며 선원들도 아유타 왕실에 속한 선원이 아니라 전문적인 선원 또는 장사치가 아니었을까 하는 의심이 든다. 선원 15인에게 쌀과 포목을 주어 돌려보냈다는 것은 항해의 대가를 지불한 것으로 보이기 때문이다.

설령 이 배가 아유타국 국왕 직속의 배이고 선원들도 그러했기 때문에 허왕후의 안부를 전하기 위해 본국으로 돌려보낸 것이라고 생각할 수도 있지만, 허왕후의 최종 목적이 혼인이라고 한다면 아유타국에서 온 배에 타고 있던 수행원들과 함께 선원들도 이 땅에 정착할 것을 각오하고 항해를 했을 것이다. 그러므로 선원들에게 배 삯을 지불하고 배가 돌아갔다는 것은 이 배와 선원들이 아유타국 소속의 배와 선원들이 아닐 가능성에 무게가 실린다. 이런 점에서 볼 때 허왕후는 고대에 통상적인 무역 거래가 활발하게 이루어지는 해상 교역로를 따라 가야 지역으로 들어온 세력과 관련이 깊은 인물이었을 가능성이 있다. 그런 가정이 옳다면 아무래도 당시 가야 지역과 중국과의 교역은 낙랑을 통하여 이루어지고 있었으므로, 허왕후의 출자는 중국 출신의 교역을 담당했던 상인 집단 혹은 낙랑계 이주 집단으로 생각해 볼 수 있을 것이다.

2. 「금관성파사석탑」조에 나타난 가야불교 전래 시기

「금관성파사석탑」조에 의하면 金官에 있는 虎溪寺에 파사석탑이 있었다고 하는데, 그 내용은 앞의 사료 J와 같다. 사료 J와 달리 「가락국기」에는 허황옥이 배에 싣고 왔다는 물건에 파사석탑이 포함되어 있지 않다. 다만 질지왕 2년(452)에 수로왕과 허황옥의 명복을 빌기 위해서 王后寺를 세웠다는 내용만 확인되어 「금관성파사석탑」조의 내용과 차이가 있다. 기록의 다름을 고려하지 않고 파사석탑은 가야불교 또는 『삼국유사』의 허황옥 기사와 관련하여 문헌에도 있고 실물도 있는 가장 확실한 증거라고 주장하는 연구자들이 있다. 물론 현재 허왕후릉 앞 비각에 있는 파사석탑이 「금관성파사석탑」조에 전해지는 파사석탑과 일치하며 또 그것이 아유타국에서 온 것이 입증된다면, 이는 고대 가락국과 아유타국 사이에 해양을 통한 문화 교류가 있었다는 중요한 근거가 된다(이거룡 2018a, 416).

앞에서 보았듯이 아유타국은 실존 여부조차도 확실하지 않을뿐더러 가장 중요한 자료인 『삼국유사』 기록에서도 파사석탑의 존재 유무는 엇갈리고 있는 실정이다. 그러나 허왕후와 가야불교를 관련지어 보려는 이들은 이 기록을 설화가 아니라 하나의 역사적 사실로 본다. 그 입장은 대략 세 가지 정도로 요약된다. 첫째, 파사석탑은 부처님의 사리를 모신 불탑이므로 허황옥 도래로 가야에 불교가 전래되었다고 보는 견해, 둘째, 이 석탑을 허황옥이 전했지만 가야불교와는 상관이 없다는 견해, 셋째, 가야국 초기에 불교를 전하는 석탑으로서의 기능은 담당하지 못했더라도 후대에 가야의 불교전래국이 인도였음을 알 수 있게 해주는 단서라는 입장이다(조원영 2017, 221-222).

그러나 이 탑이 과연 수로왕 당시에 인도에서 전해졌을까 하는 점은 의문이다. 왜냐하면 이 기록은 같은 책 『삼국유사』 권3, 탑상4에 수록되어 있는 「遼東城育王塔」조나 「皇龍寺丈六」조의 내용과 마찬가지로 전형적인 塔像緣起說話로 볼 수 있기 때문이다. 이 연기설화는 고구려 요동성에 阿育王(아쇼카왕)이 세웠다는 목탑이 있다거나 신라 진흥왕대에 아육왕이 배에 띄워 보낸 금속으로 황룡사에 장육존상을 만들었다는 내용이다. 기원전 3세기 무렵의 아쇼카왕시대와 6세기 무렵의 삼국시대와는 무려 900년 정도의 시기차가 있으므로, 이 기록이 역사적 사실이 아니라는 점은 누구나 알 수 있다. 이들 설화는 모두 이 탑상의 건립이 불교와의 깊은 인연 때문이었음을 강조하고자 하는 의도로 만들어진 것이며, 특히 신라의 진흥왕은 인도의 전륜성왕으로 추앙받았던 아쇼카왕으로부터 불상의 재료를 받았다는 것을 강조함으로써 國人들에게 전륜성왕으로 인정받고 싶어 했을 가능성이 크다(조원영 2007, 98).

사실 「금관성파사석탑」조에는 가야불교의 전래 시기를 정확히 알려주는 내용이 다음과 같이 기록되어 있다. 너무나 정확하게 기록되어 있어 가야불교의 전래 시기에 대해 이처럼 논란이 있을 수 있다는 사실이 오히려 놀라울 정도이다.

> K. 그러나 그때 海東에는 아직 절을 세우고 불법을 받드는 일이 없었으니 대개 像教(불교)가 전래되지 않아서 그 지방 사람들이 (불교를) 신복치 아니하였던 것이다. 그러므로 본기에도 절을 세웠다는 기사가 없었다. 제8대 질지왕 2년 임진(452)에 이르러 비로소 그곳에 절을 세우고 또 王后寺를 창건하여〈阿道는 눌지왕대에 해당하니 법흥왕 이전이다〉지금까지 복을 빌고 있으며 겸하여 南倭를 진압하고 있으니 본국의 본기에 자세히 보인다.(『三國遺事』卷3, 塔像4 金官城婆娑石塔)

그때, 즉 허왕후가 도래했던 수로왕대에는 가야에 절을 세우고 부처님을 받드는 일이 없었는데 그 이유는 불교가 전래되지 않았기 때문이라는 것이다. 불교가 전래되지 않았으니 가야 사람들은 불교에 대해서 알지 못했고 당연히 믿음이 없었던 것이다. 그 때문에 본기(가락국기)에도 절을 세웠다는 기록은 없다는 것이다. 이에 대해 '상교'라는 단어에 주목하여 불교를 '상교'로 표현한 것은 『삼국유사』내용 중에 「금관성파사석탑」조와 「전후소장사리」조뿐인데 굳이 불교라고 하지 않고 상교라고 표현한 것은 허왕후의 인도 도래설과의 연관을 암시하고 있다고 하면서, 허왕후가 석탑은 가져왔지만 불상이나 경전인 상교를 가져오지 않았기 때문에 절을 건립하지 못했을 것으로 추측한 견해도 있다(황정일 2018, 31-32).

그러나 어떻게든 허왕후와 파사석탑을 연결 지어 보려고 애쓰지 않는다면 수로왕대 불교가 전해지지 않았다는 이 기록을 문맥 그대로 해석해도 문제가 없을 것 같다. 그렇게 본다면 가야에 불교가 공인된 시기는 최초로 사찰을 건립하였던 질지왕 2년(452) 무렵으로 보아도 좋을 것이다. 삼국에 불교가 수용되는 시기에는 국가적인 지원에 힘입어 전도승의 거처를 마련해주면서 동시에 그가 가지고 온 불상과 經文을 봉안할 목적으로 사찰이 창건되는데, 이것이 삼국의 불교 수용 초기의 모습이었다. 질지왕 2년 왕후사와 또 다른 절이 창건되었던 상황은 이러한 모습을 반영하는 것이다. 다만 질지왕 2년 왕후사 창건은 가야에서 국가적으로 불교가 공인되었다는 것이지 불교가 처음 수용된 시기라는 의미는 아니며, 그보다는 더 이른 시기에 불교가 전래되었을 것이다.

4~5세기 무렵 가야 제국은 국가 차원에서 불교를 수용하고 있던 삼국과 이웃하면서 고대 국가로서의 기틀을 닦던 시기였다. 가야 제국은 「廣開土王陵碑」·『日本書紀』·『삼국사기』 등에서 확인되는 바와 같이 4세기 말~5세기 초 무렵에는 고구려와 전쟁을 치르면서 접촉하였고, 백제와는 적극적인 교섭을 전개하였으며 신라와는 전쟁과 외교 양면으로 교섭하고 있었다. 불교가 삼국에서 국가적으로 공인된 후에도 2세기 동안에 걸쳐 가야 제국은 이들 삼국과의 빈번한 교섭 관계를 유지하고 있었다. 따라서 이 사이에 가야 제국에 불교가 전래되었을 가능성은 매우 크다(이영식 2001, 474).

이와 같은 가야에 불교가 전래될 수 있는 여러 정황들 가운데 가장 가능성이 있는 것은 백제와의 교섭 체계가 형성되던 시점이 아닌가 생각된다. 즉 가야가 백제와 본격적인 관계를 맺는 것은 4세기 후반 백제 근초고왕의 남방 경략(369)과 東晋으로의 遣使(373)에서부터 확인할 수 있다. 『일본서기』 신공기 46~47년조에 보이는 일련의 한반도 남부 지역 관련 기사를 통해서는, 근초고왕대에 백제가 처음으로 가야·왜와 통교를 트고 있음을 확인할 수 있다. 고구려와 백제의 경우 중국의 전진, 동진에 파견된 사신이 돌아오는 길에 전도승과 동행하였던 것을 볼 때 불교를 공식적으로 수용하였던 배경에는 중국과의 외교 관계 강화라는 측면이 내재해 있었다. 가야의 경우도 백제와의 외교 교섭 과정에서 백제로부터 불교를 받아들였을 것이라 추측하는 편이 가장 합리적이라 생각된다. 이와 관련하여 주목되는 것은 김해 대성동 88호분에서 晉式 帶金具가 출토되었다는 사실이다(藤井康隆 2018). 수입 경로는 정확히 알 수 없으나 동진계 유물임이 틀림없다. 이 고분의 축조 연대가 4세기 중엽경이므로 불교가 만연했던 중국 남조계의 유물이 출토되었다는 것은 가야에 불교가 전래되었을 가능성을 보여주는 간접 증거가 될 수 있을 것 같다.

다만 현재 김해 지역에 전해지고 있는 불교 관련 설화나 불교 관계 유적들이 훨씬 후대의 것이라 해도 백제불교와의 관련성은 전혀 보이지 않는데 이는 어떻게 설명할 수 있을까. 이러한 현상은 아마도 가야가 신라에 의해 복속된 이후 삼국통일기를 거쳐 신라 말의 혼란기에 김해 지역의 호족세력에 의해 가야의 독자성이 강조되면서 불교도 백제와 신라 어디에서도 전래되지 않고 멀리 서역에서 전래되었다는 설화가 형성되었기 때문이 아닌가 추측된다. 따라서 문헌이나 전승 설화 어디에도 백제로부터의 불교 전래는 언급되어 있지 않지만 백제와 가야의 교류관계를 생각할 때는 백제로부터 받아들였다는 것이 가장 개연성이 있을 것으로 본다(조원영 2007, 113).

IV. 파사석탑의 양식과 조성 시기

사적 제74호인 首露王妃陵 경내에는 파사석탑으로 알려진 석조유물이 남아 있다. 「금관성파사석탑」조에 "탑은 방형으로 4면에 5층인데, 그 조각이 매우 기이하며 돌은 미세한 붉은 반점이 있는데, 그 성질이 부드럽고 좋아서 이 지역의 종류가 아니다. 『本草』에서 말하는 닭 벼슬의 피를 찍어서 시험한다는 것이 이것이다"라고 기록되어 있는 바로 그 탑이라고 추정하고 있는 유물이다. 현재 파사석탑은 사면으로 모가 났다는 기록과는 전혀 다른 모습이다. 그 이유는 이 탑이 허왕후의 항해를 어렵게 했던 바람을 다스렸다고 하여 일명 '鎭風塔'으로도 불리면서 후대 사람들이 이 탑의 돌을 가지고 항해나 고기잡이를 가면 波神의 노여움을 사지 않는다고 믿었으므로 몰래 조금씩 탑재를 깨어 가면서 파손시켰기 때문이라고 전한다.

남아 있는 부재 가운데 아래 2개의 돌은 지대석과 기단의 역할을 하며 그 위에 놓인 6개의 부재 가운데서 아래 5개는 탑몸, 제일 위의 작은 돌은 보주로 본다면 오층석탑이라 할 수 있다. 이 가운데 지대석 위의 연화문 기단은 위의 6개 부재와는 달리 재질이 화강암이고 문양의 양식이 고려시대 것으로 추정되므로 같은 탑의 부재는 아니었을 것으로 판단된다(사진 1).

[사진 1] 파사석탑

지금까지 6개 부재의 재질에 대해서는 '탄산염 각력암' 또는 '붉은색 대리암'이라고 추정하였는데, 국립중앙박물관에서 개최한 『가야본성』 특별전에 이 탑을 전시하기 위해 고려대학교 산학협력단에 산지와 특성을 분석 의뢰한 결과 이 탑은 상당량의 엽랍석을 함유한 사암으로 제작되었다고 잠정 결론을 내렸다(고려대학교 산학협력단 2019).

아무튼 고려시대 일연 스님이 관찰했던 '미세한 붉은 반점'은 이 탑의 성분 중 엽랍석이라는 것이 확인된 셈이다. 퇴적암인 사암은 재질이 단단하지 않아서 '돌의 질이 부드럽고 좋다'는 표현과 동일한 성질을 가지고 있다. 후대 사람들이 이 탑의 돌을 조각조각 떼내어 가기 좋은 조건이었던 것이다. 그러므로 현재 남아 있는 파사석탑은 『삼국유사』에서 기록한 내용과 일치한다고 보아도 좋을 것이다.

한편, 전지혜는 최근 연구에서 「금관성파사석탑」조, 『신증동국여지승람』과 18~20세기 읍지, 19세기 초 무렵 李學逵의 『洛下生集』, 20세기 초 李秉延의 『朝鮮寰輿勝覽』 등의 기록과 1820년 무렵의 「김해부내지도」 와 「수로왕비릉도」, 그리고 『崇善殿誌』(1903)의 「보주태후허씨릉도」 등의 고지도에 남아 있는 파사석탑을 분석해보면 『삼국유사』의 파사석탑과 현재 전해지고 있는 수로왕비릉 앞 파사각 안의 석탑이 동일한 석탑이라는 점이 조금 더 분명해진다고 하였다(2019, 9). 그렇다면 과연 「금관성파사석탑」조 내용처럼 파사석탑은 허황옥이 서역 아유타국에서 제작해 싣고 온 탑이었을까?

파사석탑에 대해 분석한 이거룡은 인도 초기 불탑에 대해 살펴보면서 인도불교사를 통하여 허황옥이 가야로 왔다는 기원 후 48년 전후는 물론이고, 그 이후에도 인도에서 "사면으로 모가 난 오층"의 탑이 조성된 기록이나 유적은 없는 것으로 파악하였다(2018a, 428). 또한 파사석탑의 재질로 거론된 파사석이 기원후 48년 전후로 인도의 불탑 또는 사원 건축에 사용된 예가 없는데, 이는 파사석의 재질이 마모되기 쉬운 특징 때문에 탑이나 사원건축에 어울리지 않아 인도에서는 화강암을 사용하였다는 것이다. 다만 파사석탑의 양식이나 재질이 기원 전후 인도의 스투파나 사원에서 찾아볼 수 없다고 하여 파사석탑이 아유타국과 무관하다고 단정 지을 수는 없으며 돌 자체는 아유타국에서 왔지만 탑은 가락국에서 만들어졌을 가능성을 제기하였다. 즉, 파사석탑의 돌은 탑의 형태로 가락국에 온 것이 아니라 항해 중에 배의 균형을 잡기 위한 평형석으로 들어왔을 가능성이 있다는 것이다(이거룡 2018a, 435-438).

파사석탑의 재질이 우리나라에서 생산되는 돌이 아니라는 잠정 결론을 염두에 둔다면 일리 있는 주장이라고 생각한다. 다만 이러한 석재가 다른 시기에 다른 산출지에서 전해졌을 수도 있는데, 기원 전후 시기에 아유타국이라는 곳에서만 전래되어 왔을까 라는 의문은 남는다. 왜냐하면 통일신라시대와 고려시대에도 서역 일대와는 활발한 교류를 했기 때문이다. 이에 대해서는 이거룡도 파사석탑의 석질에만 초점을 두어서 파사석탑의 유래를 규명하는 데는 한계가 있다고 하였다. 그것은 어떤 두 지역에 있는 돌의 석질이 일치한다고 해서 그것이 곧 그 돌의 출처가 동일하다고 말할 수는 없으니 파사석탑 돌의 석질과 동일한 돌이 그 외의 다른 지역에도 있을 수 있기 때문이라고 하였다(이거룡 2018b, 644).

현재 남아 있는 파사석탑의 부재를 살펴보면 이 탑은 원래 목조건축의 각 부재를 정교하게 조각한 석탑일 것으로 추정된다. 그리고 처음 제작했던 탑의 원형에서 많은 탑 부재를 잃어버렸을 가능성이 있다. 파사석탑 각 부재 중 아래부터 3단까지의 부재에는 목조건축에서 볼 수 있는 栱包의 出目이 있다. 비교적 가장 아랫단은 분명하여 한 면에 4개씩 확인되고, 그 이상의 부재에도 약하게 출목이 있다(사진 2~5).

이러한 목조건축의 출목은 14세기 무렵 경천사지 십층석탑의 지붕과 난간에서 확인되는 독특한 표현이다(사진 6, 7). 현재의 석탑 부재는 모두 출목이 있고, 만약 일반적인 탑의 옥개석이라면 출목이 있는 받침과 옥개 부분이 별개의 돌이었을 가능성이 있다. 옥개 받침과 옥개를 별개의 석재로 결구한 사례는 삼국시대 백제 석탑과 통일신라 초기 석탑과 고려시대 백제 양식 석탑에서 확인된다. 만약 옥개석에서 옥개 받침과 옥개가 별개의 석재로 결구된 석탑이었다면 남원 실상사 백장암 삼층석탑(사진 8, 9)과 가장 비교할 만하다(전지혜 2019, 24-25).

그 점을 확인할 수 있는 것은 목조건축의 공포 출목이 조각되어 있는 부재의 아래쪽에 비해 윗면은 비교적 잘 다듬은 평평한 모습이라는 것이다. 이것은 이 부재가 그 윗부분에 옥개를 올릴 용도로 만들어진 옥개 받침이라는 것을 의미한다. 『삼국유사』에서 모난 5층탑이라고 하였으니 남아 있는 6개의 부재 중 적어도 3개는 옥개 받침이라는 점을 확인할 수 있는 것이다. 탑은 탑몸과 옥개 부분(옥개 및 옥개 받침)이 조합되어 1층을 이룬다. 그렇다면 현재 탑몸과 옥개는 잃어버린 상태라는 것이다. 해인사 원당암 다층석탑이나 금산사 육각다층석탑의 경우를 보면 옥개석은 남아 있지만, 탑몸은 일부를 제외하고 잃어버린 것을 확인할 수 있다.

[사진 2] 파사석탑 세부

[사진 3] 파사석탑 세부

[사진 4] 파사석탑 세부

[사진 5] 파사석탑 세부

비교적 탑재의 규모가 작을 경우에 이처럼 부재를 잃어버릴 가능성이 많다(사진 10, 11).

한편, 남아 있는 부재가 엽랍석을 함유한 사암인데 잃어버린 부재도 같은 재질이었는지는 불분명하다. 적어도 '그 조각이 매우 기이'하려면 탑몸의 경우에는 보다 조각하기 용이한 석재를 사용하였을 수도 있기 때문이다. 현재 부재가 다 갖추어져 있지 않기 때문에 확인할 방법은 없는 실정이다.

[사진 6] 경천사지 십층석탑

[사진 7] 경천사지 십층석탑 세부

[사진 8] 백장암 삼층석탑

[사진 9] 백장암 삼층석탑 세부

파사석탑의 조성 시기는 인도의 동시기 조성 사례를 보아서도 기원 전후가 아닌 것은 분명하다. 필자는 이전에 고려시대 탑 가운데 이 탑과

[사진 10] 원당암 다층석탑

[사진 11] 금산사 육각다층석탑

유사한 사례의 석탑을 언급한 바 있다. 吳越王 錢弘俶이 인도 아쇼카왕의 8만4천탑을 조성했던 고사를 본 따 8만4천의 소탑을 만들고 『보협인다라니경』을 매납하였다고 하는데 이 탑과 유사한 형태의 탑을 寶篋印石塔이라고 한다. 탑의 형태는 파사석탑과 다르지만 탑을 제작하게 된 緣起가 있고 공예적인 소탑이라는 측면에서 유사성을 보인다는 것을 밝혔다(사진 12).

　　국보 제200호로 지정되어 있는 보협인석탑은 현재 5개의 부재만 남아 있는데, 방형의 평면에 탑 표면은 전면에 문양이 새겨져 있다. 제일 아래 석재에는 각 면 주위에 넓은 테를 돌리고 그 안에 불좌상을 조각하였고, 그 위에 탑신을 받는 얕은 돌을 얹었는데 반원 형태의 伏蓮이 음각되어 있다. 탑신석에는 역시 주위에 넓은 테를 돌린 가운데 각 면에 本生

圖를 조각하였고 다시 仰蓮과 唐草文을 조각한 돌을 얹었다. 제일 위에는 네 귀가 있는 相輪石이 있어 네 귀 양면에는 4중으로 윤곽선을 돌린 가운데 2단에 걸쳐 조각이 있고 네 귀 사이에는 귀꽃 모양의 꽃이 솟아 있고 하단에는 좁게 당초문이 음각되어 있다. 5개의 부재 모두 규격이 다르고 각 면에 조각이 베풀어져 있는 것은 파사석탑의 부재와 상통하는 면이 있다(조원영 2007, 99).

파사석탑 조성 시기를 알려주는 결정적인 증거는 남아 있는 부재의 표면에 조각된 공포 양식이다. 이 석탑 부재의 공포 양식은 多包形式이다. 다포 형식은 기둥 상부 이외에 기둥 사이에도 공포를 배열한 건축 양식으로 중국 遼나라 때 발생하여 金, 元에 계승되어 성행한 건축 양식이다(김동현 1995, 188). 다포 형식이 채용되기 이전까지는 기둥 위에

[사진 12] 보협인석탑

만 공포를 짜 올리는 주심포식이 사용되었다. 우리나라에는 원 간섭기에 들어와 조선시대에 널리 사용되었다. 석탑에 다포 형식이 사용된 예는 고려 후기에 제작된 국보 제86호 경천사지 십층석탑이 대표적이다.

파사석탑의 다포식 공포 조각은 목조건축의 발달 단계에 비추어 보면 가야시대는 물론 고려시대 원 간섭기 이전에는 이 탑이 결코 조성될 수 없다는 것을 잘 알려준다. 그러므로 현재 남아 있는 파사석탑은 가락국 초기에 서역 아유타국에서 전래되어 왔다는 「금관성파사석탑」조의 기록이 설화임을 다시 한번 입증해 주면서, 공예적인 석탑이 많이 만들어지고 석탑의 재료도 점판암이나 대리석 등으로 다양해지던 고려시대에 제작된 것으로 추정할 수 있다.

[사진 13] 논산 쌍계사 대웅전 공포형식

V. 맺음말

　　이상으로 가야불교 전래 시기 및 파사석탑의 양식과 조성 시기에 대해 살펴보았다. 가야불교는 삼국과 큰 차이가 없는 시기에 수용되고 국가적으로 공인되었다. 파사석탑은 남아 있는 부재의 형식을 살펴보면 고려시대 제작된 석탑으로 판단된다. 그러면 본문 내용을 정리하면서 글을 끝내고자 한다.

　　먼저 가야불교를 바라보는 관점에 대해서 정리해보면 가야, 가라, 가락이라는 나라 이름은 불교적인 명칭이라기보다 한국어의 음운 변화로 볼 수 있으므로 가야라는 나라 이름 자체로 가야 초기부터 불교가 수용되었다는 주장은 무리가 있다. 또 수로왕 관련 사료는 후대의 불교적 윤색의 결과로 볼 수 있으며 수로왕이 불교를 알고 있었을 것이라 믿을 만큼 불교가 널리 퍼져있던 시기에 살고 있던 사람들의 의식의 반영이라 할 수 있다.

다음으로 전승 자료에 나타난 가야불교는 장유화상 관련 내용과 사찰 창건에 관한 내용들인데, 장유화상은 19~20세기에 창조된 존재로 최초 설화의 원형에서는 도교적인 성격을 가지고 있다가 점점 불교적인 색채를 띠면서 허왕후의 동생으로 아유타국에서 불교를 가야로 전해준 인물로 묘사되었다.

한편 수로왕대에 세워졌다는 사찰들은 현존하는 절터도 없을 뿐 아니라 서림사의 경우처럼 『신증동국여지승람』이 편찬된 1530년 무렵에 존재하지도 않은 사찰도 있으므로 후대에 사찰 창건 연대를 높이려는 과정이 있었던 것으로 판단된다.

가야에 전래된 불교의 성격은 가야불교가 공인된 시기인 질지왕대 왕후사 창건을 통해 국가불교 또는 왕실불교로 보고 있다. 전래된 불교의 성격이 국가불교라고 한다면 가야불교는 남방에서 전래된 것이 아니라 중국을 거쳐서 전래되었다는 점이 명확해진다.

아유타국과 허왕후의 정체에 대해서는 가야불교, 나아가 우리나라 불교 전래와 연관이 있는 문제이므로 상당히 의미 있는 작업이라 할 수 있다. 『삼국유사』 「가락국기」에는 불교적으로 윤색되지 않은 부분도 실려 있는데, 허왕후와 일행이 모두 중국식 이름이라는 것과 중국식 관직명을 갖고 있다는 점, 가지고 온 물건도 '중국 점포의 여러 물건'으로 표현한 점이 그것이다. 이를 통해 아유타국과 허왕후 관련 설화는 후대의 불교적 윤색을 거쳐 불교를 전해준 인도의 어느 지역, 인물로 묘사된 것으로 추정된다.

『삼국유사』 「금관성파사석탑」조에는 수로왕대에는 불교가 전래되지 않았기 때문에 가야에 창사·봉불하는 일이 없었다고 하여 가락국 초기에 불교가 전래되지 않았다고 명확하게 기록하고 있다. 따라서 가야에 불교가 공인된 시점은 왕후사가 창건된 질지왕 2년(452) 전후이며, 불교가 처음 전래된 시기는 그보다 좀 더 이른 백제와의 외교 교섭이 활발했던 시점으로 보는 것이 설득력이 있다고 본다.

허왕후가 가야로 올 때 가져왔다고 전하는 파사석탑은 그 시기에 제작된 인도 불탑 양식이 아니므로 인도에서 전래된 탑은 아니라는 것이 확인되었다. 현재 남아 있는 탑 부재의 표면에 새겨진 문양이 많이 마멸되긴 했지만 다포 형식의 공포를 표현하고 있다는 점은 이 탑이 우리나라에 다포 형식의 공포가 전해진 원 간섭기 전후에 조성된 석탑이라는 것을 알려준다.

참고문헌

金景穆 編, 1800, 『駕洛國三王事蹟考』.
朝鮮總督府 編, 1911, 『朝鮮寺刹史料』(上).
李秉賢 編, 1929, 『金海邑誌』.
이능화, 1918, 『조선불교통사』(하), 신문관.
김석형, 1966, 「가락국 수로왕의 왕후설화」, 『초기조일관계사』, 사회과학출판사.
이병도, 1976, 『韓國古代史研究』, 박영사.
이종기, 1977, 『가락국 탐사』, 일지사.
고준환, 1983, 『신비왕국 가야』, 우리출판사.
김정학, 1983, 「加耶史의 研究」, 『史學研究』37.
이기백, 1986, 「三國時代 佛教 受容과 그 社會的 意義」, 『新羅思想史研究』, 一潮閣.
하종갑, 1986, 『가야의 숨결』, 우석출판사.
김병모, 1987, 「駕洛國 許黃玉의 出自 -阿踰陁國考Ⅰ-」, 『三佛金元龍教授 停年退任紀念論叢(1) -考古學篇-』, 일지사.
박창원, 1987, 「가라어와 관련된 몇 문제」, 『加羅文化』5.
허명철, 1987, 「가야의 뜻」, 『가야불교의 고찰』, 종교문화사.
강길운, 1988, 『韓國語系統論』, 형설출판사.
김병모, 1988, 「古代 韓國과 西域關係 -阿踰陁國考Ⅱ-」, 『韓國學論叢』14.
김인배, 1989, 「해류를 통해 본 한국고대민족의 이동」, 『역사비평』6.
무함마드 깐수, 1989, 「韓國佛教南來說 試考」, 『史學志』22.

이헌재, 1990,「伽耶諸國의 國家形成에 관한 硏究」, 한양대학교 대학원 석사학위논문.
정경희, 1990,『韓國古代社會文化硏究』, 일지사.
김영태, 1991,「駕洛佛敎의 傳來와 그 展開」,『佛敎學報』27.
조동일, 1991,『삼국시대 설화의 뜻풀이』, 집문당.
兼田茂雄 저(장휘옥 역), 1992,『중국불교사1 -초전기의 불교-』, 도서출판 장승.
김용덕, 1992,「가야불교 설화의 연구」,『韓國學論叢』22・23.
홍윤식, 1992,「伽倻佛敎에 대한 諸問題와 그 史的 位置」,『伽耶考古學論叢』1.
김시우, 1993,『가락국 천오백년 잠깨다』, 가락국사적개발연구원.
김영태, 1993,「伽耶의 國名과 佛敎와의 關係」,『伽耶文化』6.
김병모, 1994,『김수로왕비 허황옥』, 조선일보사.
김동현, 1995,『한국 목조건축의 기법』, 도서출판 발언.
백승충, 1995,『加耶의 地域聯盟史 硏究』, 부산대학교 대학원 박사학위논문.
김영화, 1997,「加耶佛敎의 受容에 대한 批判的 考察」,『慶大史學』10.
김태식, 1998,「駕洛國記 所載 許王后 說話의 性格」,『韓國史硏究』102.
백승충, 2000,「가야・백제관계사의 제문제 -540년대를 중심으로-」,『加耶와 百濟』(제6회 가야사학술회의 발표자료집), 김해시.
백승충, 2001,「가야 건국신화의 재조명」,『한국 고대사 속의 가야』(부산대학교 한국민족문화연구소 편), 혜안.
이영식, 2001,「가야인의 정신세계」,『한국 고대사 속의 가야』(부산대학교 민족문화연구소 편), 혜안.
이광수, 2003,「가락국 허황후 渡來 說話의 재검토 -부산-경남 지역 佛敎 寺刹 說話를 중심으로-」,『韓國古代史硏究』31.
조원영, 2007,「가야 지역의 佛敎傳來와 受容事例」,『제13회 가야사학술회의 발표자료집』, 김해시.
산토쉬 꾸말 굽타, 2017,「한인 외교사에서의 아유타국과 김해」,『가야인의 불교와 사상』(인제대학교 가야문화연구소・김해시 편), 주류성.
이광수, 2017,「불교사관, 아요디야 그리고 허왕후 신화 만들기」,『가야인의 불교와 사상』(인제대학교 가야문화연구소・김해시 편), 주류성.
조원영, 2017,『가야, 그 끝나지 않은 신화』, 혜안.
藤井康隆, 2018,「대성동88호분의 진식대금구와 중국, 왜」,『대성동고분박물관10주년 기념 국제학술회의 발표자료집』, 대성동고분박물관.
이거룡, 2018a,「파사석탑 고찰 -가락국과 아유타국의 해양문화교류 가능성을 중심으로-」,『동아시아불교문화』34.
이거룡, 2018b,「파사석탑(婆娑石塔)의 유래와 조성과정에 관한 연구」,『동아시아불교문화』36.
황정일, 2018,「가야불교 전래 관련 쟁점 재검토」,『보조사상』51.
고려대학교 산학협력단, 2019,『경남문화재자료 제227호 김해 파사석탑의 암석학적 특성분석 및 산지추정 분석 결과 보고서』.
전지혜, 2019, 「김해 파사석탑의 원형에 대한 고찰」, 『진단학보』133.

「가야 불교와 파사석탑」에 대한 토론문

백승옥 국립해양박물관 학예연구실장

조원영 선생님은 이번 발표를 통해, 지금까지 가야 불교를 보는 여러 관점들을 검토해 보고, 『삼국유사』 金官城婆娑石塔조를 통하여 아유타국과 허왕후 관련 주장 및 가야 불교의 전래 시기를 고찰하였다. 그리고 파사석탑의 양식 분석을 통해 그 조성 시기를 추정하였다. 그 결과 다음과 같은 결론을 도출하였다.

- 가야 불교 관련 전승 자료는 거의 모두 당시의 역사적 사실을 그대로 기록하고 있다기보다는 오랜 세월 전승되는 동안 그 내용에 첨삭이 가해지면서 불교적으로 윤색되었다. 따라서 그 내용을 그대로 역사적 사실로 믿을 수는 없다. 수로왕대 가야 불교 도입은 믿기 어렵다.
- 가야(=가라국, 금관가야) 불교는 452년(질지왕 2) 무렵 도입되었을 것이다.
- 그 도입처는 아마도 백제일 것이다.
- 현재의 파사석탑은 탑 몸과 옥개를 상실한 상태로 남아 있는 것으로 보이며, 기원 전후한 시기에 조성한 것으로는 볼 수 없다.
- 파사석탑 부재의 표면에 조각된 공포 양식이 多包 형식인 점으로 보아 고려 원나라 간섭기 이후에 제작된 것으로 보아야 한다.

토론자는 이러한 발표자의 주장에 대해 대부분 동감한다. 그리고 전체적 소감은 발표자가 '가야 불교 관련 전승 자료 바로보기'에 盡力한 다라는 느낌을 받았다. 토론자도 『삼국유사』를 史書로 인정은 하지만 그 내용의 取捨 여부는 신중해야 된다는 입장이다. 엄중한 사료 비판을 통해서 역사적 사실을 가려내어야 함은 역사학의 기본이다. 발표문을 읽고 사료에 대한 접근 방법이 매우 신중하고 논리적임을 알 수 있었다. 때문에 그 결론 및 주장에 대해서도 동감이 되는 것이다. 토론을 위해 몇 가지 질문을 드리고자 한다.

1. '파사석탑을 고려시대에 제작된 것으로 보아야 한다'는 주장에 대해서이다. 그 근거는 현재 남아 있는 파사석탑의 부재 표면에 조각된 공포 양식이 多包 형식인 점을 들고 있다. 이러한 형식이 몽고(元) 간섭기 이후에 적용되는 형식이라는 것이다. 발표 내용으로 보아 이는 (불교)건축사 전공자들에게는 일반적으로 받아들여지는 것 같다. 그러나 토론자를 포함해 일반인들이 충분히 수긍하기에는 설명이 좀 부족하다는 느낌이다. 중요한 논점인 만큼 보충 설명을 부탁드린다.

2. "가야, 가라, 가락이라는 나라 이름은 불교적인 명칭이라기보다 한국어의 음운 변화로 볼 수 있으므로 가야라는 나라 이름 자체로 가야에 불교가 수용되었다는 주장은 무리가 있다"라고 하였다. 가야(加耶, 伽耶, 伽倻)는 12세기 이후에 만들어진 史書에 보이고 있으며 그 이전에는 414년 건립의 광개토태왕릉비문의 '任那加羅'을 비롯해 加羅(係) 만이 보인다. 이는 가라에서 가야 혹은 가락으로 바뀌어 간 것으로 볼 수 있다. 한국어의 음운 변화에 의해서 변화했다면 어떠한 변화에 의한 것인지 설명을 부탁한다. 그리고 『삼국지』 한전의 '狗邪國'과 가야와의 관계에 대해서는 어떻게 생각하시는지 여쭙고 싶다. 加羅에서 加耶로 변한 것이 불교적 영향에 의한 것이라는 설도 있는데 이에 대해서는 어떻게 생각하시는지 궁금하다.

3. "가야에 불교가 공인된 시점은 왕후사가 창건된 질지왕 2년(452) 전후이며, 불교가 처음 전래된 시기는 그보다 좀 더 이른 백제와의 외교 교섭이 활발했던 시점으로 보는 것이 설득력이 있다고 본다"라고 하였다. 여기에서 452년보다 '좀 더 이른 백제와의 외교 교섭'은 아마도 『일본서기』 신공기 49년조(수정 연대 369년)에 보이는 내용을 염두에 둔 것 같은데 확인을 부탁한다. 가라국의 불교 수입처가 백제일 가능성에 대해서는 충분히 동감한다. 그리고 452년을 불교가 공인된 시점이라고 본다면 그 보다 이른 시기에 도입되었을 개연성도 있다. 그러나 그 시기를 사료의 시기 편년이 불안정한 신공기 49년조에 의거하기보다는 대성동에서 출토된 중국 남조계 유물로 설명하는 것이 보다 설득력이 있을 것 같다.

대성동 88호분에서 출토된 晉式帶金具는 수입 경로는 정확히 알 수 없지만 중국 남조(동진)계 유물임에는 틀림없다. 남조계 유물의 수입은 유물뿐만 아니라 당시 남조에서 유행한 사상도 같이 들어왔을 가능성

대성동 88호분 출토 진식대금구 | 대성동 91호분 출토 운모

이 높다. 이와 아울러 대성동 91호분에서 출토된 운모는 신선사상이나 도교의 불로장생, 영원불사 사상을 내포한 유물이다.

다음의 사료는 당시 중국 남조 사람들의 사상을 잘 알 수 있는 것으로 참고된다.

> 사료 A) "(王規)子褒 字子淵。七歲能屬文。外祖司空袁昂愛之 謂賓客曰:「此兒當成吾宅相。」弱冠 擧秀才 除祕書郎 (중략) 褒著幼訓 以誡諸子。(중략) 儒家則尊卑等差 吉凶降殺。君南面而臣北面 天地之義也。鼎俎奇而邊豆偶 陰陽之義也。道家則墮支體 黜聰明 棄義絶仁 離形去智。釋氏之義 見苦斷習 證滅循道 明因辨果 偶凡成聖 斯雖爲敎等差 而義歸汲引。吾始乎幼學 及于知命 旣崇周孔之敎 兼循老 釋之談 江左以來 斯業不墜 汝能脩之 吾之志也"(『梁書』 권41, 열전 제35, 王褒)

왕포(514~577)는 6조 최고의 문벌 왕씨 출신이다. 아버지 왕규를 이어 梁·陳代를 걸쳐 당대 최고의 지위와 영예를 누린 사대부이다. 위 사료는 그가 죽음에 이르러 그의 제자들에게 훈계한 내용이다. 儒家와 道家, 불교에 대해 본인의 생각을 말하고 있다. 그리고 어려서부터 지천명의 나이에 이르기까지 주공과 공자의 가르침(유교)과 노자(도교)와 석가(불교)의 청담을 따랐음을 말한다. 왕포는 6세기대 사람이지만 주목할 것은 그의 말 중의 '江左以來 斯業不墜' 부분이다. 東晉(317~420) 이래 유교와 도교, 불교의 융성한 추세가 바뀌지 않았다고 말하면서, 제자들이 이 모두를 공부하고 닦아야 함이 본인의 뜻이라 하고 있다.

남조 문화는 기존의 유교만을 강조한 것이 아니라, 도교와 불교도 강조되었으며 사대부들은 그를 습득했다. 특히 남조에서의 불교는 매우 중시되었다. 특히 국가적 차원에서 받아들였다. 宋(420~478)의 武帝와 文帝, 梁(502~556)의 武帝 등은 광적이라 할 정도의 불교 독신자였다. 禪宗

의 조사 달마가 남방 해상을 통하여 중국으로 와서 梁 무제를 만나다는 이야기는 유명하다. 새로운 종교의 유입과 유행은 이를 매개로 활발한 교통이 이루어짐은 상식적인 것이다. 이러한 남조의 분위기는 동쪽으로 전해졌을 가능성은 높다.

> 사료 B) "張融字思光 吳郡吳人也。祖禪 晉琅邪王國郎中令。父暢 宋會稽太守。(중략) 建武四年 病卒。年五十四。遺令建白旌無旒 不設祭 令人捉麈尾登屋復魂。(중략) 左手執孝經 老子 右手執小品法華經(『南齊書』권41, 열전22, 張融).

장융은(443~497) 宋 文帝 20년에 태어나 齊 明帝 4년에 생을 마감한 명문 출신 사대부이다. 그는 54세로 생을 마감하는데 그는 유언으로 白旌를 세우게 한다. 그의 신분에 걸맞게 하려면 7줄의 旗脚이 있는 旒旗를 사용해야 했다. 또한 제단도 설치하지 못하게 한다. 麈尾(주미)로서 復魂하게 한다. 주미는 고라니 털로 만든 먼지털이를 말하는데 佛家에서는 이를 의기로 사용한다. 주목해야 할 것은 그 다음 구절이다. 그는 그의 주검에 왼손에는 '孝經과 老子'를 오른손에는 '小品(반야경)과 法華經'을 쥐게 하라 하고 있다. 유교와 노장을 사상적 근거로 해서 성립된 도교 및 불교가 한 곳에 조화되어 있다.

이 시기 대성동 고분군에 묻힌 가야 지배층의 모습에서는 어떠한 모습을 읽을 수 있을까? 적어도 중국 동진계 유물이 묻혔다는 것은 당시 동진에서 유행한 사상도 인식하고 있었을 것으로 보아도 될 것이다. 대성동 88, 91호분의 축조 연대는 4세기 중엽으로 보고 있다. 비록 이들 무덤에서 불교적 요소의 유물이 출토되지는 않았지만, 불교가 만연했던 중국 남조계 유물과 그러한 사상이 보인다는 점은 가야 불교 수용의 胎盤은 갖추어졌을 것으로 보아 좋을 것이다.

편집 후기

널리 알려진 것처럼 가야와 관련한 문헌 기록은 매우 소략하다. 이런 상황을 고려하면 김해를 중심으로 성장한 가락국의 역사를 담고 있는 「가락국기」는 가야를 주제로 서술된 현존하는 유일한 역사서라는 점에서 매우 중요한 자료라고 해도 과언이 아니다. 가야 諸國 가운데 오로지 가락국만 시조부터 마지막 왕까지의 王系를 파악할 수 있는 것도 「가락국기」 덕분이다. 그동안의 연구를 통해 『삼국유사』에 수록된 「가락국기」는 고려 문종 30년(1076)에 편찬되었음이 밝혀졌고, 이는 한국사와 관련해 현존하는 가장 오래된 역사서인 『삼국사기』보다도 69년이 빠르다. 『삼국사기』에서 제외되었던 가야사가 『삼국유사』에 실릴 수 있었던 것도 「가락국기」의 존재가 큰 역할을 하였던 것으로 이해되고 있다.

이렇듯 역사서로서 「가락국기」가 갖는 상당한 비중에도 불구하고, 「가락국기」를 활용해 가야사를 복원한 연구는 그리 많지 않다. 이는 「가락국기」에 설화적인 내용이 많을 뿐만 아니라 다소 간의 과장과 후대의 윤색이 더해지면서 사료적 신빙성에 대한 논란이 끊이지 않은 탓이 크다. 그런데 「가락국기」에 실려 있는 모든 내용이 허구가 아닌 이상, 어떤 부분을 신뢰할 수 있고 어떤 부분을 인정하기 어려운지 가려내는 작업은 가야사를 연구하고 복원하는 데 반드시 필요하다. 기왕에도 이러한 노력이 전혀 없었던 것은 아니지만, 충분히 이루어졌다고 하기는 힘들다.

바로 그러한 점을 염두에 두고 2020년 7월 11일(토) 국립김해박물관은 (사)부경역사연구소와 공동으로 "가야의 기록, 「가락국기」를 이야기하다"라는 주제로 학술심포지엄을 개최하였다. 지금까지 가야사와 관련한 무수한 학술심포지엄이 개최되었지만 「가락국기」를 주제로 한 심포지엄은 한 차례도 없었다는 점에서, 이 학술심포지엄이 갖는 의미는 한층 분명해진다. 학술심포지엄은 「가락국기」의 사료적 가치를 재평가하고 가야사 연구에 활용 가능성을 모색하는 데 초점을 맞추었다. 이러한 취지를 살리기 위해 국립김해박물관과 (사)부경역사연구소는 여러 차례 실무 협의를 갖고 세부적인 발표 주제를 조율하며, 해당 주제에 적합한 발표자와 토론자를 섭외하였다.

학술심포지엄에서는 「가락국기」의 구성과 특징을 정리한 '우리는 가락국기를 어떻게 읽을 것인가'라는 기조강연 외에도 모두 7개의 주제 발표가 이루어졌다. '「가락국기」 편찬과 역사적 의미', '가야의 건국신화와 역사적 의미', '「가락국기」로 본 가야 사회', '「駕洛國記」로 본 首陵王廟의 조성과 그 성격' 등이 문헌사의 입장에서 「가락국기」의 내용을 분석하고 사료적 가치를 탐색한 것이라면, '「가락국기」의 고고학적 접근 시도'와 '전기 가야의 대중국 교류'는 고고학적 입장에서 「가락국기」의 내용과 김해 지역 발굴조사 성과를 비교·검토하는 한편, 「가락국기」에 언급된 '漢肆雜物'의 성격을 파악하기 위한 것이라고 할 수 있다. 이와 더불어 '가야불교와 파사석탑'은 불교사의 입장에서 가락국의 불교 관련 자료와 파사석탑 문제를 다루었다. 이렇듯 문헌사·고고학·불교사 등 다양한 관점에서 「가락국기」의 사료적 가치를 심층적으로 분석하고자 하였으며, 종합토론 시간도 3시간을 할애하여 세부 주제별로 패널 간의 깊이 있는 논의가 진행될 수 있도록 기획하였다.

학술심포지엄 결과 「가락국기」가 비록 신빙성의 논란이 있기는 하지만 엄격한 사료 비판을 통해 윤색된 부분을 잘 가려낸다면 가락국사는 물론이고 가야사 연구에 활용 가치가 높다는 데 참석자의 대부분이 견해를 같이하였다. 나아가 「가락국기」의 사료적 가치를 탐색하는 작업이 더 활성화 되어야 한다는 점에도 공감하였다. 학술심포지엄 때 논의된 내용을 반영하여 발표문을 수정·보완해 이렇게 한권의 책으로 엮은 것은 「가락국기」의 사료적 가치 탐색과 활용 가능성에 대한 모색이 일회성으로 그치지 않았으면 하는 바람 때문이다.

학술심포지엄이 끝난 뒤에 각 발표문을 수정·보완하는 과정에서 처음과 달리 일부 논고는 제목이 바뀌기도 하였지만, 전체적인 논지가 달라지지는 않았다. 아울러 「가락국기」와 관련한 연구 성과가 보다 광범위하게 활용되었으면 하는 의도에서 이 책이 발간되기 전까지 개별 논고를 학술지에 게재하도록 권장하였고, 그 결과 학술지에 게재한 논고도 있고 그렇지 않은 논고도 있음을 밝혀둔다.

이 책은 「가락국기」를 종합적으로 다룬 첫 번째 단행본이라는 점에서 학사적 의미가 적지 않다고 생각한다. 물론 이 책에서 「가락국기」에 수록된 방대한 내용을 모두 다루지는 못하였지만, 적어도 「가락국기」의 중요성과 지속적인 연구 필요성을 환기시켰다는 점에서는 소기의 성과를 올린 것이 아닌가 여겨진다. 향후 「가락국기」를 둘러싼 다양한 논쟁이 본격화되는데, 이 책이 디딤돌이 되었으면 한다.(이현태)